Peter Rosegger

Bergpredigten

Peter Rosegger

Bergpredigten

ISBN/EAN: 9783337526252

Hergestellt in Europa, USA, Kanada, Australien, Japan

Cover: Foto ©Lupo / pixelio.de

Weitere Bücher finden Sie auf **www.hansebooks.com**

Bergpredigten.

gehalten auf der Höhe der Zeit unter freiem Himmel

und

Schimpf und Spott unseren Feinden

den Schwächen, Lastern und Irrthümern der Cultur gewidmet

von

P. K. Rosegger.

Zweite Auflage.

Wien. Pest. Leipzig.
A. Hartleben's Verlag.
1888.

Kanzelspruch.

Die größte Schmach, die je mir werden kann,
Vermaledeit sei sie! thut der mir an,
Der von mir sagt, ich hätte keinen Feind.
So kläglich arm, zu haben keinen Feind!
Hat je gelebt so arm ein braver Mann?

Ich hasse keine Seele. Denn mir weiht
Den Erdensohn das allgemeine Leid.
Doch, alles Schlechte, Falsche, was da baut
An diesem Leid, ich hass' es tief und laut.
Um eitel Liebe buhl' ich nicht, ist sie
Durch fremden Schwächen huldigende List
Zu wohlfeil mir auf jedem Markt zu haben.
An heißem Haß der Schlechten mich zu laben
Ist meine Lust. Es müssen alle, alle
Die Schurken, Schleicher mich mit bitt'rer Galle,
Die Wichte mich mit giftigem Hohn begeifern,
Die Finsterlinge meiner fluchend eifern,
Die Knechte fliehen mich, die freveln Herren,
Die Hochmuthswüthigen, mir Krieg erklären.
Denn was ich will: die Menschheit neu
Verjüngt zu seh'n, und sich getreu.

Der Zwingherr ist mein Feind. Ich ruf' ihm Krieg.
Ich kann mein Bändiger schon selber sein.
Der ewige Herr im Himmel, der ist mein.
Mein auch der Streit — und sein der Sieg.

Kanzelspruch.

Der Geldprotz ist mein Feind. Denn — Bruder gieb!
So mahn' ich ihn, sonst bist Du ja ein Dieb.
Der Weltling ist mein Feind. Beständig hege
Das Streben ich, zu zieh'n die lichten Wege
Der größten, besten Männer aller Zeiten,
Gebaut, durch Freiheit, Tüchtigkeit und Liebe,
Durch Duldsamkeit, Bekämpfung roher Triebe
Die Menschheit in das Himmelreich zu leiten.

Mein Feind auch sind die hochgelehrten Narren,
Die nie mit ihrem Wissen Weisheit paaren,
Die werfen Herz und Hoffen, Glück, Gewissen
Der Wissenschaft zum Fraß — und doch nichts wissen.
Der Pfaffe ist mein Feind. Denn meinen Gott,
Ich nahm ihn anders, als mir er ihn bot.
Der Kriecher ist mein Feind, sich halb bewußt,
Daß er trotz seiner reichgeschmückten Brust
Kein starkes, freies Herz darinnen hat,
Entsagend stets bereit zu großer That.
Nicht minder ist mein Feind der Thronenwächter,
Wenn Volksverächter er und Menschenschlächter.
Der Hetzer, der sich zwischen Völker stellt
Und trennen will, was Gott auf Erd' gesellt,
Der feigen Sinnes mit dem Wort entzweit,
Der unter falschem Heldenschimmer wichtet,
Und Menschenrechte mit der Zung' zernichtet,
Er ist mein Feind in alle Ewigkeit.

Wenn Gott mich fragt am Tage des Gerichts:
Wo sind sie, die Dich lieben? — sag' ich nichts.
Doch zeig' ich zum Ersatz ihm, die mich hassen,
Und bitt' ihn um die Prüfung des Gewichts.
Ich hoff' er wird es gelten lassen.

Von unserer Abneigung gegen das, was wir wollen.

Nun mögen wir, meine lieben Zuhörer, Eins miteinander plaudern. Ich werde reden, Ihr werdet schweigen, denn aus diesen beiden Handlungen besteht eine Predigt, welches Wort von beredigen oder bereden herstammt, wobei sich die Zuhörer nicht mucksen dürfen, selbst nicht, wenn etwas Thörichtes, und auch nicht, wenn etwas Kluges gesagt wird.

Für's Erste behaupte ich dreist, daß ich auf der Höhe der Zeit stehe, nämlich auf der meinigen — als Mann von vierzig Jahren. Ich habe Manches erlebt, aber viel mehr noch gesehen, gehört und gedacht — und das sind die Quellen meiner Worte.

Ich predige unter freiem Himmel, was noch nicht heißt, auf freier Erde, darum haltet Euch nicht an meine Stimme; gerade das, was ich am leisesten sage, sollte am lautesten ausgerufen werden. Haltet Euch nicht an meine Miene; die lächelt vielleicht gerade wenn mir am bittersten zu Muthe ist. Findet sich im Worte kein Geist, so haltet Euch in Gottes Namen an den todten Buchstaben.

Wir treten mitten in's Leben — unter die Leute. Zuvörderst fragen wir, was die sonderbare Bemerkung heißen

soll: Von unserer Abneigung gegen das, was wir wollen —?
Diese Bemerkung ist ja widersinnig, unbegreiflich.

Vielleicht sind es auch wir.

Wer nicht ganz gedankenlos mit den Leuten verkehrt, der wird auf manche Unbegreiflichkeit stoßen, die wegen ihrer Alltäglichkeit sonst gar nicht auffällt. Die allermeisten Individuen sind wie Ungeheuer, die man in Spiritus aufbewahrt; ihr Spiritus ist der Zeitgeist, der bisweilen aus dem Weingeist oder aus dem Biergeist destillirt wird und in welchem sie lärmend und keuchend, aber des Weiteren träge und plump dahinrinnen.

Unter Anderem fällt es mir immer wieder auf, daß dieselben Personen, die unermüdlich über die schlechten Zustände der Welt schimpfen und raunzen, eine geradezu nervöse Abneigung haben vor Gedanken und Ideen, die bessere Zustände anstreben. Dieselben Leute, welche z. B. in der Börsenwelt die hochstrebendsten Luftschlösser zu bauen pflegen, ironisiren mit einer gewissen Giftigkeit die Pläne zu einer rationellen Luftschifffahrt. Jene, die bei jedem Anlaß über die Lasten der stehenden Heere fluchen — welche zuweilen auch laufende werden — geberden sich geradezu grob, wenn man von einer Zeit spricht, in welcher Kriege unter gebildeten Völkern nicht mehr vorkommen sollen. Die friedliebendsten Gesellen erklären dieser Idee vom ewigen Frieden den Krieg und sträuben sich davor, den Gedanken auch nur zu hegen. Solche, welche gegen das Paß- und Grenzrevisionswesen poltern, über die Ein- oder Ausfuhrzölle raisonniren, kommen erst recht in die Hitze, wenn man von einer gemeinsamen Völkerpolitik spricht, wenn man den Kosmopolitismus höher stellt, als die trotzige Abgrenzung der Nationen voneinander. Mancher, der nicht reisen kann, fremder Literaturen nicht theilhaftig wird, weil

er fremder Sprachen nicht mächtig ist, oder der sein halbes
Leben lang im Schweiße seines Angesichts an einer fremden
Sprache büffelt, ohne sie doch eigentlich inne zu kriegen, er
wird die cynischesten Witze reißen gegen eine etwaige Idee
und wohlgemeinte Bestrebung, eine allgemeine Cultursprache
aufzustellen. Und das noch in einem Lande, wo der leibige
Sprachenstreit Tausenden das Leben vergällt! Wie Viele zetern
nicht gegen confessionellen Formenkram und pfäffische Ueber=
griffe und fügen sich seinerzeit Allem wie ein Lamm. Wie
Viele schreien nicht gegen jüdischen Geschäftshumbug und laufen
doch beim Schwindler ein, wenn es um ein paar Kreuzer
billiger ist, als beim reellen Geschäftsmann, den sie zu Grunde
gehen lassen. Wer zitterte nicht vor Krankheit und Siechthum!
Aber ernste Bewegungen, wie der Vegetarismus, die Woll=
kleidung und so fort, wie sie in der Absicht, das körperliche
Wohlsein zu erhöhen und zu schützen, auftreten, sie werden in
den großen Massen lächerlich gemacht. Wer erkennt nicht die
Faulheit und Gemeinschädlichkeit des Privilegiumwesens, des
Börsenspieles, der Wuchergewinne! Aus Furcht, sich selbst zu
schädigen, geht Jeder dieser Frage knurrend aus dem Wege.
Wer stellte nicht zum mindesten elegische Betrachtungen an
über den Unterschied von Arm und Reich, von unrechtmäßiger
Vertheilung der Güter zwischen Verdienst und Unverdienst!
Aber sobald die Herren von irgend einer tiefer gehenden
socialistischen Reform hören, selbst von einer Reform auf
friedlichstem Wege, so stellen sie sich in Opposition, werden
alle Schattenseiten der Neuerung hervorzukehren suchen, sie
vergrößern oder sich die Schattenseiten einbilden, und so die
Muthlosigkeit an sich und Anderen hervorrufen. Unpraktisch!
sagen sie im besten Fall. Freilich, jede Idee ist solange
unpraktisch, als sich die Menschen mit ihren Mitteln ihr

verschließen. Ist denn das, was Ihr wollt, erfüllbar, halt=
bar? Ist es möglich, bei bestehenden Zuständen die Revolution
zu vermeiden? Ist es möglich, die Nationen strenge und für
beständig voneinander abzusperren? Ist es möglich, das Juden=
thum auszurotten? Und wenn schon, sind wir dann weiter,
menschlich vollendeter?

Man sollte glauben, in das, was die Menschen so heiß
wünschen, würden sie ihr Denken und Hoffen legen. Aber im
Gegentheil, sie werden den Idealisten, der zuerst die Leuchte
emporhebt, um ihnen jauchzend oder aus Wunden blutend
die Ziele ihrer ferngehendsten Wünsche zu zeigen — sie werden
den Propheten und Vorläufer verspotten und verhöhnen, sie
werden sich gegen die Annahme der Möglichkeit stemmen und
die Regung zu unterdrücken suchen und Vandalenkämpfe
beginnen gegen Den, der dem zutrachtet, was sie im Grunde
doch selber erreicht wissen wollen. Uebrigens sind die Ideen,
die aus menschlichen Bedürfnissen entspringen, unsterblich.
Wenn es nach den „Leuten" gegangen wäre, so wüßten wir
heute noch nichts vom Sonnensystem, von Amerika, von der
Dampfkraft, von der Elektricität und von manch Anderem, wir
wären im guten Falle Leibeigene, könnten im besten Falle
mit Mönchen disputiren, wie es wohl mit der Menschheit stünde,
wenn Eva ganz allein in den Apfel gebissen hätte, oder
darüber, ob Christus hungern mußte oder hungern wollte,
oder darüber, ob Gott auch in einem Kürbis wohne, oder
wie viele Engel auf einer Nadelspitze tanzen können. Wir
hätten das Denken nicht gelernt, wären des edleren Empfindens, des Werthes gemeinnütziger Thaten, der freien Selbst-
bestimmung nicht inne geworden. Doch, so ist es einmal, die
Massen sind träge, und was unsere Gebildeten auch schwatzen
von Fortschritt, in der That bleiben sie doch stehen auf dem

alten Fleck und haben nicht allein nicht den Muth, das wirklich anzubahnen, was sie wollen, sie arbeiten demselben geradezu entgegen.

Was die Kriege anbelangt, so pflegt man zu behaupten, sie lägen in der Natur der Menschen. — Wer macht heute die Kriege? Das Volk? Nein. Die hohen Herren? Die Diplomaten? Ja. Werden Kriege mit dem Herzen gemacht? Nein, sondern mit dem Kopf, mit Berechnung, Ueberlegung und kaltblütig, nicht von der Leidenschaft geleitet, sondern von einer Idee. Von der Schlacht bei Königgrätz wird erzählt, daß Bismarck im Angesichte der Schlacht einen Augenblick an dem Ausgang derselben zweifelte. In dieser Stimmung begegnete er dem General Moltke. Er bot ihm eine Cigarre an; der General wählte aus seinem Vorrath die beste. Da dachte sich Bismarck — er erzählte es später selbst — wenn der General die Ruhe hat, die Cigarren zu prüfen, so kann es noch nicht schlimm stehen. — Also die Herren rauchten Cigarren im Angesicht einer gewaltigen Bruderschlacht! Dieselben Herren, die den Krieg heraufbeschworen und leiteten! Wenn sie rauchen können, während Deutsche Deutsche morden, wird ihnen an der Nation, an Menschenleben und Elternjammer nicht viel gelegen sein.

Aber freilich, es ist unsinnig, von einem Feldherrn ein Herz für's Volk zu verlangen. Nur politische, strategische Ideen. Ich wiederhole es: Nicht die thierische Leidenschaft führt Menschenheere feindlich gegeneinander, sondern die Macht einer künstlich erzeugten Vorstellung.

Sociale und politische Ideen steigen auf aus der Weltanschauung; die Weltanschauung kann anerzogen, angelebt werden — und das ist meine Hoffnung. Wir werden noch auf einen grünen Zweig kommen, aber auf Umwegen, weil auf dem geraden Wege Euer Pessimismus und Indifferentismus oder Eure Dummheit mit dem Messer steht.

Es mag manche große Idee zur Verbesserung des menschlichen Loses auf Erden unausführbar scheinen, aber sie ist sittlich, weil sie das Rechte will, und als solche soll man sie achten, das ist wohl das wenigste, was man für sie thun kann, doch ist es immerhin etwas.

Es giebt „Aufklärer", die dem Volke den „Glauben" auslöschen wollen. Wissen diese Thoren, daß sie damit den Glauben an's Ideal überhaupt vernichten? Wer die Ideen von Pflicht und Recht der Einzelnen glaubt, der kann Pflicht und Recht der Stände, der Völker nicht leugnen. Wer da sieht, wie sich in einer kleinen Gemeinde Pflicht und Recht erfüllt, der wird doch an dem allmählichen Siege der Arbeit und der Humanität der Völker zu einander nicht verzweifeln können. Aber er muß es verstehen, die Dinge im großen Gesichtskreise zu betrachten und darf nach der Sonnenuhr nicht mit seiner Laterne gucken.

Unsittlich ist der Atheismus. Und Atheismus ist es, zu leugnen, daß das Gute und Echte auf dieser Welt endlich zum Siege kommt. Unsittlich ist es, zu behaupten, daß ein Weltbürgerthum bei den Culturvölkern nicht möglich, ein beständiger Völkerfrieden nicht denkbar sei. Wenn Cultur und Bildung ihre Aufgabe erfüllen, dann ist Alles möglich. Wir haben heute Gesetze, denen sich viele Millionen leidenschaftlicher, roher Menschen beugen, warum soll sich nicht eine ganze Welt beugen können vor Gesetzen, die dem Allgemeinen zu Schutz und Gedeihen sind!

Unsittlich ist es, Absichten und Pläne, die auf das allgemeine Wohl gerichtet sind, Versuche, Erfindungen, Bestrebungen lächerlich zu machen, zu verfolgen, blos weil sie heute noch nicht realisirbar sind. Der Zweifel jagt uns zur That, aber die Verzweiflung legt uns lahm. Von allen Bollwerken, die der Teufel im armen Menschen gegen das Gute baut, ist die Skepsis das gewaltigste. In der Vorstellung, daß sich die Menschen nicht versöhnen können, in dieser Vorstellung selbst liegt die größte Feindseligkeit und der Hauptgrund des Haders. Die Vorstellung ist der Keim aller Thaten. Edle Vorstellungen zu erwecken heißt eine bessere Zukunft säen.

Manche Idee bedarf zur Thatwerdung nichts als einige Generationen. Von Generation zu Generation kräftigt sie sich, nimmt Gestalt an, gleichsam Fleisch und Blut im Haupte der Menschen, und plötzlich ist ein bisher Unmögliches möglich geworden.

Je lebhafter wir eine Idee glauben, desto lebensfähiger wird sie. Daher könnten wir für die Zukunft unseres Geschlechts einstweilen wohl kaum etwas Besseres thun, als unsere Kinder vertraut zu machen mit den großen Gedanken, in welchen sich uns das künftige Reich Gottes spiegelt, sie einleben zu lassen in die Vorstellung der Möglichkeit, daß es so werden kann, wie wir es wünschen. Wir sind so weit gekommen, warum sollen wir jetzt auf halbem Wege stehen bleiben, warum sollen wir nicht kühn weiter und emporstreben! Die Gottheit grollt den Feigen und sie kann nur versöhnt werden, wenn wir ihr kühn das Göttliche vom Busen reißen.

Ihr habt zwei Wege, entweder Ihr wünscht ein besseres Los und habt den Muth, dessen Erreichung sofort mit Zuversicht anzubahnen, oder Ihr verzweifelt an der Zukunft, dann aber — schweigt. Fahrt mit Eurem Gekeife über die elenden Zustände nur nicht immer fort, Wasser in Siebe zu schöpfen, in den Sand zu schreiben, Mohren zu bleichen, Böcke zu melken.

Ich werde meine Zuversicht weiter tragen. Ich werde durch den Irrgarten Eurer jämmerlichen Aftercultur — die wie physische Frucht in ihrer höchsten Reife Fäulniß wird — den Weg finden an's Ziel, das ich freilich nicht erleben kann, aber aus der Ferne erblicke. Es wird der Nationalitäten- und Racenkampf sich lösen in Dunst, es werden die willkürlichen Dogmen schwinden, es werden die moralischen Schranken fallen zwischen den Ständen, es wird die sittliche Freiheit und die Menschenwürde herrschen, es wird das Echte und Tüchtige siegen und das Falsche und Armselige verderben, es wird Zweckmäßigkeit in der Lebensweise sein, es wird wahre Erkenntniß der Schönheit sein, in der Natur und in der Kunst; die Wissenschaft wird nicht mehr herzlähmend wirken wie heute, sondern sittigend und befreiend, die Menschen werden wieder freudig werden und zuversichtlich und glücklich. Nicht Gewaltstreiche werden solche Aenderungen vollführen, weder die Erdbeben der Völker, noch die Donnerschläge der Fürsten, denn jeder Gewaltstreich, er mag in bester Absicht geschehen, trübt und verwirrt unsere Pflicht- und Rechtsbegriffe und schleudert in Abgründe, anstatt zu erheben. Die Erkenntniß unseres großen Berufes läßt sich trotz aller Skepsis nimmer ganz verfinstern, aus ihr heraus wird Großes allmählich wachsen und die heute verspotteten Ideen werden solche Verjüngung vollführen.

Was aber wird jenes vollendetere Geschlecht von dem unseren sagen? Von diesem eigennützigen, anmaßenden, frivolen, nach Sinnengenuß haftenden, in sittlicher Aufgabe jedoch thatlosen, der inneren menschlichen Vervollkommnung oft sogar feindseligen Geschlecht? Wird es Euch zürnen, verachten? Nein, es wird Euch nur bedauern, daß Ihr in unbegrenzter Selbstsucht, in Zank und Streit um Ideale Euer Leben verbittert habt, ohne des Glaubens an die Ideale eigentlich fähig zu sein.

Oft denke ich darüber nach, wie sie nach fünfhundert Jahren unsere jetzige Zeit bezeichnen werden. Ob diese Epoche — weil sie bis dahin doch nicht mehr Neuzeit heißen kann — nicht zum Mittelalter gerechnet werden wird? Oder wird man sie die Zeit des Freiheitskampfes, oder die Zeit der Skepsis, oder die Zeit der erwachenden Humanität nennen? Jedenfalls wird der Mensch jener fernen Zukunft höher stehen als der heutige; nicht allein höher an Wissen und Können, sondern — was unendlich mehr und das einzig Maßgebende ist — höher an sittlicher Vollkommenheit. Der Mensch ist eine Bestie, so lang er es sein will. Die Thatsache wird es sonnenklar beweisen, daß er aus besserem Stoff gemacht ist, als das Thier. Das sieht man doch schon heute und sah es immer. — Also was sperrt ihr Euch denn?

Was strebt Ihr die allgemeine Wehrpflicht an und nicht lieber den Frieden? Was wollt Ihr dem Bettler Almosen geben und nicht lieber trachten, die Armuth abzuschaffen? Was begehrt Ihr die Freiheit der Person, wenn ihr die Völker voneinander bannt? Was sprechet Ihr von der Bekämpfung des persönlichen Egoismus, wenn ein Volk das andere einschränken und übervortheilen darf, aus dem einen Grund, weil es das stärkere ist? Was schwätzet Ihr von der Freiheit des Gewissens, wenn Ihr die Vorurtheile der Stände, der Confessionen, der Nationen nicht aufheben wollt? Was seid Ihr so herb gegen den hungernden Vagabunden, der nicht Arbeit findet, und so unterthänig gegen das große Parasitenthum der Gesellschaft, das nicht arbeiten will?

Ich will Euch ein Capitel aus dem Evangelium der Zukunft lesen.

Das Kind wird ohne Rücksicht auf seine Familie nur jene Rechte und Vortheile haben, die es sich selbst erwirbt.

Wohl gehört es zuerst dem Vater, der es zeugt, und der Mutter, die es gebärt. Aber bald wächst es hinaus, es gehört dem Lehrer, der es unterrichtet, es gehört der Heimat, die es erzieht und beschützt, es gehört dem Vaterland, in dem und durch das es wirkt, und endlich gehört es der Menschheit, in der es aufgehen muß. — Und Gott? fragt Ihr. Ich sage mit einem großen Franzosen: Vater, Mutter, Lehrer, Heimat, Vaterland, Menschheit, das sind eben die Stufen auf der Himmelsleiter. Wer auf der letzten dieser Stufen angelangt ist, den schließt Gott in seine Arme.

Von der Hohlheit unserer geschwätzigen Vaterlandsliebe.

Die politische oder sociale, ja überhaupt geistige Bewegung eines Volkes hat sozusagen in jedem Jahrzehnt ihre besondere Richtung. So wie uns vor zehn Jahren das Schlagwort: „Kirche und Schule" befeuerte und nach zehn Jahren vielleicht der Gegenstand: „Capital und Arbeit" beschäftigen wird, so haben wir heute die nationale Frage.

Solche Fragen der Zeit sind allemal so tief und schwer aus den Verhältnissen herausgewachsen, daß Keiner, er mag scheinbar noch so sehr außerhalb des Kampfplatzes stehen, von ihnen ganz unberührt bleibt.

Auch ich habe in Bezug auf unsere nationalen Güter meine Sorgen; und wenn meine Bedenken etwa einmal anderer Art sein sollten, als die Euren, werdet Ihr mich darum steinigen? — Wird Euer Sinn nicht so klar sein, um zu sehen, daß ich nach meinem ehrlichen Erkennen spreche und in keiner anderen Absicht als der, mit meinem offenen Worte an der Besserung der fraglichen Zustände mitzuarbeiten?

Ich stelle der politischen Seite unserer nationalen Frage die menschliche, ethische gegenüber, und die ist älter, als von gestern auf heute. Ich sehe die deutschen Kämpen und

Knappen, Ritter und Recken in Kampfbereitschaft stehen, und wundere mich darüber, daß unserem Deutschthume gerade dort, wo es in höchster Gefahr ist, Niemand zu Hilfe kommen will.

Es wird bisweilen darüber geklagt, daß sich in unserem deutschen Alpenvolke kein deutsches Bewußtsein rege. Der Bauer will sich nicht rühren. Wenn er's von der Kanzel hört, die Religion sei in Gefahr, der Antichrist sei vor der Thüre, oder wenn es heißt: der Feind stehe an den Grenzen! so kann ihn das in Aufregung versetzen; aber wenn Zeitungen und Volksredner ihm von der Gefahr des Deutschthums sprechen — das versteht er nicht. Nur Einen, der doch halb und halb geahnt haben mußte, um was es sich handle, hörte ich einmal sagen: „Daß sie es uns deutschen Bauern immer vorhalten: Bleibe deutsch! kommt mir gerade so vor, als wollte man einem Apfelbaum fortwährend zurufen: Bleib' Apfelbaum! Gieb Acht, daß Du kein Birnbaum wirst!"

Den Glauben kann der Mensch verlieren, von der Religion kann er abfallen, das ist möglich; der Feind kann in's Land brechen, sengen, brennen und plündern; aber, daß er — der Bauer — auf einmal nicht mehr Michel sein soll und nicht mehr thun und meinen, wie sein Vater und Großvater gethan und gemeint hat — das kann er sich nicht denken.

Ob ein solcher Zustand heute wünschenswerth ist oder nicht, das lasse ich unerörtert, aber natürlich ist er und selbstverständlich. Das Deutschthum sitzt unserem Alpenbauer so elementar tief im Blute, daß er sich dessen ebenso wenig bewußt wird, als etwa der Eisenstoffe, die ihm ebenfalls im Blute sitzen.

Jahraus, jahrein, zu Weihnachten, Ostern, Pfingsten, Sonnwenden, zu Allerseelen, Martini u. s. w. pflegen Germanisten und Culturhistoriker in allerlei Zeitungen

Abhandlungen drucken zu lassen über die an den genannten Festen üblichen bäuerlichen Sitten und Gebräuche und ihren Zusammenhang mit dem uralten germanischen Leben. Das Christenthum hat in dem Gebirgsbauer den altdeutschen Heiden so wenig auszurotten vermocht, als etwa eine fremde Herrschaft und Sprache die Sitten seiner Vorfahren an ihm ersticken würde. Jene Herren, die vor wenigen Jahren noch bestrebt waren, den Bauer von seinem conservativen Standpunkte zu befreien und zur modernen Cultur zu erheben, müssen es schon heute einsehen, daß gerade das conservative Element im Volke der verläßlichste Halt des Deutschthums ist.

Soll ich nun an das bäuerliche Familienleben erinnern, wie das Weib die gleichen Rechte mit dem Manne hat, weil es wie er arbeitet und tüchtig ist; wie die Mutter ihre Kinder an eigener Brust nährt, mit eigener Hand pflegt, mit eigenem Herzen erzieht? Soll ich vom patriarchalischen Leben einer bäuerlichen Familie sprechen, von ihrem Zusammenhalten und Heimatsgefühle, von ihren deutschen Wohnungen und Kleidern? — Es ist hier vom erbgesessenen, wohlhabenden Bauern Obersteiermarks, Kärntens, Salzburgs, Tirols, Vorarlbergs und Oberbayerns die Rede. Er ist urdeutsch in seinen Liedern, Sprichwörtern, Schaustellungen, Tänzen und Spielen, selbst im Kartenspiele mit dessen vier deutschen Farben, die er bekennt. Auch in seiner Ausdrucksweise hält sich der Bauer so unzertrennlich an die alten Formen, daß ihm das Neuhochdeutsch fast wie eine fremde Sprache erscheint, trotzdem diese sozusagen aus seinen Mundarten herausgewachsen ist.

Es ist in diesem Gebirgsleben nicht viel Hineingetragenes, und wie sehr moderne Demagogie auch an seinen Grundfesten wühlt, es ist doch noch das Meiste, was die Bauersleut haben und treiben, dem Boden, auf dem sie stehen, und alten Verhältnissen entsprungen.

Wenn ich mit diesen Zuständen nun das städtische Leben vergleichen wollte, das Leben Jener, die unablässig das Wort „Deutsch" im Munde führen, die nur mit schönen Worten deutsche Ehre und Größe machen wollen, die da wähnen, in der deutschen Sprache allein liege das ganze Deutschthum, oder höchstens dasselbe noch bethätigen wollen in Absingen von Kampf= und Schlachtliedern — als wären fremde Nationen nur dafür da, um von der deutschen bevormundet oder todt= geschlagen zu werden — es wäre dieser Vergleich fast boshaft. Johannes Scherr sagt:

> „Blond der Haare, Blau der Augen
> Macht den Deutschen, wie es heißt;
> Besser zu Wahrzeichen taugen
> Deutsches Herz und deutscher Geist."

Das ist derselbe rücksichtslose Johannes Scherr, der uns erst vor Kurzem zu verstehen gegeben hat, daß wir zu viele deutsche Worte und zu wenig deutsche Thaten machen. An= läßlich der Besprechung eines deutschen Dichterbuches aus Oesterreich sagte Scherr: „Aufrichtig gesprochen, ich möchte lieber, es käme von dort einmal eine deutsche That als ein deutsches Dichterbuch. Das Dichten der Deutschösterreicher ist ja schon längst eine erfreulich festgestellte Thatsache, das Trachten dagegen, ja das läßt viel, sehr viel zu wünschen übrig."

Wohl kann auch das offene Wort eine deutsche That sein, wenn es zu rechter Zeit gesprochen wird, ohne Rücksicht darauf, ob man's gern hört oder nicht, ob es in das Concert des Tages paßt oder nicht — wenn es nur sagt, was noth thut, gesagt zu werden.

Vor Kurzem vertraute mir ein guter Freund, er fürchte, daß meine Darlegungen nicht Jedermann gefallen dürften und daß ich mir damit selbst im deutschen Lager Feinde machen und schaden könnte. Das mag wohl sein. Aber sollen mich Eigeninteressen bewegen, mein Wort zu fälschen in einer Sache, die uns Alle tief angeht, und worin jeder deutsche Mann seine Stimme abgeben muß? Von Diesen, die sich fürchten, bin ich Keiner. — Ich rufe für meinen Sermon den göttlichen Geist.

Während Ihr Stadtleute in der besten Absicht stets bereit seid, mit Zunge und Feder, und wenn es darauf ankommt, gewiß auch mit dem Schwerte unsere national=politischen Grenzen zu vertheidigen, schleicht ein fremder Geist schmeichelnd und zersetzend in Euer Herz. Ich lasse selbst=verständlich viele Ausnahmen gelten, aber die Menge, die nach modernen Anschauungen lebt, frage ich: Was ist bei Euch aus dem Kerne der deutschen Familie, der Ehe, geworden? Wie steht die Mutter zu ihrem Kinde? Nährt sie es? Erzieht sie es? Ist es Sitte, das zu thun? Wer von Euch möchte noch als vollkommen gebildet gelten, wenn er nicht das Glück gehabt hat, von einer französischen Bonne und Gouvernante sich seine Muttersprache und deutsche Artung verderben zu lassen? Wer von Euch wagt es, sich auf den Höhen der Gesellschaft ohne französischen Frack und Cylinder sehen zu lassen? Und so wie in diesen Dingen, so ist es in den Sitten des Hauses und des Umganges überhaupt.

Es ist ein rechtes Vergnügen, durch eine deutsche Stadt zu wandeln, mit ihren Agentur=, Commissions= und Incasso=Comptoirs, Annoncen=Expeditionen, Antiquitäten= und Reali=täten-Changes=Bureaux, mit ihren Bandagisten, Billard= und Canditen=Fabriken, mit ihren Charcutiers, Chocolade= und

Delicatessenhändlern, Ciseleuren und Modelleuren, Fournierern und Friseuren, Galanterien und Graveuren, Juwelieren, Manufacturen, Posamentirern, Modisten, Parfumerien, mit ihren Specereihandlungen, Tapezierern, Victualien-Etablissements, Appreturen und Raffinerien, mit ihren Omnibus-, Tramway- und Spediteur-Unternehmungen u. s. w. u. s. w. — Und wer sich aus der Schule an die schönen Worte: Vocale, Consonanten, Casus, Declinationen, der Masculina und Neutra, der Attribute, prädicative Adjective, Comparationen, Adverbe, Conjugationen, Präpositionen, Interjectionen u. s. w. erinnert, der giebt mir gerne zu, daß nirgends mehr Fremdwörter vorkommen, als in unseren Lehrbüchern der deutschen Sprache.

(Im Nachstück will ich den Bau eines deutschen Schauspielhauses erörtern, den ich der Beachtung unserer teutonischen Kampfhähne schon im Vorhinein empfehle.)

Gehen wir einen Schritt weiter. Da giebt es, besonders in kleineren Städten, heute sogenannte deutsch-nationale Blätter, in denen nichts deutsch ist, weder die Neuigkeiten und Berichte — denn sie sind ungrammatikalisch — noch das Feuilleton, denn es kommt, allerdings nur angeblich, aus Paris, noch die Inserate, denn sie preisen welschen Flitter an, noch die Recensionen, denn sie protegiren französische Sittenstücke und Operetten — nichts als der Leitartikel, und der erst recht nicht, denn er ist Phrase. — Ich nehme auch mich nicht aus, selbst diese Bergpredigt nicht, wenn ich sage, es giebt kaum einen deutschen Aufsatz, in welchem nicht wenigstens ein paar unnöthige Fremdwörter die reine Sprache verunzieren. Es sitzt uns schon im Blut. Aber mit der ehrlichen Selbsterkenntniß müssen wir anfangen, wenn es uns mit dem so oft genannten Deutschthum und dessen Wahrung wirklich ernst ist.

Die deutsche Literatur und Kunst entartet an dem verwelschten Geschmacke des Publicums; auf den Theatern droht fremdes Wesen das deutsche nachgerade zu ersticken. Großgezogen ist die Sucht nach „Pikantem", das Hasten und Tanzen, wie die welsche Mode pfeift — ach, wie komisch macht das der deutsche Bär! Allerwärts Sucht nach Zerstreuung, Verflachung der „gründlichen" Deutschen; wie selten eine Vertiefung, eine Sammlung in sich, ein ehrliches, uneigennütziges Opfer, ein treues Hingeben auf Leben und Tod seiner Familie, ein tiefer sittlicher Ernst, wie ihn Hutten, Luther, Schiller, Lessing in Wort und That gepredigt haben!

Bei Euch, Ihr guten Leute, ist die Phrase heimisch geworden und die Frivolität — Dinge, die mit dem deutschen Geiste nichts gemein haben. Ein Volk, das darauf ausgeht, mit solchen, oder auch materiellen Mitteln die Welt zu beherrschen, könnte mir nicht imponiren. Ich weiß kein Volk, das so sehr den Menschen stellte, als das deutsche in seiner Herzensanlage. Und so war immer mein Denken, daß es als Träger der Menschlichkeit — die in ihrer reinen Wesenheit mit politischen Grenzen- und Racenfragen nichts zu thun haben kann — dereinst die Weltmission erfüllen soll.

Ich hätte keinen Grund, das deutsche Volk als das edelste und herrlichste der Erde zu preisen und zu lieben, wenn ich als Grundzug des deutschen Wesens nicht die thatenstarke Schlichtheit, die Treue, die Innigkeit, die Wahrhaftigkeit und Gerechtigkeit sähe.

Ich bin nicht mit dem einverstanden, was Jokai einmal sagte: es sei eine Tugend, seine Nationalität selbst bis zur Ungerechtigkeit zu lieben. Diese Eigensucht, diesen Dünkel können wir halbrohen oder in Uebercultur weibisch gewordenen Völkern überlassen — einem großen Volke, das an der Spitze der Civilisation einherschreitet, geziemt vor Allem Gerechtigkeit. Ein großer englischer Staatsmann (Fox) sagt: Es ist für eine Nation unendlich wichtig, sich durch Gerechtigkeit, Großmuth und Mäßigung die gute Meinung der Nachbarnationen zu erwerben. — Solche Aussprüche müssen zu aller Zeit Geltung haben, und besonders in bewegten Tagen; in ruhigen, wo der Nachbar freundlich mit uns lebt, ist es keine Kunst und kein Verdienst, gemäßigt und großmüthig zu sein.

Es sind nicht immer deutsche Waffen, womit Ihr das Deutschthum schützen wollet. Wenn es unsere fremden Feinde sehen, daß Ihr in der Annahme fremder Eigenschaften, Erzeugnisse und Fehler so sehr international seid, so werden sie vor unserem nationalen Geiste nicht viel Respect haben. Wir müssen dem Feinde heut' und alle Tage beweisen, daß Wahrhaftigkeit und Gerechtigkeit bei uns nicht Phrase, sondern wirklich deutsche Sache sei.

„Die Gerechtigkeit ist die Cardinaltugend," schrieb vor Kurzem Friedrich Spielhagen an die deutschen Studenten in Czernowitz. Ein Anderer setzte bei: „Fest sei Dein Schritt, und trätest Du Dein eigen Glück zu Boden!" Denselben Studenten ruft Robert Hamerling zu:

„Hoch oben glänzen sie mit ewigem Strahle,
Die heiligen Ideale
Der Menschheit: Freiheit, Recht und Licht und Liebe!
Das sind die reinsten vollerglühten Flammen
Des Urlichts — sie zu schüren allzusammen
In eine Gluth im hadernden Getriebe
Des Völkerlebens, das ist Deine Sendung,
Volk Odin's, das des Menschenthums Vollendung."

Aber die deutschen Dichter allein vermögen es nicht, unsere hohen Ideale als Gemeinschatz des Volkes zu hüten,

wenn nicht Ihr Alle, Ihr Lehrer und Studenten, Ihr Volksredner und Zeitungsschreiber, Ihr Alle, denen unsere heilige
Sache im Herzen lebt, in diesem Sinne mitwirket. Victor
Scheffel hat einmal gebetet, daß uns Gott vor Massenhaß
und Classenhaß und Racenhaß und anderen Teufelswerken
beschützen möge. — Dichter seien in solchen Dingen nicht
praktisch, heißt es. Ich aber sage, es ist gar nicht die Aufgabe
der Dichter, „praktisch" im Alltagssinne zu sein. Der Grundzug
des modernen Lebens besteht in Eigennutz und Spitzfindigkeit;
der Grundcharakter des heutigen Zeitgeistes aber ist die
Opposition gegen sich selbst. Hierin können und wollen die
Dichter nicht mitthun, diese trachten nur nach dem Einen:
nach der Incarnation ihrer reineren Ideale.

Ich unterschätze nicht die Wichtigkeit des politischen
Kampfes, den wir Deutsche gegenwärtig (1885) in unserem
Vaterlande zu bestehen haben, und der umso schwerer ist, je
mehr wir in demselben mit unserer inneren, allgemein mensch-
lichen Ueberzeugung in Conflict kommen. Aber noch viel
schwerer liegt mir die Sorge an wegen unserer moralischen
Entdeutschung. Hierin sind Die draußen in Bayern und
Schwaben und Thüringen und Preußen in nicht geringerer
Gefahr als wir. Die blutigen fünf Milliarden fließen für
Luxus- und Modetand aller Art allmählich wieder nach
Frankreich zurück. Wie viel Wasser soll die Germania auf
dem Niederwalde den Rhein hinabrinnen sehen, bis eine
Anzahl der besten Söhne Hermann's eine Vereinbarung trifft,
die deutsche Sitte in Haus und Leben, den deutschen Charakter
im deutschen Manne zu fördern! Unser deutscher Schulverein,
der an den Grenzen mit Buch und Griffel wacker um die
Seelen der Jugend ringt, bedarf noch eines großen Bruder-
vereines, der sich über alle deutsche Lande und Colonien

erstreckte, zur unentwegten Pflege deutscher Häuslichkeit, Hauseinrichtung, Gewandung, deutscher Erziehung, deutscher Sitten im Umgange, deutscher Einfachheit und Schlichtheit, zur möglichsten Wiederaufrichtung eines patriarchalischen Verhältnisses zwischen Herrschaft und Gesinde, zwischen Arbeitgeber und Arbeiter.

Das seien Kleinigkeiten! ruft ihr aus, die gäben sich schon von selbst, die Hauptsache sei politisch deutsch zu sein. — Was heißt das: politisch deutsch sein? Was soll das Volk in Friedenszeiten darunter verstehen? **Die praktische Ausübung der angebornen und anererbten guten Eigenschaften seiner Nation in Allem und Jedem, das heißt national sein.**

Warum der Franzose trotz seiner politischen Niederlagen so unverwüstlich ist? Weil er seine Eigenart bewahrt, weil er sich in seinem eigenen Geiste kennt und festigt. Es ist bei ihm vielleicht weniger Absicht als Instinct, wenn er fremdes Wesen, fremde Literaturen nicht sieht und nicht anerkennt. Seine Literatur kettet ihn an sein Land; in den Tagen tiefster Erniedrigung haben die französischen Dichter, Schriftsteller und Künstler den Glauben an Frankreich zu erhalten und zu beleben gewußt.

Bei uns höre ich fortwährend schreien: wir sind deutsch, und deutsch wollen wir bleiben! Und dabei ergiebt man sich dem fremden Einfluß in Literatur, Kunst und Leben, daß man den Deutschen von dem Welschen nicht mehr unterscheiden könnte, wenn er nicht plumper wäre, als dieser. — Ihr lernt von den Franzosen leichtsinnig, flatterhaft und flach zu sein, warum lernt Ihr von ihnen nicht auch, wie man national ist?

Was ich da sage, kann sehr leicht mißdeutet werden. Spötter, denen ein schlechter Witz mehr gilt als die gute

Sache, mögen es auslegen, als wolle ich das deutsche Volk luftdicht von aller Welt abschließen, damit es wieder in die bäuerliche Verwilderung — das Ideal des Autors — zurücktaumeln könne. — Mir ist wahrlich nicht um's Scherzen. So weit sind wir doch, daß die großen Werke und Errungenschaften eines Volkes zum Gemeingute der Welt werden können und sollen. Aber müssen wir Deutsche dafür denn unsere herrlichen Tugenden, die Wurzel und das Mark unseres nationalen Lebens preisgeben?

Glaubt Ihr jedoch, daß das Fremde mehr werth sei als das Eigene, dann seid Ihr sehr bescheiden — aber die deutsche Bescheidenheit ist es nicht. — Dann lasset auch die Phrasen von Euerem Deutschthum weg und werdet — ohne Verständniß für wahre Vaterlandsliebe und wahren Kosmopolitismus — windige Weltvagabunden.

Ich halte es mit den Wenigen, die ihr Heim dort suchen, wo man schlicht und wahr, innig und treu ist, wo dem Manne eigene Kraft über fremde, und Gerechtigkeit über Alles geht.

Ich hoffe, das deutsche Heim wird diese Eigenschaften hüten und kräftigen.

Nachstück.

Ich bin ein deutscher Mann und werde wahrscheinlich darob von dem übrigen deutschen Volke tüchtig ausgelacht. Andere sind also deutsch mit dem Munde; ich gehe noch um einen Schritt weiter und will es auch mit der Sprache sein. Wenn ich ein Franzose wäre, würde ich mich um meine französische Sprache annehmen, obzwar kein Anlaß ist, sie besonders zu vertheidigen, denn der französischen Sprache geht es ganz gut, weil sich ihr Volk wacker um sie kümmert. Da nun aber einmal die deutsche Sprache mein ist, so will ich auch eine möglichst vollkommene und reine Sprache an ihr haben. Sie ist mir nicht blos ein trockenes Ausdrucks= und Verständigungsmittel, sie ist mir an und für sich ein Werthgegenstand, aber nicht etwa in dem Sinne, wie unseren Bureaukraten (für diese Leute ist das häßliche Fremdwort gut genug), welche in ihren Schriftstücken recht viele Worte machen, um das, was sie sagen sollen, gar nicht oder so schlecht als möglich zu sagen. Auch diesen Herren ist die Sprache also Selbstzweck, über den ich gelegentlich ein recht lustiges Hauptstück schreiben könnte.

Für die deutsche Sprache mustergiltig, sagt man, sei das Theater. Somit ist es meine heutige Aufgabe, ein deutsches

Theater zu bauen. Es haben sich um diesen Bau viele Architekten beworben, aber ich kann nur einen Baumeister brauchen.

Mein Baumeister sagt, ein Theater sei zwar nichts Schlechtes, aber ein Schauspielhaus sei besser; so lange man kein gutes Schauspielhaus habe, könne man es den Leuten nicht verübeln, in's Theater zu gehen. Ich habe mit meinem Schauspielhause verschiedene Neuerungen vor, deren Vorzug in weit größerer Bequemlichkeit liegt, und zwar ohne Mehrkosten zu verursachen. Die in die Augen springendste Neuerung dieses Schauspielhauses wird sein, daß es weder ein Vestibule, noch ein Auditorium haben wird, die beiden Räume sollen durch eine Vorhalle und einen Zuschauerraum ersetzt werden. Auch wollen wir es der Feuersgefährlichkeit wegen ohne Coulissen und Decorationen versuchen, doch aber Schiebwände und Hängewände herstellen. Selbst die gesetzlich vorgeschriebene Courtine wollen wir abschaffen, hingegen uns nicht weigern, einen Sicherheitsvorhang beizustellen. Weil das Orchester in vieler Beziehung störend wirkt — weshalb es Richard Wagner auch unter die Erde versenkt hat — so wollen wir es in einen Spielleutplatz umgestalten. Die Cerclesitze müssen ebenfalls fort, für vornehme Leute scheinen uns Rangsitze viel passender zu sein. Am gewagtesten dünkt es uns, die Logen abzuschaffen, weil die Leute vor der Zelle eine gewisse und nicht ganz ungerechtfertigte Abneigung haben. Da wir fürchten, daß es uns ein Duell zuziehen möchte, wenn wir sagen, die Studenten und Officiere wären parterre, so wollen wir für sie einen festen Stehboden herstellen. Damit im Falle eines Brandes oder eines Erdbebens der Plafond nicht einstürzen kann, so wollen wir statt dessen den Raum mit einem Deckenzelt versehen

und statt des üblichen, unter Umständen sehr gefährlichen
Lustres einen Kronleuchter anbringen.

Nicht minder haben wir in Bezug auf das Personen=
wesen Neuerungen im Sinne. Da Portiers erfahrungsgemäß
grobe Leute sind, so wollen wir anstatt eines solchen einen
Thorhüter anstellen, und um bei dem Cassier das Durch=
gehen zu vermeiden, ihn gegen einen Säckelwart austauschen,
der nicht in der Cassierloge, sondern zur Bequemlichkeit der
Besucher im Kartenamt zu treffen sein wird. Die Plätze
werden nicht von Billeteuren, sondern von Ordnern ange=
wiesen. Zum Schrecken der Schauspieler wird der Souffleur
abgeschafft, hingegen wird ihnen ein tüchtiger Vorsprecher
gute Dienste leisten.

Da die Leute mit dem Repertoire ohnehin selten zufrieden
sind, so wollen wir statt dessen einen Wochenplan aufstellen.
Um den beständigen Klagen der Abonnenten wegen zu häufiger
Abonnements Suspendus zu begegnen, haben wir uns ent=
schlossen, das Abonnement gänzlich aufzulassen, hingegen
Monats= oder Jahresmiethen einzuführen, die nur bei
außergewöhnlichen Anlässen, als etwa bei Vorstellungen zum
Vortheile hervorragender Schauspieler auf ganz kurze Zeit
unterbrochen werden. Die Beneficevorstellungen sind ein=
für allemal abgeschafft. Es ist uns gerathen worden, in
unserem Schauspielhause weder Komödien noch Tragödien,
weder Opern noch Operetten aufzuführen; man könnte aller=
dings durch Lustspiele, Possen und Trauerspiele dafür
entschädigen, die Opern möchte ich hingegen nicht gerne
abbringen, doch für die Operette, die ohnehin so schmählich
heruntergekommen ist, mit Vergnügen Singspiele veranstalten.

Auch fühlen wir uns im Vorhinein verpflichtet, zu
gestehen, daß bei uns auf offener Scene gar nicht gespielt

werden wird, sondern immer nur auf offenem Schauplatz, und auch auf diesem nicht in lose aneinandergereihten Scenen, wie das bei schlechten Stücken vorzukommen pflegt, sondern in Auftritten.

So viel andeutungsweise über die Neuerungen, die wir in unserem deutschen Schauspielhause einzuführen gedenken. Was aber die Theaterrecensenten dazu sagen werden? fragen Zweifler. Wir pfeifen auf die Recensenten, vor ehrlichen Berichterstattern werden wir uns nicht zu verstecken brauchen. — Und Schwarzseher geben zu bedenken, ob ein solches Unternehmen wohl auch ein Publicum finden werde?

Wir brauchen kein Publicum; unsere Zuschauermenge wird sein das deutsche Volk.

Von dem, warum die Deutschen saufen.

Die alten Deutschen tranken immer noch Eins, ehe sie gingen. — Das ist eine der ältesten Nachrichten die wir über unsere Vorfahren besitzen. Sie tranken immer noch Eins. Auch Tacitus erwähnt es mehrmals, und in den alten Sprüchen, Handwerker- und Studentenliedern, in den Schriften der Mönche wird es unwiderleglich bestätigt: Sie tranken immer noch Eins. Ehrwürdige Urkunden erzählen uns, daß sie im Winter tranken, weil es kalt war, und im Sommer der Hitze wegen; daß sie des Morgens tranken, um munter zu werden, und des Abends, um guten Schlaf zu kriegen; daß sie tranken, wenn sie nüchtern waren, eines Räuschchens halber, und daß sie tranken, wenn sie voll waren, um nüchtern zu werden; daß sie Gesundheit tranken, bis sie krank wurden, und Gesundheit tranken, bis sie wieder genasen. Sie tranken immer noch Eins.

Von allen Anlässen zu trinken wird der Durst am seltensten erwähnt. Ihr Trinken hatte einen höheren Zweck, als diesen thierischen, und daraus erhellt, daß die Germanen schon frühe auf einer hohen Culturstufe gestanden sind.

Vor Kurzem ist in einer — selbstverständlich deutschen — Trinkgesellschaft die Frage aufgeworfen worden: Warum trinkt überhaupt der Mensch geistige Getränke? Ein Naseweiser war dabei, der rief vorlaut: „Weil sie ihm schmecken!" Traun, das war nicht deutsch gesprochen. Der Mensch trinkt geistige Getränke, weil er rauschig sein will. So behaupteten und bewiesen alle Anderen, und das in vollem Ernste. Von der gebildeten Gesellschaft, in welcher der Vorlaute seine Theorie begründen wollte, wurde er alsbald zurückgedrängt, da trinkt Alles, um froh und heiter zu werden. Er setzte sich bei den Naturmenschen fest, bei den Bauern und Fuhrleuten und Schmieden und behauptete, die tränken wahrlich nur nach Durst und des Durstes wegen.

„Wasser vielleicht!" rief Einer von der Partei der „Räuschchentrinker", „Wein und Bier aber nicht, Branntwein am wenigsten. Oder wenn Du einem Durstigen Wasser und Wein zugleich vorsetzest, was wird er wählen? Den Durst würde das Wasser am sichersten stillen, aber er wählt den Wein, weil er wohl weiß, damit kommt ihm auch noch was Anderes zu Gute, ein leichtes Herz, ein froher Muth."

„Wenn er den Wein wählt," meinte der „Dursttrinker", das heißt der Mann, der behauptet, man trinke nur des Durstes oder des Gutschmeckens wegen, „wenn er den Wein wählt, so thut er es, weil der Wein süß ist, oder sonst einen Geschmack hat, der seinem Gaumen zusagt. An die aus dem Trinken folgende Begeisterung wird von den Naturmenschen selten einer denken, wenn er instinctiv auch aus diesem Grunde den Spirituosen geneigt sein mag. Es müßte denn sein, daß er sich zu irgend etwas Muth trinken wolle, daß er aus Verzagtheit trinkt, oder bei Kirchweihen, Hochzeitsfesten, wo es Räusche geben muß um jeden Preis, wo man sich schon durch fettes, überpfeffertes Frühstück einen künstlichen Durst schaffen will — das sind Ausnahmen; dazu gehört eben schon

Reflexion und Raffinement. Aber im Allgemeinen trinkt der einfache und vernünftige Mensch, weil er Durst hat oder weil das Getränke seiner Zunge schmeckt."

Ob der Bauer nach der Sonntagsmesse denn regelmäßig seinen Durst habe? fragten die Gegner; ob der Herr Pfarrer und der Schulmeister und der Amtmann denn jeden Abend zur gleichen Stunde ihren Durst hätten, daß sie sich im Krug versammelten? Ob nicht auch der Tabak und der Kaffee seiner narkotischen Wirkung wegen beliebt sei?

Denen stellte der Dursttrinker die Gewohnheitstrinker entgegen, deren beständiger Durst sprichwörtlich geworden sei. Beklagt sich doch der also Verkannte im Volkston:

„O Leut hobn mas für Uebel,
Daß ih trink Wein und Bia.
Redn ollaweil von Trinkn,
Von Durscht oba nia!"

Und ein anderes Standliedchen sagt:

„Da Wein ist für den guat,
Der n trinkn konn.
Der n nit trinkn konn,
Der wird rauschi davon."

Daraus ersehe man wohl am besten, wie das Naturvolk den Wein zu gebrauchen beabsichtigt, und daß es in der Eigenschaft des Weines, berauscht zu machen, einen Nachtheil erblickt. Es gäbe Leute, die den Abgrund sehen, welchem sie durch übermäßiges Trinken entgegen gehen, und die sich doch nicht aufhalten können. Sie haben die Erfahrungen, daß sie der Wein zanksüchtig, rauflustig macht, Prügel einträgt, vor's Criminal bringen kann, oder sie wissen, was Katzenjammer ist, ein Nachtlager im Straßengraben, sie richten mit dem

Trinken ihr Haus, ihre Familie zu Grunde, und sie trinken doch. Sie erwarten vom Trinken nichts weniger als Frohsinn oder geistige Behaglichkeit, sondern erfahrungsgemäß zumeist das Gegentheil, und trinken doch, sie können's nicht lassen. Das ist eine Oedniß im Magen, eine Appetitlosigkeit gegen das Essen, das ist eine Abspannung, eine Schalheit und Sprödigkeit der Zunge, eine Trockenheit des Gaumens, ein Lechzen und Fiebern, ein inwendiger Brand, der so wenig wie brennendes Oel mit Wasser gelöscht werden kann. Je mehr Einer trinkt, desto mehr ihn dürstet, sagt das Sprichwort. Gewöhnlichen Durst kann man's nicht nennen; aber es ist doch das physische Verlangen einer krankhaften Natur, der physische Durst nach Spirituosen, dem nicht zu widerstehen ist. Es ist eine Sache der Gewohnheit, ungefähr wie das Rauchen, das Kaffeetrinken oder der Genuß eines andern sinnenreizenden Mittels zur unbezähmbaren Gewohnheit werden kann. Ungesalzenes Brot ißt nicht Jeder gern, aber Niemandem wird's einfallen, darum Salz zum Brot zu geben, damit durch das Gewürz das Blut in rascheren Lauf komme und die Nerven angeregt würden. Das gesalzene Brot hat eben einen besseren Geschmack. Viele haben die Gewohnheit, zu ihren Fleisch- oder Mehlspeisen Wein zu trinken; der Wein ist ihnen eine Würze, es schmeckt das Essen besser und das Essen wieder macht den Wein gut. Es giebt ja genug Leute, die nicht trinken mögen, wenn sie nichts „dazu beißen" können. Das gleicht sich gegenseitig als Nahrungsmittel aus. „Wer trinkt ohne Durst und ißt ohne Hunger, der stirbt desto junger." Allerdings ist gelegentlich ein Gläschen über den Durst nicht ausgenommen, wenn eine gewisse rosige Stimmung schon vorhanden, doch nicht sowohl in der Absicht, sich in eine rosige Stimmung zu versetzen.

Derlei Argumente brachte der Durſttrinker noch manche vor, doch die Gegner ſagten: Derlei nenne der Deutſche nicht trinken! Wer nicht wiſſe, was trinken ſei, der müſſe ſich nur einmal unſere Studentenſchaft anſehen. Die geht nicht in den Commers, blos um Nachtmahl zu eſſen und ihren Durſt zu löſchen. Wahrlich nicht! Mancher freie Burſche iſt dabei, den noch von geſtern her ein gewiſſes Grauen be= ſchleicht, wenn er an's Bier denkt, aber er muß trinken, viel trinken! Und damit an dem Gaumen der bittere Kelch vorüber= ziehe, werden die Humpen mit möglichſter Vehemenz in die Gurgel entleert. Sie rufen die Begeiſterung für die Freiheit, für die Einigkeit, für das deutſche Vaterland. Das iſt das deutſche Trinken. Es haben alſo die „Räuſchchentrinker" Recht behalten. Ob ſie überall Recht hätten, das ſteht dahin — aber in deutſchen Landen ſicher.

Der Durſttrinker warf nichts mehr zu ſeiner Vertheidi= gung ein, ſondern ſagte, wenn es ſo wäre, wie die Gegner meinten, ſo müſſe er ſich ſchämen, in einer Geſellſchaft Wein oder Bier zu trinken, es ſei eine Geringſchätzung der geiſtigen Mittel ſeiner Genoſſen, die ihn nicht anzuregen und nicht zu erheitern verſtünden, und es ſei das Einbekenntniß der eigenen natürlichen Unzulänglichkeit.

Das iſt es auch in der That! gaben die Anderen bei. Und hierauf kamen ſie auf den Gegenſtand, warum die alten Deutſchen tranken.

Das germaniſche Blut hat um ein paar Procente zu wenig Feuer. Es rollt dick und ſchwerfällig, träge, phlegmatiſch. Da gehört noch etwas hinein, was ein bischen erwärmt, den Saft verdünnt, ihn raſcher durch die Adern jagt und eine regere Wirkſamkeit des Gehirnes erzeugt. Der Deutſche muß erſt ſein Gläschen getrunken haben, bis er ſo leichtlebig und aufgeweckt ist, als der Romane im nüchternen Zustande. Wer hätte es nicht schon an sich selbst bemerkt, daß er sich behaglicher und besser fühlt, wenn er einen guten Tropfen gekostet hat! Er entdeckt nicht allein seinen Geist und Witz, sondern auch sein Herz, er springt mit Leichtigkeit über Klippen hinweg, die ihm sonst so viele Scrupel und Sorgen gemacht, er faßt kühne Pläne, die Welt erscheint ihm sonnig, die Menschen sind ihm liebenswerth, er freut sich an ihrem Glücke, er hat Mitleid mit den Armen und ist zur Hilfe bereit — er ist mit einem Wort ein gesünderer, glücklicherer, besserer Mensch. Ja er weint über das Unglück Anderer, weil er dieser Andere zu sein glaubt. Er vergißt sich selber. Es ist auch vorgekommen, daß sich Herr und Diener betrunken zusammen in ein Bett gelegt hatten. „Johann, es liegt Jemand bei mir!" rief der Herr. „Bei mir auch, Euer Gnaden!" „Schmeiß den Kerl hinaus!" Und Johann hat seinen Herrn aus dem Bette geworfen. — Das ist der gute Deutsche. Aber es ist nicht ganz so seine Natur, wie bei den glücklichgebornen Romanen, es ist — das Räuschchen.

Denken wir uns die alten Deutschen in ihrer schwerfälligen Ungeschlachtheit. Das Bedürfniß nach Geselligkeit war besonders in den Kriegen, wo sie zusammenstehen mußten, erwacht, so saßen sie auch bei ihren Mahlzeiten zusammen und schauten brummig drein und wußten nichts zu machen. Jetzt war der Meth, das Bier, später der Wein. Jetzt wurden sie munter und gesellig, jetzt däuchten sie sich so schlau wie die Römer und waren so gesprächig wie die Gallier, jetzt sangen sie, jetzt kosten sie, jetzt waren sie die übermüthigsten, lustigsten Kumpane. Jetzt fiel ihnen allerhand ein; sie waren nicht allein mehr weise, sie waren auch geistreich, sie waren nicht allein mehr stark, sie waren behendig. Ihre Augen und ihre Wangen leuchteten, und in solchem Widerscheine leuchteten die dunklen Wälder und trüben Nebel Germaniens wie das Sonnengold jenseits der Alpen. Jetzt waren sie schön, stark, groß, glücklich — Alles, Alles! — Das Räuschchen war's.

Da sie sahen, sie wären nicht minder als die Römer, machten sie, was Jene thaten. Aber der Geist verflog, es war wieder nur die Schwerfälligkeit da, die Trägheit und Gleichgiltigkeit, das alte schläferige Wesen ohne Schwung — der immerdar knurrende deutsche Bär, den allerlei fliegendes und hüpfendes Gethier neckend umschwirrte und der, wenn er sich langsam drehte, um Eins zu erschnappen, sich selbst in den Schweif biß.

Aber das merkten sie doch, daß es nicht gut wäre so! Daß sie neben den schlauen, rührsamen Nachbarn mit solchen Eigenschaften nicht obenauf kommen würden! Daher mußten sie sich künstlich beleben — mußten trinken. Waren sie im Rathe, so tranken sie; waren sie im Werke, so tranken sie; vor der Arbeit, daß sie gelinge, nach der Arbeit, weil sie gelungen war. Sie tranken im Kriege, da siegten sie; sie tranken in der Werkstatt, da wurden ihre Erzeugnisse tüchtig und fein. Sie tranken zur Hochzeit, da wurden sie galant, sie tranken zum Taufschmaus, da sahen sie rosige Zukunft; sie tranken beim Todtenmahl, da wurden sie weich, um zu weinen. Der Knabe trank und gewann sein Liebchen, der Dichter trank und erfand ein Lied, der Pfaff trank und malte in glühender Predigt Himmel und Hölle. Sogar die Landschaft stimmten sie um, denn sie tranken, bis die ernsten Urwälder fielen auf den Höhen und die grauen Nebel vergingen auf den Ebenen. Sie tranken, bis die Burgen entstanden auf den Felsen und die Städte in den Thälern. Sie tranken sich die Donau zu eigen und den Rhein. Sie tranken sich in die tiefste Erniedri=

gung hinein, sie tranken sich zur politischen Höhe empor, aber sie tranken immer noch Eins.

In deutschen Landen wuchs — wie es hieß — zu viel Wein für die Messen und zu wenig für die Mühlen, also gerade genug zum Trinken. Dieser nationalen Aufgabe sind sie derart nachgekommen, daß selten ein Deutscher, wenn er in's Wasser fiel, ertrinken konnte, weil der Wein, den er in sich hatte, kein Wasser mehr hineinließ. In Nürnberg fuhr alle Nacht ein Polizeiwäglein umher, so eine Art Sammelwagen, welcher die Betrunkenen auflas und nach Hause förderte. Sehr beklagten sich die Bader, daß bei den Aderlässen das Eisen nicht durchschlagen wolle, denn die Adern hätten alle Weinsteinkrusten. Diese Krusten müßten aufgeweicht werden, meinten sie, und tranken immer noch Eins. Nur jener Schneider, als er so viel getrunken hatte, daß er seine Frau doppelt vor sich stehen sah, hat aufgehört — trank keins mehr.

Daß in den ersten Zeiten die gewaltigen Hörner der Auerochsen zu klein waren und kein Krug groß genug, wer wollt's leugnen! Ein großer Sack ist schwer zu füllen, und das deutscheste Wort für Trinkgefäß ist Becher, denn das kommt von Bach und Bächen, die da in die Gurgel rinnen müssen. Sie haben nicht allein ihre Lieder und Sprichwörter für's Trinken aufgebracht, sie wollten — wie ein philologischer Philosoph herausfand — die ganze Sprache dazu einrichten; so flößten sie ihren Kindern Ehrfurcht ein, so liebten sie, den Irregewordenen klaren Wein einzuschänken, einem Widersacher bei Gelegenheit ordentlich einzutränken; die Ungeduldigen schlugen dem Fasse den Boden aus, dem Uebelthäter wurde endlich das Maß voll, die Glücklichen waren vor Liebe trunken, wonneberauscht. Und da sie schon einmal im Sprachverbessern, was Wunder, wenn ihnen schließlich für die wirkliche Sache das Wörtlein „trinken" zu zahm geworden!

Trinken, das kann auch der durstige Vogel aus der Nußschale, auch das neugeborne Kindlein. Es mußte ein kräftigerer Ausdruck geschaffen werden, und sie haben ein Wort erfunden, so rund und bauchig wie ein Faß und dessen Vollklang nichts zu wünschen übrig läßt. Wir dürfen schon aus Pietät für unsere Vorfahren das herrliche Wort nicht vergessen, obzwar wir es heute nur noch ausnahmsweise gebrauchen können, denn unser liebes deutsches Blut ist durch das fortwährende Stoßen und Voranschieben glatter geworden, ist beweglicher, bisweilen ein wenig schlüpfrig sogar und rollt leichter durch die Adern. Aber trinken müssen wir immer noch, entweder schärfer oder leichter.

Nichts fehlt dem deutschen Land, um so schön wie Italien zu sein, als das Räuschchen. Nichts fehlt den Deutschen, um so vergeistigt wie die Franzosen zu sein, als das Räuschchen. Aber sie dürfen es nicht auslöschen lassen, es ist das heilige Opferfeuer, das täglich sein Oel braucht; es ist das Wagenrad, das täglich eingefettet werden muß; es ist die Mühle, die ihr Naß bedarf Tag für Tag, um zu klappern und zu mahlen, mit einem Wort, es sind die Deutschen, die sich aus Traum und Trägheit herausgetrunken haben, die ihre Concurrenz mit den leichtblütigeren Nachbarn nur bestehen, ihre weltgeschichtliche Bedeutung nur behaupten können, wenn sie trinken.

Und darum trinken sie immer noch Eins.

Von der Bettelhaftigkeit unserer Studenten.

Ich bin ein Freund der Studenten. Gut, so läßt sich reden. Einen Uebelstand habe ich zu rügen, der die Studentenschaft verunziert. Zwar sollte es vom Katheder aus geschehen, doch was geht den rechten Studenten das Katheder an! Also das Buch. „Auch um das Buch kümmere ich mich nicht!" sagt der Student. Wahr ist's. Doch das Buch kümmert sich um den Studenten.

Von den Erbschäden soll hier nicht die Rede sein; die akademische Collegienschwänzerei, die akademische Kannegießerei und Paukerei werden wir nicht abbringen. Des armen Studenten Beanspruchung von Wohlthaten zum Behufe seines Fortkommens und Studiums ist hier ebenso wenig gemeint, denn zu solcher Unterstützung hat er das heilige Recht des geistig Strebenden. Aber die akademische Bettelei! damit ist's was Anderes. — Der Carneval ist da, der Mensch will tanzen, also auch der Student, und da hat er recht. Aber der Student will glänzende Bälle geben, und daran hat er nicht recht, weil er sie gewöhnlich nicht zahlen kann. Nun, was thut er? Er wirft sich in die Wichs, fährt von einem ansehnlichen Haus zum anderen, nicht etwa um milde Gaben zu sammeln, Beiträge von fünfzig Gulden aufwärts, ohne Beschränkung der Großmuth — i bewahre! sondern um „Patronessen" zu suchen. Ballmütter, Vortänzerinnen — reine Ehrenämter; die sie annehmen, wissen, was sie zu thun haben. Nun, wer engherzig genug ist — unsere Damen sind es nicht! — um der Würde einer akademischen Patronesse ein bescheidenes Opfer zu versagen — sei's drum, das geht uns weiter nichts an. Aber die lieben Studenten möchte ich gerne in aller Freundschaft erinnern: Das Ding schickt sich nicht. Wenn der Mensch schon als Student so flott Deficit zu machen lernt, dann ist es freilich kein Wunder, wenn er dann als Finanzminister diese Kunst so schwunghaft zu üben versteht. Zu unserer Väter Studentenzeit waren auch keine Krösusse auf der Hochschule, sie haben doch ihre heiteren, stattlichen Ballfeste gehabt und haben der akademischen Würde nicht Unrecht gethan. Sie haben eben keinen Pomp entwickelt, der auch ganz unzweckmäßig ist, weil er die Gemüthlichkeit stört. Sie haben nicht tagelang vor dem Balle Fiaker zu Bettelfahrten zu miethen gebraucht, haben von den Demüthigungen des Antichambrirens nichts gewußt, haben für kostspielige Decorationen, bunt aufgemauserte Thürsteher, blendende Beleuchtungen, flunkernde Garderoben nicht viel Geld ausgegeben, sie haben den Tand der Spenden für Tänzerinnen und Patronessen erspart, und haben doch die beste Gesellschaft, die hübschesten Mädchen in ihren Tanzsaal zu versammeln gewußt und haben sie, und sich mit ihnen, stets köstlich unterhalten. Warum, Ihr Studenten von heute, macht Ihr's nicht auch so? Mögen Andere in dieser Sache Luxus entwickeln, so viel sie wollen — Ihr seid jung, Ihr seid Tänzer, Ihr seid Studenten! Ihr braucht den Flitter nicht, Ihr sollt Euch nicht entwürdigen.

Also weg mit den kostspieligen, gespreizten Ausstattungsbällen! Weg damit! Und wer da sagt, es zahlten's ja die

Wohlhabenden, die sich draus ein Vergnügen machen, und die armen Decorateure, Modistinnen, Blumenmacherinnen u. s. w. wollen auch leben, dem antworte ich: Will der Student schon den volkswirthschaftlichen Vermittler spielen, so findet er dazu andere Wege, als hier in einem oft herzlich nüchternen Prunkabende zweifelhafte Werthe zu schaffen, die morgen wieder zerstört sind. Eitelkeit in Putz, das paßt nicht für junge Männer, und schon gar nicht, wenn die Mittel dazu auf Umwegen gesucht werden müssen.

Laßt es einmal b'rauf ankommen, Bursche, ob Ihr mit Eurem Ansehen, Eurer Jugend und Eurem frohen Herzen nicht selbst im Ballsaale die schönsten und gesuchtesten Zierden seid!

Das Mädchen möchte ich kennen, welches anderer Meinung ist!

Die Studentenschaft ist — oder sei — der Stolz ihres Volkes; und den Stolz sieht man nicht gerne am Bettelstab.

Von der Charakterlosigkeit unserer Jugenderziehung in den Städten.

Allerlei theoretisches Gewäsch, was da über Kindererziehung gesprochen wird. Es soll's in unseren Städten einmal Einer versuchen, sein Kind strenge und einheitlich nach den gediegenen Grundsätzen der Pädagogen zu behandeln, er wird bald erfahren, woran er ist. In unserem Mittelstande ist es bei den herrschenden Zuständen unmöglich, ein Kind zu erziehen. Wären tausend Widerwärtigkeiten überwunden, so zerstören tausend Zufälligkeiten die kümmerlichen Resultate. Das Gewirre der geistigen Strömungen, welches im öffentlichen Leben herrscht und dort fertige Charaktere verdirbt, durchfluthet auch das Haus des Bürgers und hat aus demselben die Einheitlichkeit der Gesinnungen, den patriarchalischen Geist längst hinweggespült.

Da ist ein sechsjähriges Kind, nichts noch als Kind, und bildsam wie Wachs, zu Gutem geboren und zu Großem fähig. Sein Vater ist ein schlichter, rechtlicher Mann, vor Allem darum besorgt, dem Sohne streng sittliche Grundsätze zu geben, ihm Treue und Wahrhaftigkeit anzuleben, ihm Achtung vor den Rechten der Nebenmenschen und ihrem Eigenthume einzuprägen, ihn zu hüten und zu warnen vor verderblichen Handlungen — vor Allem bestrebt, aus seinem Kinde einen in sich zufriedenen, brauchbaren Menschen zu machen.

Die Mutter, die das Kind bisher vielleicht nur als ihr drolliges Spielzeug betrachtet, um zwischen Besuchen, Toilette und Vergnügungen ihre Langweile zu vertreiben, denkt nur daran, dem Söhnlein vor Allem fein Artigkeit beizubringen, ihm gefällige Manieren anzueignen, ihn zu einem angenehmen Gesellschafter für feinere Kreise zu erziehen.

Ein Großvater ist da, dem liegt besonders die Sorge um's materielle Wohl des Enkels am Herzen, und zwar nicht so sehr um das künftige, als vielmehr um das gegenwärtige; er steckt dem Kinde Geld zu, auch Näschereien, wäscht jeden Fehler, jede Unart des Knaben weiß, besticht womöglich seine Lehrer und verhätschelt ihn auf alle Weise.

Eine Großmutter ist da, die bringt auf katholischen Lebenswandel, entführt das Kind in die Kirche, zu bigotten Basen, nöthigt ihm Heiligenbilder, Gebetbücher auf, lehrt ihn Legenden, fromme Gebete und Stoßseufzer, die des Morgens und Abends zu seufzen sind, bringt ihm Interesse und Glauben an Amulette und Wunderdinge bei.

Ein Onkel kommt in's Haus, ein munterer, etwas frivoler Weltmann, und der weiß den Knaben mit pikanten Anekdoten zu gewinnen, erzählt ihm Sachen aus der Zeitung, führt ihn gelegentlich in ein Kindertheater, zu Gauklern, in Buden zu Mißgeburten und gerne überall hin, wo Seltsames zu sehen ist.

Eine gute Tante, die das Kind nicht oft genug versichern kann, wie schön es sei, welch ein kleiner prächtiger Kerl! lernt ihm allerei drollige Unarten an, überhäuft es mit den ausgeklügeltsten Spielzeugen, führt es in Gesellschaften von fremden Kindern verschiedener Stände und preist bei jeder Gelegenheit seine körperlichen Vorzüge.

Dazu im Hause fortwährende Wichtigthuerei mit Putz und Modetand, stete Gespräche über Unterhaltungen, Klatsch über fremde Schwächen und Fehler, allerhand Schliche, Cabalen, lockere Beispiele und beständiges Uebertreten und Nichtbeachten der Grundsätze, die dem Kinde in Anwandlung von pädagogischer Laune gepredigt werden.

Vielleicht haben wir noch eine Gouvernante, deren ganze Erziehungskunst darin besteht, dem Kinde Worte einer fremden Sprache vorzuplappern. Oder ein Hauslehrer sieht darauf, daß die Unarten des Knaben dem Vater verborgen bleiben.

Der Vater hat seinen Beruf und muß den Sohn mehr oder weniger der Sippe überlassen. Ist er energisch genug, so kann er allerdings sein Hausrecht üben, aber das heißt bisweilen nicht weniger, als den Hausfrieden zu zerstören und dem Kinde Beispiele von dem „deutschen Familienleben" zu geben, die nicht just gemüthbildend zu wirken pflegen. Wie froh ist daher der Vater, wenn sich endlich der Hort der Schule aufthut für das Kind.

Die bisher angedeuteten Uebel sind mehr allgemeiner Natur; nun kommen erst die besonderen Uebel der Zeit. In der Schule wird der Zwiespalt, der im Hause erzeugt wurde, systematisch genährt. Bei der geistigen Entwicklung des Kindes will sich's kein braver Pädagoge entgehen lassen, demselben freisinnige Grundsätze einzuprägen, während der Katechet die Pflicht hat, den Schüler in die Dogmatik zu verstricken.

Im zehnjährigen Knaben reifen schon die ersten Früchte: Ein wenig geckenhaft und kokett, ein wenig anmaßend und blasirt, ein wenig leichtsinnig, altklug, phrasendrescherisch, religiös fanatisch und ein wenig frivol; nirgends fremd, nirgends daheim, ohne Ernst, ohne Ehrgeiz, ohne bestimmte Richtung im Charakter.

Mit diesen Resultaten der ersten Erziehungsepoche tritt er in die zweite. Nun wiederholt sich das, was bisher im Kleinen vorging, im Großen. In den Lesebüchern der Schule mit ihrem zusammengestoppelten Text spiegelt sich die Zerfahrenheit des ganzen Erziehungsbildes. Der Vater hat in seine Stube für den Knaben eine streng ausgewählte Bibliothek bereitet, aber der Knabe hält sich an die Anderen. Die Mutter liest aus Zeitungen die Notizen von Diebstählen und Einbrüchen, Schlägereien, die Berichte aus dem Gerichtssaal. Die Tante zeigt Interesse an der „kleinen Correspondenz", liebt auch hübsche Erzählungen aus dem Französischen übersetzt; der Onkel bringt dem Knaben ein „Märchenbuch" nach Hause, übersieht auf dem Titelblatt aber den kleingedruckten Zusatz: „für Erwachsene". Täglich schreien die Blätter und Placate allerei Ereignisse und Vergnügungen aus, begeben sich auf öffentlichen Gassen allerhand Auftritte, kreuzen sich auf den Plätzen Spielgenossen, Kameraden, Leute aller Gattungen. Vor all dem und noch unzähligem Anderen müßte ein Kind abgeschlossen werden, wenn man eine ernste und wahrhaftige Erziehung an ihm durchführen wollte.

Viele Eltern sehen nur in einer echt christlichen Erziehung die beste Grundlage zu einem sittlichen Charakter. Aber sage mir nur Einer, ob eine solche unter den Einflüssen der heutigen Schule, Gesellschaft und Literatur denkbar ist? Andere finden es vortheilhaft, ihre Nachkommenschaft im modernen Geist heranzubilden, von allen confessionellen Schranken, von Vorurtheilen des Staates, der Nationen, der Racen freizuhalten, und glauben, der Freisinn und die Toleranz nach allen Seiten hin erzeuge die tüchtigsten Charaktere. Die Gesetze gestatten es aber nicht, das Kind so zu erziehen, wie es die Pädagogen, Philosophen und Philanthropen vorschlagen, wie es in allen modernen Schriften und Zeitungen gelehrt wird. Das Schulkind muß confessionellen (ich sage absichtlich nicht: religiösen) Unterricht nehmen; der Sprosse des radicalsten Freigeistes wird zur Ohrenbeichte und Communion gedrillt, muß einen Heuchler abgeben, wenn er seinen Weg in der Schule machen will. Wenn noch ein einheitlicher vertrauender Charakterzug in ihm vorhanden wäre, zu dieser Zeit, wo der Vater verspottet, was der Lehrer sagt, und der Lehrer verdammt, was der Vater meint, müßte er in die Brüche gehen.

Nun kommt der Bursch zur weiteren „humanitären" Ausbildung in die höheren Schulen. Hier geht die Pädagogik wissenschaftlich vor, nach streng logischen und psychologischen Gesetzen — da wird schon was Rechtes herauskommen. Wie sieht's aus? Hier kreuzen sich feindlich alle Gesinnungsrichtungen, alle geistigen Elemente. Je nach Fach oder Anlage ist der eine Professor conservativ, der andere revolutionär, der dritte zelotisch, der vierte liberal, der fünfte lehrt Kant, der sechste Schopenhauer, der siebente Darwin, der achte irgend einen veralteten Naturforscher. In den Socialwissenschaften derselbe Zwiespalt und in all diesen Lehren zusammen der Zwiespalt mit dem praktischen Leben. Noch gut, wenn die Professoren ihre Sache trocken und langweilig, ohne Beseeltheit von ihnen heraus zum Vortrage bringen und nicht etwa — wie es auch geschieht — ihre Hörer fanatisiren, so daß dann unter dem edlen Schilde der „Burschenschaften" Verbindungen zu Stande kommen, in welchen als jugendliche Ideale die hirnverbranntesten, entsittlichendsten Ideen gepflegt werden und sich schon die Jugend in feindliche Heere spaltet und nimmer müde wird, Gift und Feuer in's Lager der Nachbarn zu schleudern.

Alle Parteien schüren an der Jugend, buhlen um sie. Alle denkbaren Schlagworte werden durcheinander geworfen; was das eine Buch baut, zerstört das andere; was im Individuum der eine eigene Wille aufrichtet, das wirft der andere hin, denn Jeder ist ausgebildet, Keiner, und am wenigsten der Egoistische, will sich unterordnen. Jeder Tag bringt mit dem neuen Gelüste eine neue Ueberzeugung; was heute vergöttert, wird morgen verhöhnt, übermorgen vergessen.

Nach solcher Erziehung und Ausbildung tritt der junge Mensch in's praktische Leben ein.

Und da giebt es noch naive Frager, woher doch in aller Welt die Charakterlosigkeit, die Corruption unserer Gesellschaft, die Frivolität und Blasirtheit unserer Jugend komme?

Ganz merkwürdig ist der Tact, womit unsere **schöne** Literatur gegen die Mädchen und „höheren Töchter" vorgeht. Liebesgeschichten, natürlich! Denn die interessiren am meisten. Der Jüngling und die Jungfrau sehen sich, fassen Neigung zu einander, schmieden heimlich Pläne gegen ihre Eltern und Vorgesetzten, um zusammenzukommen, das gelingt, es wird gescherzt, sentimental gethan, gekost, geküßt — Alles genau und reizend geschildert. Aber nicht weiter. Ein Schriftsteller, der die Folgen dieser Vorgänge andeuten wollte, er wäre kein Dichter für die Jugend, für die Familie. Denn von den Folgen darf die Jugend nichts hören. — Das heißt doch den Abgrund mit Rosen verdecken, das heißt doch die ahnungslosen Herzen in's Garn locken.

Nach meiner Meinung dürfte der Jugendschriftsteller die Gefühle des Jünglings, des Mädchens wohl reizend darstellen, ganz wie sie sich ja auch in der Wirklichkeit vordrängen, aber er dürfte dort nicht abbrechen, wo das Uebel anhebt, er müßte mit nicht minder hellen Farben die Folgen und Leiden schildern, die aus den heimlich gehegten Idealen und tändelnden Freuden entstehen können. — Das wäre der richtige Wegweiser und Freund.

Ist das Kind sechzehn oder achtzehn Jahre alt, dann soll man mit ihm sprechen, ernst und liebreich, denn nun tritt es in die Zeit der Gefahren. Man soll ihm die Wege, die es gehen muß, schildern wie sie sind und keine Rücksichten walten lassen wo es gilt, es vor Verirrungen zu bewahren.

Ein relativer Vortheil in der heutigen Erziehung ist bei jungen Männern das Einjährig=Freiwilligenjahr. Manches Muttersöhnlein und Modegecklein lernt hier das erstemal Strenge, Consequenz und Pflicht kennen. Freilich viel zu spät! Andererseits kann hier die rohe, oft sklavische und hündische Behandlung auf den in allen Freiheiten aufgewachsenen jungen Menschen und die Entfaltung seiner moralischen Anlagen unmöglich von günstiger Wirkung sein.

Wohl bin ich der Meinung, daß man das Leben von allen Seiten kennen lernen solle; daß die Erzieher Gottes, als Natur, Verhältnisse, Freundschaft, Liebe, Arbeit, Unglück, den Charakter eines Menschen erst festigen; daß man bei wichtigen Dingen und Fragen die Ansicht aller Parteien studiren und respectiren müsse, um zur wahren, sittlichen Freiheit zu gelangen; aber für den in sich noch halt= und grundsatzlosen jungen Menschen ist diese Vielseitigkeit nicht das Richtige. Schwache bedürfen eines Stabes, Blinde einer Richtschnur, Unerfahrene eines Führers, auf den sie unbedingt müssen vertrauen können. Die Jugend ist schwach, blind und unerfahren — und findet in einer Zeit, die sich doch sonst in humanen Bestrebungen überbietet, so wenig wahren Beistand!

Das ist auf dem Lande doch anders; dort mag die Jugend roh sein, aber sie ist ganz gewiß nicht in so großen Massen verderbt und verdorben, als in den Städten. Unsere Volksschullehrer wissen Geschichten zu erzählen von diesem Unterschiede und halten im Allgemeinen — viele Ausnahmen giebt es selbstverständlich — das ländliche Material für dankbarer als das städtische. Dort haben die Kinder von Haus aus oft gar keine Erziehung, aber gar keine ist besser als eine verkehrte, vielspältige, die das junge Menschenwesen geradezu zerfasert und zersetzt. Die Schulen sind in den Städten besser als auf dem Lande, aber die Erziehung ist schlechter.

Die Erziehung in den Städten mag auch in früheren Zeiten in gewisser Beziehung viel zu wünschen übrig gelassen haben, aber sie war einheitlicher und gewissenhafter, wie man ja heute noch (abgesehen von dem Einflusse des Alters) in der älteren Generation der Städter weit mehr Ernst und Gediegenheit findet, als im jungen Nachwuchs. Die gegenwärtige Generation mag noch einen Fond von ererbter Tüchtigkeit haben; wie aber, wenn sich in nächster Linie dieser Fond ausgelebt hat? — Gute Schulen sind für diese Wunde kein Pflaster. Wer kann dafür? Die Eltern? Die Lehrer? Die Kinder? Oder etwa die Regierung? — Oder kann Niemand dafür und wir müssen uns treiben lassen, wie es der Zufall will?

Es mögen sich tausend Stimmen gegen mich erheben und mit Spitzfindigkeiten mir widerlegen; ich sage das: Die Erziehung der Jugend, wie sie heute in den Städten gang und gäbe ist, entartet die sittlichen Anlagen der Menschen und führt zum Ruine.

Von der Schädlichkeit unserer Kindertheater.

Heute bin ich doch einmal in einen prächtigen Zorn gekommen. Er hat mir fast wohlgethan, denn er hat sich wie ein Wetterstürmen entladen über eine sehr armselige Sache.

Die Frau eines Theaterdirectors war da und wollte meine Kleinen anwerben zum Mitspielen auf dem für diesen Carneval veranstalteten Kindertheater.

Der Frau, und Allen die sie hören wollten, habe ich meine Meinung kundgethan.

Doch, der Aerger erstreckt sich viel weiter, als über das Komödiantenweib, das ja von ihrer Kunst leben will.

Wenn unsere Tagespresse sich ihrer Aufgabe bewußt wäre, so hätte sie über derlei Kindervorstellungen lange schon ein ernstes Wort sprechen müssen. Es giebt außer der Politik und den Partei=Interessen auch noch Anderes im Lande, das dem Publicum nahe geht.

Es ist nicht genug, daß das Operettenwesen die Er= wachsenen bethört, ja, was den Geschmack in Theatersachen anbelangt, nachgerade dumm gemacht hat, es steigt nun auch sachte nieder zu den Kindern. Unsere lieben alten deutschen Kindermärchen, als „das Rothkäppchen", „der gestiefelte Kater",

„Aschenbrödel", „Schneewittchen" u. s. w. werden für die Bühne bearbeitet und von Kindern für Kinder zur Darstellung gebracht. Wie herzig! Wie das die Kleinen anregt und ergötzt! Wie das den Kunstsinn und das Gemüth ausbildet!

Trotzdem giebt es Leute, die von solchem „Komödiantenwesen" nichts wissen wollen, die da sagen, die Kinder möchten solche Märchen immerhin in ihrer schlichten, treuherzigen Buchprosa lesen, etwa auch in Haustheatern aufführen, aber öffentlich sollten sie sich derlei als Darsteller nicht hingeben; es wirke schlimm auf den Sinn und Charakter des Kindes, auf den Brettern für Applaus und Zeitungslob herumzutrippeln, und es verdrehe ihm den Kopf, den es so nothwendig zum Lernen brauche. Man solle Kinder überhaupt so selten als möglich in's Theater schicken, selbst zu guten Stücken nicht; um wie viel weniger erst sie mitspielen lassen in elenden Machwerken!

„Pedanten!" ruft die Frau Director. Und ein Anderer:

„Warum soll man den lieben Kindern nicht die Freude machen, Operetten-Couplets singen, Ballet tanzen zu lassen?" Ja, so sauber haben sich unsere neuen Kinderstücke entwickelt. Wir haben Kinderstücke, die unter der Maske harmloser Märchen oder Schwänke schlimmen Unfug treiben. Da begegnet man Verhöhnungen der Lehrerschaft, der Obrigkeit, Spott über körperliche Gebrechen, man hört ordentlich das: „Kahlkopf, Kahlkopf, komm heraus!" Nur daß kein Bär die boshaften Jungen zerreißt. Da kommen Zoten vor, die für Erwachsene berechnet, von den Kindern glücklicherweise nicht verstanden werden, was aber durchaus nicht die Schuld der Macher und Veranstalter ist. Mit läppischen Possenreißereien wird um den Beifall des jungen Publicums gebuhlt, und dieses kargt damit nicht, denn es freut sich unbändig, daß so viele Unarten und Unsitten, die zu Hause nicht geduldet werden, hier so glänzend floriren. Ich frage, ob wir noch Pädagogen haben?

Es giebt Ausnahmen; doch selbst wenn die guten Kinderstücke die Regel, und die schlechten die Ausnahmen wären, so müßte man dem Kindertheater immerhin noch mit Mißtrauen und Abneigung begegnen.

Die Kinder sind ein zu werthvolles Gut, als daß man sie der Oeffentlichkeit ausstellen, als daß man sie nicht vor jeder moralischen Gefahr möglichst zu schützen suchen sollte.

Für Kinder ist das Beste gut genug, nicht aber das Schlechteste; das ist eine alte Wahrheit, aber sie wird noch immer nicht erkannt.

Je aufmerksamer ein Kind diesen operettenhaft aufgeputzten, nicht für das naive Gemüth, sondern für frivolen Sinn berechneten Sachen zusieht, zuhört, desto eher verfällt es der Blasirtheit oder jenem unseligen Kunstgeschmacke, an welchem nicht allein das deutsche Schauspielwesen zu Grunde zu gehen droht, sondern an welchem schon so unzählige, urspünglich für wahre Kunst erglühte kindliche Herzen zu Grunde gegangen sind. Wem das Herz des Kindes noch heilig ist, der kann das Kindertheater nicht gutheißen.

Für die mitspielenden Kinder sehe ich noch eine andere Gefahr, sie werden nicht allein ihrem Lernen, ihrer Berufsrichtung entfremdet, sie glauben Talent für die Schauspielkunst zu besitzen, man sagt ihnen das, sie lesen es gedruckt — sie wollen schließlich zum Theater gehen. Das wäre ja kein Unglück, wenn die Mehrzahl der Kunsteleven nicht bei dem Theater zu Grunde ginge.

Hinweg denn mit diesen öffentlichen Kinderschaustellungen! sie taugen nichts, sie sind eine Verirrung, entstanden aus Gleichgiltigkeit der Pädagogen, aus Affenliebe und Eitelkeit der Eltern und aus Gewinnsucht der Theater und Theaterschulen. Sie sind ein Unding!

Von der Bildung und Verbildung des Künstlers.

Das Wort „Bildung" gehört auch zu jenen tausend Begriffen, die Jedermann im Munde führt und selten Einer versteht. Die meisten halten sich für gebildet, wenn sie die gehörigen Schulen durchgemacht haben, und hätten sie gleich Alles wieder vergessen, oder wenn sie im geselligen Verkehr den sogenannten guten Ton beobachten. Auch das Roman= und Zeitunglesen gehört solchen zur Bildung. Der Eine meint mit der Bildung das Vertrautsein oder Anschließen an eine gewisse landläufige Geistesströmung oder Parteirichtung. So gehörte es vor einigen Jahren im Kleinbürgerthume zur Bildung, „liberal" zu sein, während die Ultramontanen die Crême aller Bildung nur in der Kenntniß und dem Bekenntnisse der kirchlichen Dogmatik sahen. Der Professor meint unter einem Gebildeten einen Vielwisser, und kann sich überhaupt eine andere, als die wissenschaftliche Bildung schwer vorstellen.

Ihr dürft überzeugt sein, daß von diesen Allen das Richtige Keiner hat.

Und wie wunderlich das! denn der richtige Sinn liegt so nahe, liegt schon im Worte. Bildung heißt Ausbildung, Vervollkommnung eines Individuums. Die Individuen aber sind bekanntlich individuell, in jedem steckt ein eigener Keim, eine besondere Fähigkeit. Wenn alle Menschen gleich wären, dann könnte man von einer gleichartigen Ausbildung sprechen, und dann würde das, was den Einen bildet, auch den Andern vervollkommnen. — Nun kommt es aber darauf an, in jedem Individuum die Fähigkeiten, und gerade diese Fähigkeiten zu suchen und zu wecken, die in ihm schlummern, und dieselben auszubilden. Ein Mann mit Talenten für die Bodencultur wird auf der Universität verhältnißmäßig geistig verkommen, aber auf der landwirthschaftlichen Schule gedeihen. Beethoven oder Richard Wagner wären selbst unter den Zigeunern etwas geworden. Michel-Angelo wäre nicht gebildet gewesen, wenn er alles das studirt hätte, was Darwin studirt hat; Darwin wäre nicht gebildet gewesen, wenn er das gelernt hätte, was vor ihm die hervorragendsten Geister gedacht und gewußt, und dabei stehen geblieben wäre. Franz Defregger wäre vielleicht ein tüchtiger Professor für Philologie oder Rechtskunde geworden, aber er wäre damit nicht ausgebildet gewesen; Paganini hätte das Wissen eines Kant, eines Goethe haben können, er wäre nicht ausgebildet gewesen; Devrient hätte sein ganzes Leben unter eifrigsten Studien in Bibliotheken zubringen können, sein Talent wäre brach liegen geblieben.

Das ist Alles sehr selbstverständlich und doch wird es immer wieder vergessen, und doch wird es immer wieder verlangt, daß der Künstler, der eine eigene Welt, oder besser, ein Himmelreich für sich zu tragen hat, außer dem obligaten Schulunterricht sich auch noch mit allen möglichen anderen Kenntnissen belasten soll.

Oft hört man sagen: Dieser oder Jener ist als Maler, als Bildhauer, als Schauspieler höchst bedeutend, aber sonst ist er ungebildet. Es soll das vielleicht ein Vorwurf sein, daß der Künstler, der mit seinen Werken die Welt entzückt, nicht französisch parlirt, irgend ein epochemachendes naturwissenschaftliches Werk nicht gelesen, die Kunstkritiken moderner Aesthetiker nicht studirt hat; daß er nicht einmal Rechenschaft zu geben weiß über sein eigenes Schaffen, oder gar, daß er sich im Salon nicht conventionell genug aufführt.

Professor! wenn Du dem Künstler nicht verzeihst, daß er keine „wissenschaftliche Bildung" besitzt, so kann Jemand kommen und Dir zum Vorwurf machen, daß Du keine Kunstwerke schaffst. Oho! fährst Du los, Talent kann man sich nicht willkürlich geben, aber wissenschaftliche Bildung kann man sich aneignen. — Herr Professor, Du sprichst wie ein Professor, Du giebst wohl damit zu, daß das Kunsttalent etwas Besonderes ist, und doch wirfst Du den Künstler in einen Topf unter die Durchschnittsmenschen. Weißt Du es denn so bestimmt, daß in demselben Individuum, in welchem so außerordentliche, schöpferische Fähigkeiten leben, auch alle Organe zur Aufnahme von theoretischen Sachen gleich leistungsfähig, wie bei anderen Menschen vorhanden sind? Und wenn ja, weißt Du es denn, ob sich all die eingelernten Dinge in einem und demselben Kopf und Herzen gut vertragen mit der Schöpferkraft? und ob diese gegen die fremden Eindringlinge nicht etwa ihr Hausrecht anwenden wird? Der elementar auftretende Schaffensdrang läßt sich nicht gerne beengen, und im Grunde genommen wird der Kopf eines Künstlers auch nicht viel überflüssigen Raum haben. Sein geistiges Atelier, seine tausenderlei von Vorstellungen und Combinationen, von denen andere Leute keine Ahnung haben, brauchen ihren Platz; das Gemüthsleben ist bei diesen Vorgängen ganz und gar beansprucht: wo soll das Interesse herkommen für Dinge, die nicht in sein Fach schlagen, seinem Wesen nicht anklingen? Daß er indeß seine Fachstudien emsig und strenge betreibe, das ist dem Künstler nicht minder nöthig, als etwa dem Geologen und dem Ingenieur.

So ein Künstlerkopf ist in seiner Art durch und durch praktisch. Er erkennt instinctiv, welche Dinge ihm förderlich sind; gerade oft jene sind es, auf welche der Theoretiker, der Mann der Wissenschaft, keinen Werth legt, während andere Errungenschaften des Geistes, auf die das Jahrhundert stolz, für den Künstler unnützer Ballast ist und als solcher unbeachtet bleibt oder ausgestoßen wird. Was soll der Maler denn anfangen mit der Dampfkraft und allen Erfindungen im Gebiete der Elektricität? Was soll der Dichter denn mit dem Darwinismus beginnen, er mit dem von den Vorfahren ererbten poetischen Gemüth? Auf Grund der Naturwissenschaften dichten hat viel für sich, aber es gehört dazu eine neumodische Poesie und eine andere Begabung, als die bisher den Dichter ausgemacht hat. Wäre in einer rein darwinistischen Weltanschauung Goethe's „Faust" möglich? oder die Odyssee? Nichts dürfte vergeistigten Zug und Flug haben, Alles müßte roh und thierisch sein. Selbst Zola wäre noch zu ideal für solche Philosophie. Dieser Schriftsteller beschreibt das Laster angeblich darum so natürlich, um die Menschen von demselben abzuschrecken, während die Philosophie der Naturwissenschaften etwas vorlaut behauptet, daß der Mensch nicht anders sein, werden und thun könne, als er von der Natur geartet sei, und daß sein Schicksal in seinem Organismus liege. Und wie soll der Dichter die Kenntnisse fremder Sprachen für seine Sache verwerthen, er, der seine Ursprünglichkeit rein zu bewahren sucht und dem die Kritik jedes fremde Element in seinem Werke als Fehler anrechnet! Die wissenschaftliche Bildung giebt dem Menschen als Charakter und Schöpfer nichts, was er nicht auch aus sich selber haben könnte. Wohl aber kann sie ihm unter Umständen Manches nehmen. Sie macht klüger, aber nicht immer besser, und in Bezug auf die Tüchtigkeit im Können ist der Geist wie ein Schwert, je mehr man es schleift, desto schärfer wird es wohl, aber auch desto dünner und schwächer. Rege den Künstler an, und Du thust mehr, als wenn Du ihn unterrichtest.

Wenn im Künstler das natürliche schöpferische Leben stockt, dann wird er selber nach künstlicher Nachhilfe von außen trachten müssen, dann werden ihm Studien ferner liegender Bereiche auch förderlich sein. Anders jedoch wären sie zum Hemmniß.

Der Materialismus unserer Tage hat seine Lehre. Diese Lehre kennt nur das Thatsächliche oder was ihr als solches erscheint, und will von allem Anderen nichts wissen. Daß ihr die Leute in Haufen zujubeln, ist kein Wunder — aber nicht so sehr der Liebe zur Wahrheit wegen geschieht es, sondern vielmehr aus anderen Gründen — deß mögt Ihr sicher sein. — Diesen Herren nun mit der „concreten Vernunft" ist nichts greulicher, als ein phantastisches, träumerisch-dämmerndes Gemüth. Und gerade dieser Seelenzustand (das Wort Seele ist zwar nicht technischer Ausdruck genug, um ihn im Angesichte der radicalen Wissenschaftler zu gebrauchen), aber trotzdem ist gerade dieser Seelenzustand, der des Träumens und Dämmerns für den Künstler am fruchtbarsten. Aus dem Chaos hat Gott die Welt erschaffen! Der Gewährsmann dafür war zwar auch ein Künstler, und zudem, glaube ich, hat die Wissenschaft bereits nachgewiesen, daß der Berichterstatter Moses, wie wir ihn uns bisher vorstellten, gar nie existirt hat, daß sein Buch von der Schöpfung also erfunden, und daß demnach die Welt bis heute noch unerschaffen ist. — Indeß denket nach, ob bei einem Künstler, dessen Kopf voll ist von abstracten, unformbaren Vorstellungen, eigene Gestalten sich klar und plastisch entwickeln können? Die schöpferische Thätigkeit geht ganz anders vor sich, als die nachmachende. Es ist gewiß, daß sie auch von außen Nahrung bedarf, aber entschieden eine andere, als die, nachbildender, reflectirender oder lehrender Art.

Der genialste Künstler kann in der Mathematik oder in der Philologie geradezu dumm sein, während er etwa in der Geschichte, in der Physik, in der Anatomie u. s. w. richtig empfindet, ohne die Fächer herkömmlich studirt zu haben.

Das Vielwissen macht alt. Der Künstler soll jung bleiben und mit leichtem Ränzlein und hellen Augen durch das Leben wandern. Der Künstler bedarf Formen nöthiger, als Formeln; sein Haupt ist keine Bibliothek, sondern ein Bildersaal; seine Schule ist das Leben, seine Werkstatt ist das Leben, seine Werke gehören dem Leben.

Die alten Meister wurden groß in der Mythe, die neuen werden es in der Natur; aber nicht etwa, wie sie ihnen durch die Naturwissenschaft übermittelt wird, sondern durch die Sinne. Wer in einer aufgeklärten Zeit ein großer Künstler ist, man sehe nach, ob er zu diesem Zwecke nicht ein kleines Kind geworden, ob er nicht Manches vergessen mußte, was er gelernt, ob ihm seine übrigen Fähigkeiten nicht eher ein Hinderniß, denn eine Förderung geworden sind, bis er sie endlich vernachlässigt hat? Die Quelle alles künstlerischen Könnens und das Hauptmerkmal des Künstlers ist die Naivetät. Wie der Künstler die Welt unmittelbar in sich aufnimmt, so giebt auch er sich selbst unmittelbar ihr hin. So ist es wohl begreiflich, daß er in der Gesellschaft sich von den gedrillten Durchschnittsmenschen unterscheidet, und in den Augen der Letzteren vielleicht nicht immer günstig. Man kann Manchen „arrogant" schelten hören, der im Grunde nur naiv ist und sich gerade so giebt, wie sich die Anderen geben möchten, wenn sie sich nicht verstellen müßten. Jeder Mensch hält viel von sich, auch der Taugenichts; warum soll der Künstler, der so viel zur Verschönerung und Veredlung des Lebens beiträgt und der es empfinden muß, was allüberall, wo Gemüth noch lebt, empfunden wird, daß das Herz des Künstlers das Herz der Welt ist — warum soll er seinen Werth nicht fühlen, warum soll er dieses Gefühl verbergen, er, dem es gegeben ist, sein inneres Sein immer wieder zu sinnlichem Ausdruck zu bringen?

Die Ausbildung der Fähigkeiten bedingt beim Künstler mehr als bei anderen Menschen die Bildung des ethischen Charakters. Sein Wesen ist erfüllt von Schaffenslust und Ehrgeiz. Er ist schon darum gut, weil ihm die Ausübung seiner Kunst nicht Gelegenheit giebt, schlecht zu sein. Seine Kunst verdunkelt Alles um ihn, wornach sonst der Sinn der Menschen steht. Was kümmert ihn Geld, so lange er schafft? was kümmert ihn Familienleben und häusliche Angelegenheit? Er ist in gewissem Sinne ein Narr und blickt in Ruhestunden erstaunt auf das Treiben und Jagen der übrigen Menschenclassen und ihre Ziele. „Da hat man die Buchdruckerei erfunden, auch das Schießpulver und die Locomotive, was ist denn weiter dran? Man macht Wesens über die Entdeckung neuer Welttheile, über das Kabel durch den Ocean, über die Revolution von 1789 und 1848 — was soll's denn damit? Man hascht nach thierischen Genüssen, lobt das Kleine, ist entzückt über die neuzeitlichen Fortschritte und Errungenschaften. Man hält über Alles gelehrte Abhandlungen, prüft, mißt, vernünftelt, Alles Logik, Methodik, Wichtigthuerei mit Dingen, in denen kein Werth liegt. Wozu das Alles? — Die Kunst braucht's nicht."

Niederdrückend für den Künstler ist ein Ausspruch Schiller's, daß nämlich in jenen Epochen, in welchen die Künste geblüht und der Geschmack regiert, die Menschheit moralisch versunken war, und daß in der Geschichte kein Beispiel aufzufinden sei, wie die ästhetische Cultur mit der bürgerlichen Tugend Hand in Hand gegangen wäre. Selbstverständlich liegt die Ursache dieser Erscheinung nicht in der Kunst, sondern in der Welt, welche erst in ihrer moralischen Verkommenheit das Bedürfniß nach einem Gegengewichte fühlt, sich der Kunst zuwendet und ihr Mäcen wird. Da die Kunst — angeblich, aber irrthümlich — Selbstzweck ist, so stellt sie sich auch nicht die Aufgabe, die Menschheit zu fördern — mithin steht der Künstler als Fremdling mitten in der streitenden Welt. Wer wundert sich daher, wenn er mit ihr nicht Gemeinschaft finden kann, wenn das, was Ihr Bildung nennt und für Euch auch wirklich Bildung sein mag, für ihn Verbildung ist?

Und wenn Ihr nun sagt: Also brauche der Künstler nichts zu lernen! — so weiß ich, daß Ihr mich mißverstanden habt, oder meine Meinung absichtlich entstellen wollt. Abgesehen von der Ausbildung der technischen Fertigkeiten, hat er sich mit allen Bereichen und Gegenständen des Lebens und der Wissenschaft bekannt zu machen, die mit seiner Natur vereinbar, anregend und kräftigend auf ihn wirken, die sein Empfinden regeln, seinen Geschmack reinigen. Der Künstler darf sich nur nicht ausweiten, verflachen, er muß sich in sich einigen, verdichten und vertiefen. Darnach hat er seine Studien einzurichten.

Von dem Hochmuth der Kathederweisheit.

Ich verzeihe ihnen Alles, unseren zunftgelehrten Herren, nur ihren Dünkel nicht. Es mag sich Jeder auf seinem Kothurn unfehlbar vorkommen, ich glaube es, sie sind auch Menschen, deren Eigenliebe sich gerne täuscht. Aber sie wollen keine Menschen sein, sie wollen die Wissenschaft sein, sie wollen die Wahrheit sein — da haben sie doch kein Recht, zu irren.

Es soll sich einmal Einer von ihnen mitten in's Volk stellen und mit dem gesunden natürlichen Sinn das wirre Treiben der Herren ansehen. Das ist ja ein wahrer Hexensabbath! würde er ausrufen.

Der Naturforscher, ei ja, der wirft sich am meisten in die Brust, für ihn sprechen die Thatsachen. Da hat er so ein paar Dutzend Beispiele, wie seine Wissenschaft dem Fortschritt, dem Wohle der Menschen diene; diese reitet er vor, immer wieder dieselben und hinter ihnen irrt er hundertmal und zieht seine falschen Schlüsse. Das Schlimmste aber ist, wenn sie ihrem Idole Menschenopfer schlachten. Ich kenne berühmte Aerzte, denen ist der Kranke nur ein Beispiel. Einem armen Weibe steckt im Schlunde ein Knochen. Sie droht zu ersticken; der berühmte Mann wird gerufen, er sieht, das ist ein schöner Fall. Er will ein Auditorium haben, das ihn bewundert. Bis das zusammenkommt, vergehen viele Stunden — Stunden der Todesangst für das arme Weib. Die Operation ist nichts Anderes als ein Experiment für die Zuschauer — damit sie daran was lernen, natürlich. Und wenn sie daran was lernen, die Studenten, so machen sie es später natürlich genau so, wie der Herr Professor.

Die Vivisectionen, sie erstrecken sich ja nur auf die Thiere — doch aufgepaßt! der Mensch ist auch ein Thier.

Ist es ein Wunder, wenn es uns unwissenden Leuten graut vor einer solchen Wissenschaft! — Und dann hätten wir gerne den Statistiker gefragt, ob in neuester Zeit das durchschnittliche Menschenalter zu- oder abnimmt? Daß es mit unserem Lebensbehagen abwärts geht, das wissen wir auch ohne Statistiker.

Manche Naturerscheinungen, die wir in den letzten Jahren gesehen, Erdbeben, Vulcanausbrüche, Nebelglühen, Pocken, Cholera u. s. w., haben scharfe Fehden erweckt unter den Gelehrten. Das ist ja ganz natürlich, daß es für und wider giebt bei Zweifelhaftem; es kann nicht Alles auf einmal sein: durch Streit zum Sieg, durch Irrthum zur Wahrheit. Aber wenn die Dinge nicht festgestellt sind, wenn die Herren noch nicht wissen, was pochen sie denn so hochmüthig auf die „Wissenschaft", warum sprechen sie nicht bescheidener von einer Forscherschaft?

Dem Glauben gegenüber thut sich die Wissenschaft am meisten zu Gute und — sagen wir — mit Recht. Aber kann die Wissenschaft den Glauben entbehren? Selbst diese nicht. Sie muß glauben, daß sie vor Allem auf moralischem Gebiete einmal größere Erfolge erzielen wird, als die heutigen sind, mit denen sie sich doch unmöglich zufrieden geben kann.

Wenn wir uns nun den Spaß machen und zu den Philosophen übergehen! Philosophie ist auch eine Wissenschaft!

Zuerst kommt der Theologe mit seinem Gott. Er beweist ihn, jetzt wären wir fertig, denn so ein Beweis steht für alle Ewigkeit. Jetzt kommt aber ein zweiter Theologe und beweist einen anderen Gott, jetzt kommen zehn und zwanzig Theologen und jeder weiß was Besseres. Sie gerathen sich in die Haare, sie würden einander zerfleischen und würgen, wie sie es in der That schon oft gethan haben, wenn nicht plötzlich der Atheist auftauchte. Gegen den Wolf halten alle Hunde zusammen und rasch einigt sich alle Theologie in dem schwer anfechtbaren Ausspruch: die Religion und das Gottesbewußtsein liege in der menschlichen Natur.

Hierauf behauptet der Atheist: „Die Götter seien stets ein Hemmschuh gewesen und die Menschheit könne sich nur ohne Religion entwickeln."

„Auf Religion sind die Staaten gegründet!" ruft der Theologe.

„Wurzel des religiösen Gefühles ist die Feigheit!" darauf ein Anderer.

„Der Mensch kann sich nur im Ideale eines vollkommenen Wesens vervollkommnen!"

„Die Religion wird durch die Kunst ersetzt."

„Die Kunst ist ein Product der Uebercultur. Je ausgebildeter die Kunst, desto demoralisirter das Volk."

Prächtig klingen die Sätze, die sie sich da wie Kieselsteine an die Köpfe werfen, und zwar auf der Gasse (in Zeitungen, Kalendern, Volksschriften und öffentlichen Reden) und da laufen „Berufene" und Unberufene durcheinander und Jeder reitet seinen gelehrten Esel.

Da schreit Einer: „Das Fundament der Staaten ist die Freiheit. Wir verlangen confessionslose Gesetze!"

„Wozu?" ruft jetzt der Socialist dazwischen, „wir haben solche, wer macht sich's zu Nutzen? Wir haben eine Civilehe, die Welt begehrte sie, wie Viele beanspruchen sie? Unser Heil liegt in der gesellschaftlichen Reform. Wir brauchen constitutionelle Regierungen."

„Constitutionelle Monarchien sind ein Unding," ruft wieder Einer. „Die heutigen Republiken sind Maskeraden. Der Adel muß vermöge des Gesetzes der Fähigkeitsvererbung vollkommener sein, als der Pöbel."

„Der Adel muß durch die enge Begrenzung seiner Zuchtwahl degeneriren. Er ist ein Ueberbleibsel des Mittelalters, brutal nach unten und knechtisch nach oben. Gleiches Recht für Alle!"

„Ungleichheit ist ein Naturgesetz. Die Erblichkeit des Vorranges ist begründet."

„Verstaatlichung aller Güter!" schreit der Socialdemokrat.

„Abschaffung der Staatssteuern!" ruft ein Anderer drein. „Der Staat sichert weder Leben noch Eigenthum. Die Gesellschaft behilft sich ohne stehende Heere und ohne Polizei, sie beschützt sich selbst."

„Versuche es. Der Mensch ist ein Thier."

„Unsere Epoche erfreut sich der Segnungen der Cultur und Wissenschaft."

„Niemals war ein Zeitalter so pessimistisch, friedlos, lebenssatt, als dieses. Zwischen unserer Weltanschauung und unseren Handlungen ist ein unüberbrückbarer Abgrund."

„Die Brücke zwischen Individuum und Gesellschaft, zwischen Egoismus und Opferwilligkeit ist die Familie. Die Ehe ist die Grundfeste des Staates."

„Die Unlöslichkeit der Ehe ist ein Scandal."

„Die Liebe ist ein thierischer Trieb. Alles ist Egoismus."

„Die Liebe ist das Göttliche im Menschen, sie fordert Selbstverleugnung und sucht das Glück Anderer zu fördern."

„Die Cultur bezweckt eine behaglichere Existenz des Menschen."

„Wissen ist Reichthum."

„Ja, aber Arbeit ist Armuth! Die Armuth ist eine Folge der Civilisation. Der Arbeiter genießt praktisch weder Ehre noch Lohn. Großer Reichthum ist nie die Frucht eigener Arbeit."

„Der Gebildete entzieht sich gerne der productiven Arbeit und will schmarotzen. Nur aus der Scholle vermag die Menschheit immer frisches Leben zu saugen. Aber der Bauernstand geht zu Grunde."

„Ich sehe lauter Rechtsstaaten. Das Recht hat der Starke."

„Das Militär ist der Schützer der Cultur."

„Der Krieg im Ganzen wie das Duell im Einzelnen tritt die Grundsätze der Civilisation mit Füßen."

„Genießen will ich, oder nicht leben!"

„Das Glück des Individuums ist die normale Bethätigung seiner Organe."

„Das Glück ist die absolute Ruhe." — —

Wie Viele haben da nicht durcheinander geschrien! Der Lärm dauert fort, sie streiten über Alles, die gebildeten Kinder der Zeit, sie streiten über Vegetarismus, über Wollbekleidung, über Feuerbestattung, über Spiritismus; keine einzige dieser und anderer Fragen entbehrt der Begründung, jede hat ihre praktischen Anhänger und ihre Philosophie und wissenschaftlichen Beweise. Und keine einzige ist gelöst.

Ob eine der Meinungen richtig ist, oder welche, davon rede ich nicht. Ob eine solch ungeheure Verwirrung im Reiche der Geister trostlos ist, oder erfreulich, davon rede ich nicht. Davon aber rede ich, ob die Wissenschaft, der es bisher nicht gelungen ist, auch nur eines der wichtigen gesellschaftlichen Probleme, einen der Seelenconflicte, zu lösen, sich gar so viel herausnehmen darf, so hochmüthig auf Alles herabsehen, was nicht ihren Namen trägt?

Diese meine Worte, es sind die Worte des Laien. Sie haben es von Jenen gelernt, dreist aufzutreten, sie haben für sich keine Berechtigung, beanspruchen keine, gewinnen erst Gewicht, wenn sie die Meinung Vieler vertreten. Und das ist wohl der Fall.

Sehr thöricht wäre es, die Wissenschaft für die Unzulänglichkeit unseres Geistes verantwortlich machen zu wollen. Wir ehren ihr Bestreben, zu nützen, verachten aber ihren Hochmuth; sie kann und vermag Manches, sie hat beziehungsweise gewiß Antheil auch an der Verfeinerung unseres Empfindens und an unserer Selbsterkenntniß — aber so viel vermag sie nicht, als sie glaubt oder glauben machen möchte.

Die Rechtswissenschaft wird im besten Falle nur ein menschliches Werk sein und wie der beste Mensch des Tages siebenmal irren.

Die Geschichtskunde könnte allerdings wenigstens streng objectiv sein, wenn sie nicht von leidenschaftlichen, durch Erziehung, Parteistandpunkte und Stimmungen fortwährend beherrschten Menschen aufgezeichnet und dadurch, freilich oft ganz unbeabsichtigt, gefälscht würde.

Die Sprachwissenschaft! Werthvolle Denkmäler der Cultur hat sie uns aufgedeckt. Aber mehr bereichert hat sie uns mit todten Buchstaben, als mit lebendigem Geiste und fragt sie selbst, ob letzteres ihr Zweck ist! Sie ist der Buchstabe, sie ist die Form, sie ist die Sprache. Sie darf sich freuen über ihre Erfolge, aber mir ist das Lallen eines Kindes lieber, als der ganze Sanskrit.

Die Mathematik! Ich bin nicht erbaut darob, daß sie mir über dem Sternenhimmel die Wohnung der Seeligen zerstört hat, aber ich weiß, so mußte sich's vollziehen. Man kann im Herbste das Gilben und Abfallen der Blätter nicht hindern, das uns wohl die Gestalt des Baumes bloßlegt, aber die Schönheit desselben aufhebt.

Den, der das Pulver erfunden, beneide ich weder um seine Findigkeit, noch um seine Verdienste, die er sich damit um die Menschheit erworben. Hingegen muß man die Wissenschaft und Fertigkeit preisen, von welcher uns die Buchdruckerkunst, die Dampfkraft, die Elektricität vermittelt worden, weil wir noch immer hoffen, daß diese Verkehrsmittel allmählich die Völker miteinander verbinden und die wirklichen Errungenschaften der Einzelnen zum Gemeingute Aller machen und somit die Verbrüderung aller Völker erzielen werden.

Solch große Ziele müßte man von der Wissenschaft erwarten können. Wenn sie jedoch stolz auf den Panzer pocht und sagt: Was gehen mich die Leute an und ihre Prätensionen! Ich, die Wissenschaft, bin Selbstzweck! — und doch herabsteigt auf den Markt und um den Beifall der Menge buhlt und immer wieder mit Pathos ausruft: Ich bin die hohe Priesterin, die Königin, die Retterin! so hat sie meine Achtung nicht.

Was den Selbstzweck der Wissenschaft anbelangt — es gibt keinen solchen; Zweck aller Dinge, mit denen wir uns abgeben, ist, den Menschen zu nützen. Ein Forschen, das nicht dieses Endziel hat, ist ohne ethischen Werth. Die

Dinge, wie sie sind, gehen uns gar nichts an, sondern wie sie uns erscheinen, in welchem Verhältniß sie zu uns stehen. Es giebt ein Wissen, das uns die bisher als schön gesehenen Dinge häßlich und trostlos erscheinen läßt. Das ist unser Feind, den man fesseln soll, statt ihn frei auf der Straße herumlaufen zu lassen.

Des Menschen Wissen ist groß und weit geworden wie das Meer. Aber auf dem Meere kann man verdursten. Nur die Quelle labt und stärkt uns, das Ursprüngliche, die Natur. Die geistreichsten Theorien sind mir nichts, als Züge auf dem Schachbrett des menschlichen Gehirnes, die herrlichsten Experimente sind mir nichts als Kinderspielereien, wenn sie uns innerlich nicht reicher und zufriedener machen.

Ich schreibe diese Worte vielleicht in einem elegant eingerichteten, durch Luftheizung wohl durchwärmten Zimmer, bei taghellem Lampenlicht. Um mich sind zahlreiche Apparate zur Messung der Wärme, zur Reinigung der Luft, zum Verkehr mit der Außenwelt. Ueppige Fauteuils, weiche Teppiche, alles Denkbare, was zur Behaglichkeit und Gesundheit dienen soll, ist um mich her. Mit all diesen und tausend anderen Dingen, die mich im Leben umspinnen, hat mich die Wissenschaft ausgestattet. Ich danke ihr dafür, wie ich einst dem Zimmermann gedankt, der mir die rohe Hütte gebaut hat, dem Weber, der mir aus der Schafwolle den Rock gewoben, dem Müller, der mir das Korn zum Brot gemahlen, ich danke ihr als der für mein Wohl besorgten Handlangerin, als meiner täglichen klugen Dienerin. Mehr verdanke ich ihr nicht. Sie hat mich nicht besser, nicht sittlich stärker, nicht zufriedener gemacht. Ja, sie hat, als sie weiterging in ihrem Priesteramt, Zweifel und Zwiespalt in mein Wesen gebracht, die sie nimmer wird lösen können. Sie hat mir und meinen Mitmenschen nachgerade die Befähigung abgesprochen, so gut und menschlich groß zu werden, als wir wollen und sollen. Vorbilder, an denen wir uns erbaut und erhoben, hat sie in den Staub gezerrt; weil sie selbst nicht an's Göttliche emporreicht, so ist sie des Göttlichen leidigster Feind und will es vernichten. Dieses „Salz der Weisheit" hat mir die Freude am Menschen versalzen, und das verzeihe ich ihr nimmer. Was sie in mir zerstört, das kann ich nur wieder finden in der nicht grübelnden, aber vielkräftigen, ewig schaffenden, wundenschlagenden, aber auch heilenden und versöhnenden Natur.

Es wird sich allmählich wohl Vieles wieder mehr abwenden von der „Wissenschaft", die allerdings auf realer Basis steht, wie sie sich gerne ausdrückt, aber die mit den realen Dingen das thut, was heute schier Jedermann thun will, weil es auf mühlose Weise reich machen soll — nämlich speculiren. Daher ist sie eben auch eine speculative Wissenschaft, die gerade das nicht geben kann, was man von ihr erwartet. Und besonders der Jugend sei es gesagt: Suche dein Heil nicht mehr so sehr in der Bücherweisheit. Wende dich wieder mehr körperlichen Beschäftigungen zu, dem Feldbau, dem Handwerk. Da ist in letzter Zeit viel vernachlässigt worden, da ist für dich mancher Vogel abzuschießen, den du auf dem grauen Baum der Theorie nicht triffst, weil der, nach dem du zielst — gar nicht oben ist.

Nachschrift.

Zuschriften an den Verfasser der Bergpredigt: „Von dem Hochmuth der Katheberweisheit", nachdem diese am Christtage 1884 in der „Deutschen Zeitung" zu Wien abgedruckt worden:

„Wir sind sehr überrascht, daß ein Autor mit sonst so trefflichen u. s. w."

„Das Feuilleton muß nachgerade verblüffen. Wieso wagt es ein Laie, über das Höchste, über die Wissenschaft, in derart wegwerfendem Tone zu sprechen u. s. w."

„Ihre Erfolge haben Sie übermüthig gemacht, lieber Dichter. Sie wagen sich an Dinge, die Ihnen ferne stehen. Sie bringen die Wissenschaft in ein schiefes Licht und das Volk glaubt Ihnen leider."

„Der gemüthliche Rosegger ist in diesen Bergpredigten gar nicht mehr zu erkennen. Bleiben Sie bei der Dorfgeschichte, in den kleinen Schwänken, als gemüthvoller Humorist, als der Sie schon so Hübsches geleistet, sind Sie Jedermann willkommen u. s. w."

Die Antwort, die auf derlei zu geben ist, kann nicht gemüthlich ausfallen. Ich sitze gegenwärtig in einer großen Stadt, umgaukelt von allerlei Lastern, Elend und Pharisäerthum der Civilisation. Da vergeht Einem manchmal Spaß und Lust zum Fabuliren. Wer die geehrten Correspondenten und andere Mißvergnügte auch sein mögen, ihnen Folgendes:

Ich lasse mir nicht dictiren, was ich denken soll, folglich auch nicht, was ich zu schreiben habe. Ich bin gewohnt, die Getroffenen schreien zu hören, so murrten die Literaten, die Priester, die Schullehrer, die Soldaten, die Aerzte u. s. w., als ich Dinge sagte, die ihnen unangenehm waren. Nun grollen auch die Professoren. Ich mag ja Unrecht haben, aber ich denke und ich fühle es einmal so, und das größte Unrecht des Schriftstellers wäre, aus Rücksichten Anderes zu sagen, als er meint; daß Freimuth keine Rosen bringt, weiß ich längst — aber gute Früchte bringt er über kurz oder lang — nicht vielleicht so sehr dem Freimüthigen, als den Menschen im Allgemeinen.

Jene, die über diese Bergpredigt überrascht, verblüfft sind, haben mich bisher mißverstanden. Ob ich mit Rousseau stimme oder nicht, ich weiß es nicht, ich kenne ihn zu wenig; es mag wohl auch noch Anderen einfallen, daß die Uebercultur und der Hochmuth des Geistes von Uebel sein können. Im Angesichte der heutigen Weltzustände liegt ein solcher Schluß doch wahrlich nahe genug. Von meinen ersten Dorfgeschichten an bis zum „Waldschulmeister" und zum „Gottsucher" geht derselbe Grundgedanke: ich stelle das Natürliche höher als das Gemachte, das Ländliche höher als das Städtische, die Einfachheit höher als den Prunk, die Thaten höher als das Wissen, das Herz höher als den Geist. — Wer das sieht, mich so kennt, der kann von meiner Bergpredigt gegen den Hochmuth der Katheberweisheit doch unmöglich überrascht und verblüfft sein.

Ich habe mich durch verschiedene Schichten der menschlichen Gesellschaft durchgelebt. Es giebt Ueberzeugungen und Ideale, die in der Erfahrung sich auflösen, die meinen sind in der Erfahrung entstanden und befestigt werden. Sollten mich neue Erfahrungen eines Besseren belehren, umso besser, in jedem Falle leitet mich nur meine Ueberzeugung allein. Die Wahrhaftigkeit im Ausdrucke des Empfindens und Denkens ist die einzige Wahrheit, welcher der Schriftsteller zustreben soll. Ob er sich damit Freunde oder Feinde macht, das hat ihn nicht zu bekümmern.

Von der neuen Weltweisheit und den Spitzbuben.

Vor einigen Wochen war's, da hat sich im hiesigen Landesgericht ein Straßenräuber nachgerade wacker vertheidigt.

„Was wollt Ihr denn?" sagte er, „ich bin wohl mit einem Magen geboren worden, aber nicht mit einem Gesetzbuch."

„Unkenntniß des Gesetzes entschuldigt nicht," entgegnete der Staatsanwalt.

„Also setzt Ihr voraus, daß man auch ohne Gesetzbuch wissen muß, was recht und unrecht ist? Aber Herr Gnaden Staatsanwalt! Sie haben einen Bruder und dieser Bruder ist ein philosophischer Professor und dieser Professor hat erst vor Kurzem eine öffentliche Rede gehalten, daß Rechtssinn und Gewissen dem Menschen nicht angeboren, sondern anerzogen sei. Von Natur aus wären wir alle Thiere, Sie auch, Herr Präsident."

Dieser ermahnte ihn, sich respectvoller zu betragen.

„Mit Respect zu melden," fuhr der arme Sünder fort. „Sie, Herr Gnaden Präsident, haben einen gelehrten Vetter, der in einem Buche haarscharf nachgewiesen hat, wie viele Verbrecher unter so viel tausend Staatsbürgern vorkommen müssen. Danken Sie Gott, meine Herren, daß ich hier einen Platz einnehme, auf welchem sonst möglicherweise Einer von Ihnen selbst stehen müßte."

„Man sollte ihm das Wort entziehen," meinte der Obmann der Geschwornen.

Der Spitzbube fuhr fort: „Der Herr Obmann der Geschwornen dort hat einen studirten Sohn, der vor einiger Zeit eine schöne Abhandlung hat drucken lassen darüber, daß der Mensch keinen freien Willen hat. Warum also quält Ihr an mir einen Unglücklichen, Unschuldigen, beraubt ihn der Luft, des Sonnenlichts, verachtet ihn, wollt ihn henken? Ich habe gethan, was ich gemußt."

„Und wir thun auch, was wir müssen," sagte der Präsident. Nach einer Stunde war der Raubkerl zu Trotz aller modernen Philosophie verurtheilt.

Mit dieser Sache hängt, wenn auch nur innerlich, meine kleine Geschichte vom Holzwurm zusammen.

Wenige Tage später, als ich dies Jahr mein Sommer= häuschen bezogen hatte, rannte mir eines Morgens auf der Gasse der Holzwurm nach.

„Haben Sie's schon gelesen in den Zeitungen," schrie er mir munter zu, „die neue Weltweisheit?"

Bevor wir jedoch die neue Weltweisheit kennen lernen, müssen wir den Holzwurm vorstellen. Dieser Holzwurm ist ein kleiner hagerer Mann, der seit sechzig Jahren sehr behendig in der Welt umherläuft und vor lauter Bücklingen, die er seinen Zeitgenossen gemacht, schon ganz buckelig geworden ist. Sie nennen ihn den Holzwurm, weil er ärger, als es der Borkenkäfer thun könnte, die Wälder verwüstet. Er ist Holz= händler, kauft Bauholz, Brennholz, Kohlenholz, Bretterholz für die Sägen, Telegraphenstangen, Schwellen für Eisen=

bahnen, Laubholz, Zirmholz für Tischler, Weiden für Korb=
flechter, Birken für Wagner u. f. f. Alles, was hölzern ist,
kann er brauchen. Den kahlen Bergen der Gegend ist es
leicht anzusehen, daß hier Einer lebt, der ihnen die Haut
abzieht. Aber der Bergschinder bekommt demnächst wahr=
scheinlich was in's Knopfloch, denn er beschenkte zu Weih=
nachten unser Armenhaus mit drei Klaftern Brennholz und
versprach, noch Mehreres zu thun. Ueberhaupt ist er ein
Gönner des Armenhauses, er liefert ihm nicht allein Brenn=
holz, sondern auch Arme. Denn so ist es in unseren Gegenden:
Wo sie die Bäume fällen, bleibt auch kein Bauer stehen.

„Die neue Weltweisheit!" schmunzelte mein Holzwurm.
Sie schmeckt ihm. Er las in den Volksblättern den Auszug
einer jüngst öffentlich gehaltenen Vorlesung über den mensch=
lichen Rechtssinn. Wir haben keine Verantwortlichkeit mehr
vor einem höheren Gericht. Das sogenannte Gewissen ist
nur eine anerzogene Schwäche, aus Nützlichkeitsgründen ent=
standen, aus Nützlichkeitsgründen aufrechterhalten. Die Lehre
rückt systematisch vor. Kein Göttliches. Nichts als Thiere!
ergo —!

Leuten wie dem Holzwurm muß das willkommen sein.
Denn mitunter — wenn's auch nicht oft geschieht — fühlen
sie doch ein gewisses lästiges Unbehagen. Der Ruf eines
Unglücklichen, die Klage eines Darbenden, oder der Hammer
auf einen Sargdeckel wiederhallt so seltsam und übel in
ihrer Brust. Bah, anerzogene Schwächen! Man muß sich
kräftigen und in der neuen Lehre — ihr werdet es noch
erleben — steckt sehr viel Kraft.

Den Holzwürmern gegenüber verliere ich kein Wort; bei
mir gesagt aber: Nicht blos das Tüchtige in uns ward uns
von der Cultur anerzogen, als auch — und vielmehr noch —

die Laster. Die größten unserer Sünden wider die Natur finden wir beim Thiere nicht. Im Keime wird wohl Beides vorhanden gewesen sein. Wer seine Tugend und Tüchtigkeit aus dem Gesetzbuche zieht, der ist nicht mein Mann. Das Gesetzbuch ist das Evangelium des Eigennutzes. Das Gesetzbuch ist negativer Natur, Du sollst nicht, sagt es, Du sollst nicht stehlen. Das uns von der Natur an's Herz gelegte Gesetz sagt: Du sollst. Du sollst den Mitmenschen Gutes thun.

Von der großen „Weltweisheit" kommen wir nun auf ein kleines Bäuerlein. Das kam vor einiger Zeit zu mir, und aus den Anstalten zur Höflichkeit, die es in seiner Art vor meiner Thür machte, schloß ich, daß es bittweise nahe. Der Schallreiter von Dreigräben war's. Der habe gehört, ich sei ein guter Mann.

„Das habe ich auch von Euch gehört," war mein Entgegnen.

„Mag wohl sein," sagte er, „aber ich bin halt auch ein dummer Mann und weiß mir nicht zu helfen. Ich bin schon bei meinen Nachbarn und sonstigen Bekannten gewesen, die wissen mir auch nicht zu helfen und haben gesagt, ich soll den Herrn fragen. Aber ich denke, ich werde weit gehen müssen, bis ich Einen finde, der klüger ist wie der Holzwurm."

Hierauf begann er sein Anliegen sachte vorzubringen: „Im vorigen Herbst, wie gerade wieder das Steueramt anhebt grob zu werden und mir meine letzten paar Kühe wegnehmen will, weil sonst nicht mehr viel da ist, kommt der Holzwurm. Ist eine Schickung Gottes, denke ich; wo der Holzwurm einbohrt, da setzt's allemal Geld. Wie es fortweg ginge? fragt er, zu schnupfen feilt er mir an, und ich sollt' mit ihm ein wenig in's Holz (den Schachen) hinausgehen. — Auch wegen meiner, sage ich. — Dir thut's es gern, Schallreiter, sagt er, ich kaufe Dir Dein ganzes Holz ab und überzahl' Dir's hoch. — Wär' schon recht, sage ich, aber um die schönen Bäume thät's mir leid. — Wachsen ja wieder nach, meint er. — Wahr ist's eh, sag ich, ob er alle wollt'? — Dein ganzes Holz, sagt er und haut mir dreihundert Gulden auf die Hand. Ich hätte ihn gern noch um etliche Zehner hinaufgetrieben, versteht sich; da hebt er mir an zu klopfen an den Baumstämmen und das Holz wäre nicht mehr frisch und verrechnet hätt' er sich auch, es gäbe nicht so viel an Klaftern, wie es auf den ersten Blick ausgesehen. Mir wird Angst, er könnt' sein Gebot zurücknehmen und schlag auf die dreihundert Gulden ein. Hat's schriftlich begehrt und habe meine drei Kreuz d'runter gesetzt."

„Und hat er sein Wort nicht gehalten?" war meine Frage.

„Viel zu gut," sagte der Bauer. „Im Winter hat er mir den Schachen weggeschlagen. Frei gefröstelt hat's mich, wie ich dort, wo früher der schöne Wald ist gestanden, auf einmal hineinsehe in die dürren Steinwänd! Seither habe ich bei meinem Haus Sturmwind und der Hausbrunn ist auch ausgeblieben."

„Ja, lieber Freund, dagegen kann man jetzt nichts mehr machen."

„Will auch nichts," sagte der Schallreiter, „aber daß der Holzwurm hergeht und mir im Frühjahr die drei Eschen umschneiden läßt, die auf der Wiese stehen, und den alten Birnbaum nehmen will, der vor meinem Haus steht und noch gut ist, daß mir der Sturm die Hütten nicht umwirft!"

„Habt Ihr ihm denn auch die Laubbäume verkauft?"

„Sagen thut er's, aber derlogen ist's. Ich habe ihm nur den Schachen verkauft. Jetzt will ich ihn klagen gehen und er sagt, ich soll's thun, und der Notar sagt, es wäre eine schlimme Sach'. Ist mir der Zorn aufgeschossen und hab' den Holzwurm einen Spitzbuben geheißen. Mir thut's nicht leid um's Wort, aber — was glaubt der Herr — was dieser Kund jetzt thun will? Mein Haus will er mir niederreißen!"

„Oho!" schrie ich auf und muß gelacht haben, denn der Bauer sagt ganz verzagt: „Mir ist gar nicht zum Lachen. Und daß ich mich auslachen lasse, deswegʼ bin ich nicht hergekommen. Wenn Einer da lachen kann, so kann's der Lump, der allein, der's auf dem Papier hat, ich hätte ihm mein ganzes Holz verkauft. Die Eschenbäume sind von Holz just wie der Schachen, der Birnbaum ist von Holz, das Haus ist auch von Holz, das kann kein Mensch leugnen."

„Nur zum Gericht gehen," gab ich hin, „das wird dem Holzwurm schon sagen, was ihm gehört."

„Der Schneider Lipp ist auch nicht dumm," fuhr der Schallreiter fort, „der sagt, das Gericht kunnt nichts machen, das Gesetz thäte nach dem Buchstaben gehen und der Buchstabe sagt, ich hätte ihm mein ganzes Holz verkauft. Meine drei Kreuzeln sind daruntergeschmiert — aus ist's, wenn mir der Herr keinen Rath weiß. Ich soll bis in acht Tagen das Haus räumen, hat mir der Holzwurm sagen lassen."

Auf das antwortete ich: „Noch weiß ich nicht, welchen guten Rath ich Euch in dieser schönen Geschichte geben kann; einstweilen den, daß Ihr ruhig in Eurem Hause sollt sitzen bleiben. In etlichen Tagen kommt wieder, da werde ich's überlegt haben, wie wir den Holzwurm zu Schanden machen wollen."

Als ich jedoch allein war, kam mir die Sache verteufelter vor, denn zuerst. Es stand klar, verkauft war nur das Holz, oder das Gehölz, der Schachen; so hatte es der Holzwurm angelegt, daß es der Bauer meinen sollte. Es ist in hiesiger Gegend Sprachgebrauch, daß man statt Wald oder Gehölz: Holz spricht, und wenn Einer sagt: Ich gehe in's Holz, so hat man nicht zu denken, daß er etwa wie ein Bohrer oder ein Borkenkäfer sich in einen Holzblock hineinfrißt, sondern daß er in's Gehölz geht. Das ist ja sonnenklar. Aber der Buchstabe des Gesetzes ist bisweilen ein Ungeheuer und wenn der Schallreiter dem Händler all sein Holz verkauft hat, so sind die Eschen und der Birnbaum hin, ist Haus und Stadel hin und der Bretterzaun und das Heft des Taschenfeitels, den der Bauer im Sack führt. Gut, daß so ein Mensch keinen Zahnstocher hat, er wäre auch hin. Unsere Gesetze sind klar, wie sie sagen, so ist's, daran läßt sich nichts deuteln. Jeder sehe sich selbst vor, daß er nicht d'rangeht. Das sagte mir ein alter Gerichtsadjunct, mit dem ich die Sache besprach, und sagte es mit so strenger Miene und in so schnarrender Weise, daß ich allen Muth verlor. Der Holzwurm hingegen war sehr munter und lobte die Strictheit des bürgerlichen Gesetzbuches, das die Rechte der Steuerzahler schütze.

Da lebt eine halbe Stunde von unserem Dorf ein kleiner Branntweinwirth. Und die kleinen Branntweinwirthe, das sind allemal noch die Verschmitztesten. Sie müssen es ja zuwege bringen, daß die Leute bei ihnen alles leibliche und geistige Elend trinken und noch dafür Geld bezahlen. Dieser kleine Branntweinwirth kann weder lesen noch schreiben; sein einziges Buch ist das Kerbholz; es war durchaus nicht anzunehmen, daß ihm etwa ein Schauspiel des großen Briten bekannt sein könnte, höchstens irgend ein Schwank von Eulenspiegel, mit welchem er an Drolligkeit und lustigen Einfällen Manches gemein hatte. Bei solchen Winkelwirthen kommt's oft vor, daß der Spiritus ihrer Köpfe mehr werth ist als der ihres Gesüffes.

Und der Branntweiner hörte alsbald von den Nöthen des Schallreiters und meinen Anstrengungen, ihm zu helfen. Er ließ mir Folgendes sagen: Das, was er für mich habe, sei zwar werth, daß ich zu ihm käme, weil ich jedoch ein woltern respectabler Herr sei, er aber ein schlechter Giftmischer, obgleich ein privilegirter, so möchte ich die Gnade haben und ihn wissen lassen, wann er bei mir anklopfen dürfe? — Wann er wolle, ließ ich antworten, und er wollte sehr bald. Am selben Abende noch kam er und brachte ein so verkniffenes Lächeln mit, daß ich gleich ahnte, er bringe was Besonderes.

„Dem Holzwurm will ich was anthun," sagte er, kaum noch die Thür hinter ihm zugegangen war. „Ich bin ihm viel schuldig, dem Herrn Holzwurm. Er hat mir die Sorgen um mein groß Haus und Hof abgenommen, denn mich hat er klüger eingefädelt, als den Schallreiter; meinem Grund hat er nach und nach die Haut abgezogen, den grünen Wald; alsdann ist mir selber kalt worden auf dem Berg, und hat er den glatzigen Bühel halb geschenkt bekommen. Das habe ich Alles freiwillig gethan, denn ich habe es nicht gemerkt, wie er schon mit dem ersten Stamm, den er mir abgekauft, angefangen hat, mich dazu zu zwingen. Da haben wir das Gesetz weiter nicht gebraucht. Aber hier ist's leicht. Der Schallreiter hat ihm sein ganzes Holz verkauft, das ist richtig, da läßt sich nichts machen; Alles, was hölzern ist an dem Bauern und seiner Wirthschaft, gehört dem Holzwurm."

Unwillig deutete ich mit der Hand, ich wolle von dieser tollen Geschichte nichts mehr hören.

„Jetzt soll der Holzwurm sein Holz aber allsogleich wegschaffen, allsogleich!" rief der Branntweiner, und fuhr zu herrischem Befehle mit der Hand aus. „Soll sich aber hüten, an den Bäumen auch nur ein Blatt, eine Nadel zu verletzen, auch nur eine Glasscheibe, einen Nagel an der Wand, einen Strohhalm auf dem Dach zu verrücken — soll sich hüten!"

Jetzt merke ich's erst. „Mensch," rufe ich aus und will den Branntweiner umarmen, „Du bist ein Prachtkerl! Der Bauer ist gerettet."

Als nachher der Holzhändler von dem Anschlag hörte, der sich nicht weniger scharf an den Buchstaben des Gesetzes hielt, als sein Begehr, und wie sehr er dabei zu kurz kommen könnte, da hat er sich sachte zurückgezogen und ist mit dem Gehölze allein zufrieden gewesen.

Seither hat die neue Weltweisheit wieder an Credit bei ihm verloren. Was nützt die schönste philosophische Freizügigkeit bei einer solchen Pedanterie des bürgerliches Gesetzes?

Von Größenwahn, Protzen- und Verschwenderthum.

ein gegenwärtiger Vortrag handelt von der Größensucht und der schlechten Haushaltung der menschlichen Gesellschaft.

Ein geriebener Prediger wird niemals mit Pathos beginnen, sondern stets schlicht und womöglich mit einer kleinen Geschichte aus dem Leben.

Ich hatte einmal ein Stubenmädchen. Dieses Stubenmädchen war jung und unerfahren, und es kam, daß ich mich vor ihm geschämt hatte etliche Tage lang. Das war so. Ich hatte dasselbe eines schönen Maitages in die Stadt geschickt, um für eine Landpartie en famille einen viersitzigen Einspänner zu holen. Sie kam bald mit einem zweisitzigen Einspänner und wurde ausgezankt; wenn sie so sehr vergeßlich wäre, so solle sie es unterwegs doch beständig wiederholen, was sie zu bestellen habe — einen viersitzigen Einspänner! Das Mädchen ging noch einmal und kam lange nicht zurück, so daß wir uns wunderten, wie auf den üblichen Standplätzen die Wagen vergriffen oder besser verfahren sein sollten. Nach zwei Stunden kam sie schnaufend, erschöpft und ohne Wagen. Sie sei die ganze Stadt abgelaufen, berichtete sie athemlos, und habe nicht einen einzigen Vierspänner gefunden. — Das heilige Kind hatte in der ganzen Stadt nach einem einsitzigen Vierspänner gesucht!

Nun war mir aber ganz unerträglich, wenn ich mir vorstellte, wie die Magd zwei volle Stunden lang gedacht haben mußte, ich wolle mit einem einsitzigen Vierspänner über Land fahren. Wohl denken solche Leute in der Regel sehr wenig über das, was sie angeht, mehr jedoch über das, was sie nichts angeht. Und wie mußte ich solchergestalt im Geiste vor ihr gestanden sein! Ein Mensch, dessen Vater auf dem Mistkarren saß, wenn solcher leer vom Felde zurückfuhr, giebt's jetzt mit Viergespann, wie die Grafen und Fürsten, die verrückten natürlich, denn die vernünftigen wissen, daß sich's zweispännig besser fährt. Ein Schlucker, der sich zusammennehmen mag, daß Weib und Kind sich täglich einmal satt essen können — so ein Dichter da, man weiß ja eh! Der läßt seinen heiligen Leib, der nicht fünfzig Kilo Neugewicht wiegt, mit vier Rössern über den Erdboden zerren! Er soll sich nicht versündigen mit seiner Hoffart, hat's manch Besserer schon an den Bettelstecken gebracht!

Und all das einzig nur, weil sich wahrscheinlich während des Laufens in dem Kaleidoskop ihres Gehirnes das Ding ein ganz klein wenig verschoben hatte, so daß aus dem viersitzigen Einspänner ein einsitziger Vierspänner geworden war.

Als wir endlich im vollgepfropften Einspänner saßen, bat ich die Magd, uns nachzublicken, so lange sie den Wagen sehen könne, damit ihr die eingebildete Erscheinung durch die wirkliche im Kopfe verdrängt werde. Und sie konnte den Wagen zum Glück sehr lange sehen; dem Klepper schien darum zu thun gewesen zu sein, daß er in ihr jungfräuliches Gedächtniß einen recht tiefen Eindruck mache.

6*

Erst nach einigen Tagen, auf meine Frage, ob ihr inneres Gesicht mehr Vierspänniges oder Einspänniges zeige, gab sie mir die beruhigende Antwort, daß sie sich meine Figur nur hinter einem Einspänner denken könne.

Das war nun wohl vernünftiger gedacht, als jener ungarische Gerichtspräsident dachte, der einen dort wohlbekannten Volksdichter, welcher im Gerichtssaale als Zeuge vorgeladen war, energisch aus dem Saale wies, weil er in Hembärmeln erschienen. War denn der Herr Präsident dessen so sicher, daß der Volksdichter einen Rock überhaupt besaß?

Wie aber mag sich in solchen rocklosen Leuten, welche allergünstigstenfalls in einem Einspänner mit ihrer ganzen Sippe eine Erste=Maipartie machen, wie mag sich in ihren Augen das übermüthige Treiben der Welt wiederspiegeln? Das Treiben der großen, anspruchsvollen, glanzvollen, herrischen Welt, jener, die gar keine organische Nothwendigkeit, keine sittliche Berechtigung hat, dazusein?!

Dem Verdienste seine Kronen! Das steht auf unserer Fahne, die weder roth ist, noch eine andere politische Farbe hat, es wäre denn blau und grün, weil sie so weit reichen soll, als sich der blaue Himmel wölbt über die grüne Erde. Dem Verdienste seine Kronen, es habe nun als Arbeit der Hand, oder als Arbeit des Geistes der Menschheit genützt; jedoch aber auch: den Kronen ihr Verdienst!

Wohl, wir haben einen wirklichen Adel im Lande, einen, bei dem der Adel der Stellung mit dem der Gesinnung zusammenfällt; dem sei Ehre. Doch Viele sind, die glauben, ihre Visitkarte, weil darauf eine Krone steht, sei eine Eintritts=karte in die Welt, giltig für alle Vorstellungen, Lustbarkeiten, Fahrten und Ritte, Aemter und Stellen, Schuldenmacherei, Niederträchtigkeiten und Thorheiten — eine Freikarte giltig, für Alles. Wollen die Herrschaften doch einmal Acht geben, ob der Termin solcher Karten nicht bereits abgelaufen ist? Prolongirt wird nicht mehr.

Es ist kein Xerxesschlag, es ist kein Kampf mit der Windmühle mehr, es ist keine Predigt vor leeren Bänken oder schlafenden Köpfen, es ist aber ein Ruf des Wächters vom Thurme, auf den Alle hören, der alle Herzen beben macht, weil er Gefahr verkündet.

Wir verkünden Gefahr! Wir hören das Prickeln und Knistern und Schnalzen eines Gebäudes, dessen Grundfesten morsch sind und die Last von Pracht und Prunk nicht mehr tragen können, die man ihnen aufgebürdet hat.

Etwa gegen den Luxus eifern? Fällt uns nicht ein, wir eifern gegen das Bedürfniß. Der Luxus wird Niemandem gefährlich, den wirft man ab, wann man will, wann er zu kostspielig wird, wann er aus der Mode kommt, wann er Unbequemlichkeit macht. Nicht so das großgezogene Bedürfniß, das als bescheidenes Mädchen in's Haus kam, sich einzuschmeicheln wußte, durch Verführungskünste hier eine offene Hand, dort ein lüsternes Herz eroberte, um endlich als prätentiöse Dame das ganze Haus zu tyrannisiren. Allerdings, der Kuppler Luxus hatte sie eingeführt.

Wir haben ein Beispiel aus dem Leben. Beim Herrn Meier war es vor dreißig Jahren Luxus, wenn er der Magd seiner Zimmerfrau wöchentlich einen Sechser gab, daß sie ihm Wurst und Käse vom Greißler holte, denn er hätte es ja selber thun können. Vor zwanzig Jahren war es ihm ein Bedürfniß, beim feinsten „Sacher" der Stadt zu soupiren, denn sein schlechter Magen vermochte gewöhnliche Küche nicht recht zu verdauen. Damals erlaubte er sich nur den Luxus, wöchentlich ein paarmal mit Fiaker in die frische Luft zu fahren. Vor zehn Jahren nahm er leider eine Stellung ein, die ihm eigene Calesche mit Pferden und Kutscher zum Bedürfnisse machte; selbstverständlich auch die nöthigen Lakaien. Zur selben Zeit baute er sich in ländlicher Einsamkeit eine Villa, das war Luxus, sagte er selbst, denn er hätte sich auch ein Landhaus miethen können für die Sommermonate; Jedermann weiß, daß man in seinem eigenen Hause am theuersten wohnt. Heute besitzt Herr Meier Villen im salzburgischen Gebirge, an den kärntnischen Seen, am Gestade der Adria, denn sein Gesundheitszustand macht ihm häufige Luftveränderung zum Bedürfniß. Zum Glücke haben sich seine Verhältnisse derart günstig gestaltet, daß vor wenigen Wochen, als einige Asthma-Anfälle ihm südliches Klima nöthig machten, er sich den Luxus erlauben konnte, zur Bequemlichkeit der Reise einen Eisenbahn-Extrazug aufzunehmen. Und von jetzt nach zehn Jahren —? Doch wozu heute unmöglich scheinende Consequenzen ziehen? Einst wird Herrn Meier junior — welcher als Sohn seines Vaters eine gute Beamtencarrière gemacht hat — seine Staubferien zu einer eigens dazu arrangirten Vergnügungsflotte nach London, Newyork, Mexico und Lissabon machen unter allem denkbarsten Comfort, dabei aber weniger Behaglichkeit empfinden, denn einst sein Vater als armer Student und Afterpartei nach vollbrachtem Pensum empfand, wenn die Magd Käse und Speckwurst gebracht hatte.

Das Schlimmste ist aber noch, daß den Einen die Speckwurst nährte, den Andern seine Genußsucht und Windbeutelei ruinirt.

„Wenn ich König wäre," sagte jener Bauernknecht, „ich wüßte wohl, was ich thäte! Ich legte mich in's Heu und schliefe den ganzen Tag." Ein genußsüchtiger Patron! Aber dem Manne kann geholfen werden, während den Prätentionen unserer Parvenus, haben sie hinter ihrem Wappen nun einen Stammbaum oder einen Baumstamm — andeutend, daß der Großvater ein Holzhauer gewesen — nicht zu helfen ist. Ein einziger Mann, der das Wünschen und Verlangen gelernt hat, ist weit unbegrenzter in seinen Ansprüchen, als alle seine Zeitgenossen zusammen in ihrem Entdecken, Erfinden und Schaffen.

Wie es obbesagter Herr Meier treibt, so treiben es heute Hunderttausende aller Stände — ob in größerem oder geringerem Maßstabe, das Verhältniß bleibt ein gleiches. Stets noch Eins, immer Eins voraus. Also: Der Bauer spaziert in den Stiefeln des Gutsbesitzers herum, der Gewerbsmann stolzirt im Wagen des Fabrikanten, der Krämer versilbert den Credit des Kaufmanns, die bürgerliche Stube ist zum Salon, das solide Landschloß zum prunkenden Stadtpalais geworden.

Der Jüngling findet, daß es größer sei, in der Bierhalle sprechen, als im Lehrsale hören. Und der Professor sieht mehr Ehre darin, seine Theorien in dickbändigen Druckwerken dem Staube der Bibliotheken einzuverleiben, als dieselben in die bewegsamen Geister und lebendigen Herzen der Jugend zu pflanzen. Ein Mitglied der Akademie der Wissenschaften ist etwas, ein Hofrath aber ist noch mehr!

Ach wie löblich ist es, ehrenwerthe Zuhörer, daß heutzutage Alles Mensch werden will — der beim Baron anfängt. Dieses erfreuliche Bestreben nach Veredelung des Geschlechtes wird klar veranschaulicht durch eine kleine Geschichte, die ich erzählen will.

In Frankreich lebte ein reicher Spießbürger. Der dachte objectiv, verachtete wie recht und billig den Plebs und schloß sich an den Adel. Besonders hielt er sich an einen Baron, mit dem er dicke Freundschaft schloß. Nun geschah es, daß sich der Baron in die Tochter des reichen Spießbürgers verliebte und um ihre Hand anhielt. Der Vater wollte anfangs davon nichts wissen, gab endlich aber auf stürmisches Drängen seine Einwilligung. Und was geschieht? Von dieser Zeit an, da der Baron sein Schwiegersohn ist, beachtet ihn der Spießbürger nicht mehr, grüßt ihn nicht, kurz, will mit ihm nichts mehr zu thun haben. So wird er endlich befragt: „Warum das?" Worauf er antwortet: „Ich habe den Mann sehr gern gehabt, aber seine Mesallianz werde ich ihm niemals verzeihen."

Solche Beispiele der Selbstlosigkeit weist die Welthistorie nur wenige auf. Ob die Geschichte geschah oder nicht, schon daß sie erzählt wird und dergestalt lustig um den Erdball flattert, ist ein Zeichen der Zeit.

Wir wollen mehr sein, als unsere Vorfahren, wir wollen es besser haben als sie — was ist denn da einzuwenden? Der Fortschritt und die Entwicklung ist Hauptaufgabe des menschlichen Geistes. Und wenn die Reichen, die es thun können, Geld unter die Leute werfen, so daß tausend und aber tausend Familien von ihnen leben können, was in aller Welt ist denn dagegen einzuwenden?

Dagegen wäre in aller Welt nichts einzuwenden. Es fragt sich nur: Wofür werden die Kräfte verbraucht? Ist das, was wir anstreben, zum sittlichen Vortheile der Generation? Ist es zum moralischen oder wirthschaftlichen Nutzen unserer Nachkommen? Kommt es dem Vaterlande zu Gute? Ist es ein siegreicher Kampf gegen die das Menschengeschlecht fortwährend bedrohenden Naturelemente? Ist es eine ehrliche Fehde gegen unsere thierische Selbstsucht und Leidenschaften? Ist es eine Grundlegung zu wirklichem, dauerndem Gedeihen? Oder ist es endlich ein hellenisches Ringen nach dem Schönen, nach Heiterkeit des Lebens?

Von all dem nichts. Was uns bewegt und wir bewegen, es ist der Drang nach physischem Genuß, den die Gemeinheit, nach äußerem Glanz, den die Geschmacklosigkeit dictirt. Die Neubauten, die vor unseren Augen entstehen, sind das beste Sinnbild unserer modernen Gesellschaft: ein „monumentales" Kleid deckt die dünnen Ziegelmauern, genau im Sinne des Dichters: „Dein Haus auf Erden ist ein Zelt nur." Wir kennen Staaten, in denen so viel zur Hebung des allgemeinen Wohles geschieht, daß unter den Steuerlasten die Staatsbürger zusammenbrechen. Solch ein Staat handelt eben auch im Geiste seiner Zeit, er verbessert im Lande Grund und Boden, während von den Bauernwirthschaften eine um die andere gerichtlich versteigert wird. Er baut Verkehrsstraßen, während ein Handelshaus um's andere, ein industrielles Etablissement um's andere fallirt. Er baut Schulen, niedere und hohe, in denen Alles gelehrt wird, nur nicht, wie man sich durch schlichte arbeitsame Lebensweise vor gerichtlichen Versteigerungen und Fallimentes schützen könne. Wir kennen Staaten, welche selbst in den tiefsten Friedenszeiten alljährlich ungezählte Millionen für das Militärwesen verbluten, so daß der Ausspruch, heute koste Europa ein dreißigjähriger Friede materiell mehr, als einst der dreißigjährige Krieg, kaum ein Paradoxon ist. Und die Kunst, die uns erheitern und erheben soll, sie geht bei dem ungeheuren Geldumsatz fast leer aus; wer sich an derlei erquicken will, der muß zu den Resten der Vorzeit zurückgreifen, die es besser verstanden hat, ihre Reichthümer genußreich zu verwerthen, und deren Trümmer noch in der Kunstwelt höhere Schätzung erfahren, als die Meisterwerke der Modernen.

Wir verpuffen uns an dem Effectknall, und was zurückbleibt ist Dunst und Rauch. Und das Allerschlimmste noch, daß wir uns sehr übel dabei befinden. Trotz allem Comfort keine Behaglichkeit, trotz aller Hymnen über die großartigen Fortschritte und Errungenschaften keine Befriedigung, trotz aller Glücksritterei kein inneres Glück.

Ganz unsinnig der Wahn, als könne die Menschheit, oder auch nur ein Einzelner in ihr, je im Zustande vollkommener Behaglichkeit und Befriedigung sein. Aber so sehr war das Unbehagen wohl kaum jemals gesteigert, als in unserer Gegenwart, deren Maximen wie ein Vampyr am Blut und Mark der Menschheit saugen. Es ist eben die Uebergangsperiode, sagt man. Gut, dann trachte man nur immer noch fieberhafter nach dieser Richtung in's Extreme weiter zu hasten, um möglichst rasch darüber hinauszukommen. Aber man erwarte auf solchem Wege kein allmähliches Einlenken in gesündere Zustände, sondern eine Katastrophe.

Wirklich wohl fühlt sich bei solchen Verhältnissen nur Der auf der Kanzel. „Das ist die gottlose Zeit! Seht Ihr? Weil Ihr Heiden seid!"

Das Schoßkind und der Prügeljunge unseres Zeitgeistes, der Pessimist, meint nun zwar, wir seien selbst Heiden nicht mehr, denn es sei nicht blos die gott=, sondern auch die götterlose Zeit angebrochen. Wir hätten Carricaturen, aber keine Vorbilder, Steckenpferde, aber keine Ideale; unsere Richtschnur sei die Laune des Tages, wir seien Automaten, die sich bewegen, weil sie die Mode am Schnürlein zieht, wir seien gezähmte, dressirte Thiere, unter Umständen auch wilde . . . .

So bohrt sich der verzweifelnde Scorpion den Stachel in's eigene Fleisch. Das ist das Merkmal: der eine, weitaus größte Theil der Menschen taumelt in halber Betäubung oder in leidenschaftlicher Selbstvergötterung dahin; der andere, beobachtende Theil gießt das Kind mit dem Bade aus, wirft die Flinte in's Korn, jammert und keift, lästert die Laster, lästert die Tugenden. Daß zwischen den beiden Schächern der Heiland hängt, deß will sich Keiner erinnern.

Das Gleichgewicht fehlt uns. Und was wird das Zeichen sein, daß die Wage wieder eben steht? Wenn das Zünglein nach oben weist.

Unser Anbild, unsere Achse sei das Gute und das Schöne, dann wird sich's gleichen, daß dem sinnlichen das geistige Element, dem Genusse die Arbeit, der Drangsal die Liebe, dem Leibe die Hoffnung, der Gegenwart die Zukunft Wage hält. Dann noch Eins: Der Regulator für alle volkswirthschaftlichen Bewegungen und dadurch im weiteren Sinne für die Lebensweise aller Gesellschaftsclassen, für deren Entwicklungen und Ausartungen ist und bleibt für alle Zeit das Quantum von Korn und Frucht, das auf unserer Erde wachsen kann. Kommt eine Zeit, daß auf Erden noch einmal so viel Nahrungsmittel wachsen, als heute, so werden auf derselben auch noch einmal so viel Bewohner Platz haben, als gegenwärtig, da man einzelne Gegenden „überfüllt" nennt. Nicht der Menschen sind zu viele, aber ihre Mägen sind zu groß, will sagen, ihre Ansprüche sind zu übermäßig. Wenn die künstlich erzeugten Güter das bestimmte Verhältniß zu den natürlichen überschreiten, so entstehen falsche Bedürfnisse, welche entsittlichend wirken, indem sie verweichlichen und abstumpfen und die Ziele des Lebens verrücken oder verwischen. Wo im Wohlleben ein Theil der Kraft vergeudet wird, die zur Cultur der Naturproducte oder sonst zur Erzeugung der nöthigen Güter bedürft würde, und wo überhaupt der Verbrauch der wirklichen Güter größer ist, als die Hervorbringung derselben, dort führt es sicher zum Bankerott.

Alle Credit- und alle Werthpapiere der ganzen Welt zusammen haben nicht den Nährwerth eines einzigen Samenkornes.
Die Gefahr ist uns nahe. Zum Segen nur kann sich's wenden, wenn nicht allein der Arme den sittlichen Werth der Arbeit, sondern wenn auch der Wohlhabende den sittlichen Werth des Reichthums erkennt. Der Reichthum ist eine große Pflicht und unsere Emporkömmlinge und Grandseigneurs hätten wahrlich nicht Ursache, durch übermüthiges Flunkern mit demselben das schwer arbeitende Volk herauszufordern. Ich kenne einen Mann, der sich durch eigene Talente und wirkliche Verdienste Reichthum erworben hat, der zwar nicht blöde ist im Genusse edler Lebensfreuden, der aber im Uebrigen seinen Reichthum fast mit Demuth trägt. Vor etwa zwanzig Jahren, als sich bei unermüdlichem Fleiß, bei ernster Arbeit und gewissenhafter Wirthschaftlichkeit seine Verhältnisse zu heben begannen, konnte er sich ab und zu den Luxus erlauben, arme Studenten, dürftige Künstler, verunglückte Arbeiter zu unterstützen, hablose Familien vor dem Untergange zu retten. Und siehe, auch dieser Luxus ist ihm zum Bedürfniß geworden. Heute baut er Schulhäuser für arme Kinder, gründet Spitäler, ist eine materielle Hauptstütze der Wissenschaft und Kunst — betreibt seine Passion, die dürftigen Mitmenschen zu Mitgenießern seiner Güter zu machen, im großen Style. Das ist einer der wenigen wirklich Reichen unter den Millionären, welche größtentheils arme Schlucker sind, weil sie ihren Reichthum nur haben, damit er sie friedlos und sorgenvoll durch ein kurzes Leben jage, ihnen den Neid der Mitmenschen erwecke und als ein schwer verkannter Segen des Himmels auf Erden Schlimmes stifte. Das Schlimmste oft an seinen eigenen Besitzern. Welcher von diesen Glücksjägern und Großthuern verträgt das Armwerden? Das Glück ist rund wie

die Bleikugel in der Pistole. Nicht jeder kann's, wie jener Altrusse, der aus Zufall zu Reichthum kam, und darauf nicht mehr arbeiten, nicht mehr schlafen, nicht mehr heiter sein konnte, aus Furcht vor dem Verlieren. Das wurde ihm auf die Länge zu toll, er versenkte seine dreimalhunderttausend Rubel in's kaspische Meer und war wieder vergnügt, wie es in seiner Natur lag. Warum er das Geld nicht lieber an Dürftige verschenkt hatte? Weil er fürchtete, daß es ihnen dieselbe Verlegenheit, als ihm, bereiten könne. Warum er es nicht wohlthätigen Anstalten verschrieben? Weil er dachte, das können Andere thun, ich will etwas, das Andere nicht thun können, ich will den Russen ein Beispiel geben, daß es für Manchen besser ist, er werfe sein Geld in's Meer, als daß es ihn verderbe. Dieses Beispiel hat ihn runde dreimalhunderttausend Rubel gekostet. Ob es auch so viel werth ist? Ich bezweifle es, denn an Nachahmern, meine geliebten Zuhörer, wird dieser Altrusse nicht viele finden, nicht heute und nicht in alle Ewigkeit, Amen.

Von der Kümmerlichkeit unseres Kleinbauernstandes.

„Daß die Bauern auf der Welt alleweil untenauf sein", sagte mir einst ein steierischer Landmann, „das ist ganz in Ordnung; wie könnten sie auch sonst den Erdboden bearbeiten, wenn sie nit untenauf wären! Aber nit in Ordnung ist's, wenn Dieselben, die obenauf sein, auf die Unterigen losstampfen und niedertauchen, daß Eins schier keinen Athem mehr kriegen kann. Uns Bauern achten sie alleweil weniger und verlangen von uns alleweil mehr. Der Bauer verträgt viel, lang ist er still, Alles giebt er her. Zieht's ihm den Rock aus, so schreit er; zieht's ihm die Pfaid aus, so macht er eine Faust; greift's ihm an die Haut, nachher schlagt er erst zu. Und schlagt er zu, so geht's ihm wie Jedem, der's selten thut, er kommt leicht zu grob an."

Wird so arg nicht sein, meint Ihr? Heutzutage raunzt jeder Stand, warum soll gerade der Bauernstand nicht raunzen, der am wenigsten geschmiert wird! Uebrigens hört man bei uns in der Stadt ja nicht viel von seinen Nöthen. Wie und wo soll sich der kleine Gebirgsbauer denn beklagen? Er hat kein directes Organ, das seine Interessen rechtenorts vertrete. Die Gewerbetreibenden, die Advocaten, die Aerzte, die Lehrer, die Geistlichen rühren sich, wenn's mit ihnen schief

zu gehen beginnt, machen Demonstrationen im Geschäft, im
Volk, Lärm in den Blättern, auch einmal ein Revolutiönchen,
wenn's sein muß. Der Bauer knurrt wie ein Kettenhund;
man untersucht zeitweilig nur, ob die Kette noch stark ist,
weiter hat's nichts zu sagen. Einem nur kann der Bauer sein
Elend klagen — dem Steuerbeamten. Helf Gott, das ist selber
ein armer Teufel. — Was da gesagt wird, gilt von den
Gebirgsbauern.

Wir hören zwar vom Niedergehen des Bauernstandes;
aber seit die Eisenbahnen und Dampfschiffe uns aus fremden
Ländern Nahrung zuführen, brauchen wir uns um unsere
Bauern nicht mehr zu kümmern. Also verarmt er, degenerirt,
wandert aus. Das Geld ist ja fort, er geht ihm nach in die
Fabriken. Der Bauernhof bringt ihm keine Ehre mehr wie
einst, nur Sorgen; befreit ihn nicht mehr von dem Militär=
dienst wie einst — wozu also braucht er ihn denn? Der
häusliche Sinn, das Heimatsgefühl ist untergraben, in die
Stadt gehen, studiren, ein „Herr" werden — das wäre des
Bauern Ideal. Einst ist er roher gewesen, aber materialistischer
ist er heute. Er ist unterrichteter, aber er ist unverläßlicher,
schlauer, charakterloser; er hat schon zu viele Wege kennen
gelernt, um auf dem Flecke seiner Väter sitzen zu bleiben.
„Eilf Ochsen und ein Bauer sind dreizehn Stück Rindvieh",
sagt ihr in eurer pharisäischen Bildungshoffart, „ein Thier
ist der Bauer doch." Wohlan, so gründet einen Thierschutz=
verein. Der Bauer ist ein eminent nützliches Thier, zieht wie
der Ochse, trägt wie der Esel, sammelt wie die Biene, läßt sich
melken wie die Kuh. Wir haben ein Gesetz zum Schutze der
Singvögel, ich verlange eins zum Schutze der Bauern.

Wenn ich sage, daß es Millionäre giebt, die jährlich und
jährlich in einzelnen und tausenden von Gulden den Staat

um Steuern betrügen, so kann ich eingesperrt werden. Wer betrügt? Wo, wann, wie betrügt man? Beweise! — Beweisen läßt sich nichts, ich nehme mein Wort wieder zurück.

Millionäre zahlen ja Steuern, und mehr als arme Bauern und Gewerbsleute; aber Letztere zahlen größere.

Was verlangt der Staat vom armen Manne? — Es giebt unzählige Beispiele — ich nenne nur Eines. Unzählige Opfer — ich nenne nur Eines. Dorfinsassen im oberen Mürzthale.

Sie waren arm. Der Mann, Köhlberger hieß er, arbeitete in einem Eisenwerke, das Weib im Taglohn bei Bauern. Das Weib mußte außerdem noch Zeit finden, ihre drei Kinder zu hegen und zu erziehen. Der Vater zahlte für sie das damals übliche Schulgeld und hielt sie zum Erwerb an. Die drei Söhne wurden brav und stark. Nun arbeiteten sie alle und erwarben mit den Jahren ein eigenes Häuschen. Da man vermuthete, daß ihr Einkommen sechshundert Gulden übersteigen könne, so kam die Steuerbehörde. Sie zahlten — waren froh, Einkommensteuer zahlen zu können, je mehr, desto besser. Der Staat ließ sich's nicht zweimal sagen, es kamen aber die Grundsteuer, die Haussteuer, es kamen die „Umlagen" mit allen „Zuschlägen". Der Köhlberger that nicht wie sein Nachbar, der Simelbauer. Dieser verstand unrecht, als ihm der Steuerbeamte sagte, es wären auch Zuschläge zu entrichten. Zum Glücke war der Kanzleidiener in der Nähe.

Da der Köhlberger im Dorfe ein Haus hatte, so bot er sich mit seinen zwei Buben zur Ortsfeuerwehr an. Als ein neues Schulhaus gebaut wurde, leisteten sie zur Feierabendzeit freiwillige Robot, arbeiteten mit Händen und Füßen, während sich der reiche Großhofer immer damit entschuldigen ließ, daß seine Pferde krumm wären. Die Einleger (Armen der Gemeinde) wurden beim Köhlberger freundlicher gepflegt als anderswo, weil man sich durch die Armuth mit ihnen verwandt fühlte.

Es ging in der kleinen, fleißigen, sparsamen Familie trotzdem mitunter kümmerlich her. Die Frau, durch Arbeit zerrackert, begann nach und nach zu kränkeln; der Mann fand im stockenden Eisenwerke nicht mehr genügenden Erwerb. Sie ließen den Kummer nicht merken, lebten still und häuslich dahin.

Die Söhne waren hübsche, gemüthliche Bursche geworden. Der Vater sagte ihnen oft: „Buben, seid's gescheit, bandelt's nit mit Weiberleuten an; das Herumziehen ledigerweis mag ich nit und das Heiraten tragt's nit."

Jetzt nahmen sie den Aelteren zum Militär. Er mußte den Feldzug nach Bosnien mitmachen und fiel bei dem Einzuge in Serajewo, von einem meuchlerischen Schusse getroffen. „In Gottesnamen!" seufzten die Eltern daheim — ihre Thränen hat Niemand gesehen.

Ein Jahr später blieb bei der Assentirung der zweite Sohn. Auch er mußte hinab, um auf den heißen Steinbergen der Herzegowina zu verschmachten. Nach zwei Jahren kam er zurück, schwerkrank, abgemagert bis an die Knochen. Da vergaß die Mutter, daß sie selber krank war, wurde wieder rührsam, pflegte den Sohn Tag und Nacht, versagte sich die Labe, um ihn zu atzen. Als er genas, war auch sein Urlaub zu Ende.

Die Behörden freuten sich dieser ergiebigen Familie, und bei der nächsten Stellung behielten sie auch den dritten Sohn zum Soldaten. Das war der weichmüthigste, er litt an Heimweh, die Mutter weinte sich halb zu Tode. Weil er der einzige Ernährer seiner mühselig werdenden Eltern war, so hoffte man ihn loszukriegen. Aber derlei Angelegenheiten spielen sich nicht so rasch ab als die Steuerexecutionen. Die Mutter hatte genug, sie starb. — Als man sie vom Bahrbrett in den Sarg that, legten sie den Vater darauf. Der jähe Schreck und Schmerz um sein Weib! Der Todtenbeschauer constatirte einen „Herzfehler".

Der Staat ließ nachforschen, ob von diesen Leuten nicht etwa Uebergabssteuer, Erbsteuer, oder vielleicht sonst etwas noch zu holen wäre. —

So giebt es draußen gar manche Familie, die nichts thut als arbeiten und opfern. Die Vortheile, die sie vom Staate haben? „'s Heiraten tragt's nit."

Und doch haben sie Recht und tausendmal Recht, daß sie arbeiten und opfern. Das sind die wahren, namenlosen Starken und Helden des Volkes, die den Staat tragen, wie die unsichtbaren Piloten das stolze Venedig.

Ihr weiset vielleicht, mißgünstig meiner Sache, auf die Polizeistuben, Criminale, Kranken-, Findel- und Irrenhäuser hin, in denen ihr das Volk kennen lernen wollet. Machet nicht Ausnahmen zum Gemeinplatz, meine Herren! In's Gebirge, in die armen Hütten geht, wenn ihr das, was ihr predigt: die Arbeitsamkeit, Ehrlichkeit, Pflichttreue und Opferwilligkeit bethätigt finden wollet. In der Wohlhabenheit, in einer geachteten Stellung ist es keine Kunst, sogenannt tüchtig und ehrenwerth zu sein. Aber in der Kümmerlichkeit und Unbedeutendheit, auf dem Punkte, wo man nichts zu verlieren hat und durch Schliche doch Manches gewinnen könnte, ist es weit schwerer, auf Gottes Wegen zu wandeln.

Die bäuerliche Armuth hat ihre Philosophie, die gewisse Culturelemente nicht vertragen kann und daher bei Fabriksarbeitern und deren Elend nicht mehr zu treffen ist.

Geht heute hinaus, ihr Sommerfrischler, auf ein entlegenes Dorf, ihr werdet euch wundern über die redlichen, herzlichen, schlichten Leute. Geht nach einem Jahre wieder hin, und ihr werdet finden, daß bei einigen eurer Bekannten der Schmetterlingsstaub weg ist. Und geht von Jahr zu Jahr auf's Dorf, und beglückt es mit euren schönen Einrichtungen und wohlgemeinten Grundsätzen — ihr werdet die Leute bald nicht mehr erkennen. Eigennutz, Geziertheit, Heuchelei! Die kleinen Schwächen, die der Dorfmensch vom Städter so gerne annimmt, werden bei ihm zu häßlichen Fehlern, die Fehler des Städters bei ihm zu Lastern. Die städtischen Elemente sind beim Bauern gerade gut genug, um seine schlichte Natürlichkeit zu ersticken, jedoch viel zu wenig, um die Bestie in ihm zu zähmen. Lasset ihm die Einfalt, sonst wird er vielfältig verschmitzt, verbildet, verdorben. Lasset ihm den Bauerntrotz, sonst wird er das Spielzeug eines jeden Narren. Die Einfalt ist sein Himmelreich, der Trotz und das Mißtrauen sein Schutz, die Zähigkeit seine Kraft.

Gegen die Bauernfeiertage und gegen zu kostspielige Ernährung auf dem Dorfe eifern gewisse Nationalökonomen; natürlich, der Bauer soll immer arbeiten und wenig verzehren, damit Andere umso mehr faullenzen und besser essen und trinken können. Jedem Bauernburschen ist das Soldatenleben gesund, heißt es; das bestreite ich nicht; aber kein Soldat kommt als Bauer zurück; wie Viele, die von der Fremde zurückkehren, vermögen sich gar nicht mehr in den mühevollen, weltabgeschiedenen Stand der Väter hineinzuleben. Unsere allgemeine Wehrpflicht belästigt alle Stände, aber wirklich und tief schädigt sie nur den Bauernstand. Weil aber die liebe Politik so viele Mordkerle braucht, so sei's.

Volksbildung heißt ein Schlagwort. Schön das, Jedermann soll die für seinen Beruf erforderlichen Kenntnisse besitzen. Jedermann soll sich seinen Verhältnissen anzupassen wissen, in denselben zu eigenem und fremdem Wohl was leisten können und seine innere Natur mit seiner Außenwelt in Harmonie erhalten. Das ist Bildung. Aber die städtische Bildung scheffelweise und korbweise auf's Land hinaustragen, das ist thöricht. Das erzeugt jene unselige Halbbildung, die überall das Streberthum aufweckt, die aus der sich selbst kaum bewußten Armuth ein schlimmes Proletariat macht. Es gäbe für vernünftige Volksbildner wohl auch im Bauernstand genug und übergenug zu thun, um denselben in unserer krankhaft bewegten Zeit im Gleichgewicht zu halten. Man könnte mit einfachen Mitteln Vieles wirken. Ich wollte die Leute nennen, die ihres Berufes und ihres Einflusses wegen dazu am geeignetsten wären! Daß sie's leider nicht thun wollen, daß sie andere Zwecke haben, und daß ihnen an dem irdischen Wohlbefinden ihrer Anvertrauten gar so wenig gelegen ist!

Unsere braven Volksschullehrer würden das Richtige schon treffen, wenn man ihnen so viel Einfluß und Ansehen ließe, daß der Bauer vor ihnen die gebührende Achtung hätte. Sie würden Lehrer nicht blos in der Schulstube sein, sie würden den Landmann nicht sowohl lehren, was sie interessirt, als vielmehr, was er braucht. Der Schullehrer soll sich aber in Acht nehmen, daß er den Bauer nicht aus seinem Stande hebe, wo er ohnehin nicht mehr drinnen bleiben will, sondern soll ihm für diesen Stand Freude machen, die Vortheile und Bedeutung desselben immer wieder darthun. Der Bauernstolz muß wieder geweckt werden! Wer sich selbst aufgiebt, der ist aufgegeben — auch der Bauer. Dann soll der Schullehrer nicht etwa wie ein Agent der Uebercultur im

Bauernhause bisher unbekannte Bedürfnisse wecken. Er soll landwirthschaftliche Maschinen einführen, rationelle Bearbeitung des Bodens, Pflege des Viehes, Schonung und Cultur des Waldes — o wie wichtig! — er soll zu Assecuranzen aneifern, zur Gründung von Feuerwehren und gegenseitigen Hilfs= quellen, er soll auf gesunde Lebensweise bringen, reinliche Wohnungen, praktische Kleidung, einfache nahrhafte Kost, auf Mäßigkeit und Sparsamkeit; er soll Gesangvereine pflegen, auf edlere Gesellschaftsspiele sinnen. Er soll nicht gegen die Juden eifern, aber er soll tiefen Abscheu vor allem Wucher, vor aller Bestechlichkeit und Tücke einflößen; er soll nicht fremde Nationen hassen lehren, aber er soll stets mit Herz und Beispiel deutsche treue Sitte fördern. Vor Allem brechen muß er, wo sie vorkommt, die Gemüthsroheit. Ob der Bauer diesen oder jenen harmlosen Aberglauben hat oder nicht, darüber mag sich der Lehrer kein graues Haar wachsen lassen. Beim Bauer die Lehre der reinen Vernunft anbringen wollen, wäre rein unvernünftig. Der Lehrer soll nun aber auch nicht sagen: Bauer, kaufe Dir ein Federbett! wenn derselbe auf dem Stroh gut liegt. Er soll nicht über jeden aufgeweckten Jungen sagen: Bauer, Dein Sohn hat Talent, der soll was Besseres werden als Bauer! Der Bauernstand ist gut genug, wahrhaftig, und bedarf kluger Köpfe. Es wird bald kein Stadtkopf mehr zu finden sein, der gescheit genug wäre, um bei den heutigen Zuständen eine Landwirthschaft empor= zubringen.

Bei diesem Stiel soll's der Volksschullehrer anpacken; eine solche Bildung ist viel richtiger als das Einlernen von Formeln aus Grammatik, Geschichte, Physik, Dog= matik u. s. w. Wir haben viele Schulmeisterköpfe, aber wir haben nicht viele Schulmeisterherzen. Ein Tischler, ein

Gärber kann man sein des lieben Brotes willen, ein Schullehrer nicht. Ein untauglicher Lehrer kann in einem Jahre mehr verderben, als ein tüchtiger Lehrer in neun Jahren zu nützen vermag.

Da heißt es: „Der Bauer soll in der Volksschule so viel lernen, daß er in der Welt fortkommt." Ich sage, er soll so viel lernen, daß er dableibt. Wenn die Schule auf dem Dorfe die Leute ihrem ursprünglichen Berufe entfremdet, dann ist sie schlecht.

Wer heute im Gebirge wandert, der wird überall Huben, abgestiftete Bauernhöfe, verfallene Häuser finden. Gewitzigte Capitalisten, die ihr Geld lieber dem zwei Procent verheißenden Wiesen- und Waldgrund anvertrauen, als den siebenund zehnprocentigen industriellen und commerciellen Unternehmungen, fahren hin wie Raben auf das Aas und kaufen die Grundstücke um geringen Schilling zusammen.

„Bauernabtrenner" heißt man sie. Meines Dafürhaltens aber ist hier der Bauernabtrenner ganz wer Anderer.

Von der Ungerechtigkeit gegen bäuerliche Dienstboten.

Jetzt aber kehre ich den Spieß gegen den Bauern selbst. Seit einiger Zeit ist auf unseren Bühnen ein alter Mann, der folgendes Liedel singt:

„Ih bin, ih bin da Neamt auf da Welt,
Ih hab, ih hab ka Feld und ka Geld,
Ka Hütterl, ka Kammerl, ka Fensterl g'hört mir,
Ih bin, ih bin auf da Weit im Quartier."

Ein alter Bauernknecht singt so, der ein langes Leben voll Arbeit und Bravheit hinter sich hat und jetzt, da er nimmer arbeiten kann, ein Ableger und Einleger, ein Bettelmann, eine Null auf der Welt ist. Diese Gestalt ist auf der Bühne ein neuer Gast; die Zuschauer wußten anfangs nicht recht, wie ihnen geschah, die Einen lachten, die Anderen weinten — es kam auf Eins hinaus, es hatte da etwas an ihr Herz geklopft und nicht so, als ob's vom Theater herabkäme, sondern vom Leben her, wie die Ahnung von einem stillen tiefen Leiden.

Ein kleiner Theil des Publicums aber war, der ärgerte sich und wußte nicht genau warum. Es kam Solchen nicht geheuer vor, endlich aber sagten sie: die Tendenzstücke könnten sie nicht ausstehen und das Moralisiren auf der Bühne auch nicht. Aha! — Wir können nun wohl begreifen, daß es Leute giebt, die im Kampfe um's Brot oder unter der Last schwerer Verantwortlichkeit so müde gehetzt werden, daß sie von der Kunst entschieden nichts Anderes verlangen, als leichte Zerstreuung, als ein sacht einlullendes Gaukelspiel der Phantasie. Man kann sich wahrlich nicht darüber wundern. Indes ganz anderer Art sind jene Leute, Nichtsthuer, Cyniker und Genußjäger, welche in der Kunst ihre Neigungen und Lächerlichkeiten, wenn nicht noch was Anderes verherrlicht sehen möchten. Na, man sollte sie doch einmal anbinden an ihre Logenbrüstungen und Sperrsitzlehnen und ihnen nichts als welsche „Sitten-Dramen" und Operetten-Blödsinn vormachen, so lange bis sie an der Grenze wären wahnsinnig zu werden, dann aber sollte man sie immer noch nicht losbinden, sondern den moralischen Theaterdichter von der Bühne herab auf sie rufen lassen: Ihr habt Recht, meine Herrschaften, Euch sollte man die Weisung zum Rechten nicht im milden Glanze der Kunst vortragen, das langweilt. Euch sollte man ganz anders Moral predigen; Ihr seid Sünder und Heuchler und Faulenzer, flache Schwätzer und Gecken, die der Welt keine Freude und Gott keine Ehre machen. Könnt Ihr die Moral nicht mehr vertragen, gut, so verkriecht Euch vor dem Gewissen der Menschheit, das durch den Dichter und Propheten zu sprechen berufen ist. Schweigt mir auch mit der Phrase, daß in Zukunft die Kunst die Religion ersetzen werde und laßt es auslöschen, das Licht der Gesittung im Volke, im Herzen der Jugend, wenn der Poet und Künstler es nicht mehr nähren soll. Dann seid Ihr nichtsnutzige Gäuche, die man mit der Peitsche aus dem Tempel jagt. Und das ist die Moralpredigt, die für Euch paßt. Jetzt trollt Euch!

Jene aber, die hier feuchten Auges zurückbleiben und fragen, was sie denn zu bedeuten haben im „Nullerl", die Gestalten dieses Null=Annerl, dieses Kraller=Hias, dieses Jammerer=Hans, ob sie aus der Dichterphantasie gestiegen oder aus dem Leben genommen seien, denen antworte ich hier: Ein Volksstück — ein Stück Volk! Vernehmt den Bericht, wie es in unserem Lande den alten Dienstboten in den Dörfern und der Bauernschaft ergeht. Ich habe die guten Eigenschaften — deren die Bauersleute haben — stets mit Vorliebe dargestellt, aber ich darf auch ihre Schattenseiten nicht vergessen. Diese sind so finster, daß ein wenig Aufklärung nicht schaden kann. Wenn wir von Armuth hören, so denken wir zumeist an die städtische, die uns vor der Nase herum huscht und wimmert und klagt und darbt. Sie ist in der That furchtbar, denn gräßlich ist's, zwischen Palästen und reichen Prassern hungern und verkümmern zu müssen. An jene tiefe Armuth da draußen auf dem Lande, an jene willig oder verbitterten Gemüthes ihrem Ende entgegendarbenden Märtyrer des Volkes, an die bäuerlichen Dienstboten hat in unserer Zeit der Humanität bisher kein Mensch gedacht. Ei doch, man hat die kräftigen Bursche zu Soldaten herangezogen, um sie vielleicht als Krüppel wieder zurückzuschicken. Man hat ihnen Dienstbotenbücheln drucken lassen, in welchen ihre Pflichten weit stärker betont werden, als ihre Rechte; ein Paragraph ist, der unterwirft den Dienstboten schier ganz dem Willen des Dienstgebers; mildernde Nachsätze folgen, sind aber drehbar wie ein „damischer Hiesel". Man hat auch viel Klage in den Zeitungen gelesen über die Dienstbotenmisère, aber immer war von den armen Dienstgebern die Rede, von den armen Haus= und Hofbesitzern, von den großen Ansprüchen, Anmaßungen, Liederlichkeiten der Dienstboten. „Bei solchen

Zuständen bin ich lieber Knecht als Bauer!" hat mancher Hausbesitzer ausgerufen, habe jedoch nichts davon gehört, daß Einer mit seinem Knecht wirklich getauscht hätte. Die Dienstboten aber haben still geschwiegen und wenn in unserer Zeit ein Stand nicht öffentlich jammert, so ist es der, der bäuerlichen Dienstboten. Denen muß es doch wirklich sehr gut ergehen!

Indes jammern diese Leute nicht aus dem einfachen Grunde, weil sie keine Stimme haben, die man im Lande hören könnte. Manche auch darum nicht, weil ihnen um die Gurgel ein Strick liegt, der zu jeder Zeit erforderlichenfalls enggezogen werden kann.

Der Dienstbote ist das Kind armer Leute oder auch das Kind eines Bauers, der einen der Söhne — seinen Nachfolger in der Wirthschaft — bevorzugt und die übrigen Kinder so sehr benachtheilt, daß sie oft heimatlos werden und in fremden Häusern ihr Brot, durch Roheiten der Dienstgeber versalzen, kümmerlich verdienen müssen. Die Gerechtigkeit drückt zu Gunsten der Steuerzahler ein Auge zu.

Der Dienstbote hat in seinen besten Jahren allerlei Absichten. Er will entweder den Bauerndienst verlassen, in eine Fabrik oder in die Stadt gehen; oder er will eine gute Heirat machen und so zur Selbstständigkeit kommen. Andere hoffen vom Lottospiel Verbesserung ihrer Lage, ohne zu ahnen, wie hoch ihre Dummheit besteuert wird. Wieder Andere verlassen den Jahresdienst, verlegen sich auf die Taglöhnerei, weil diese sie momentan selbstständiger macht, versuchen dies und das. Selten gelingt es Einem, eine bessere Existenz zu finden, die Meisten bleiben Dienstboten Jahr für Jahr, bis sie alt und untauglich werden zur Arbeit.

Und was nun?

Gewöhnlich sucht der betagte Dienstbote seine sich steigernde Unzulänglichkeit so lange als möglich zu verbergen, denn er weiß, wenn er sein Brot nicht mehr verdienen kann, was seiner wartet. Größere Gemeinden haben etwas wie ein Armenhaus. Sie nennen es Spital. Seine Insassen sind Sieche und Lahme, Krüppel, Cretins, Preßhafte aller Art. Ein gar unsauberer verachteter Ort voll Hader und Elend. Und da soll der alte Dienstbote nun hinein! Ist Mancher noch froh, wenn ein solches Spital gar nicht existirt, wenn er als Bettler ziehen kann in der freien Luft von Haus zu Haus. Da ist es nun bis heute in solchen Gemeinden, die kein Spital haben, eingerichtet, daß der alte unfähige Dienstbote der Reihe nach von einem Hof zum andern wandert, so daß er jährlich etwa ein- oder zweimal um die Runde kommt.

Das ist also der Einleger (oder die Einlegerin). Er schleppt sein Buckelkörblein mit sich, in welchem er all sein Hab und Gut hat und wird ihm an seiner Station ein Winkel angewiesen etwa in der Vorkammer, im Stall, auch im Strohschoppen, wo er das Körbel hinstellen und sich einheimsen darf.

In einem Hofe bleibt er acht, vierzehn Tage oder auch länger, je nach der Größe des Gutes. Da soll er nun verköstigt und verpflegt werden. Man nützt ihn wohl aus, so gut man kann; es giebt im Hause immerhin Arbeiten, die auch ein mühseliger Mensch verrichten kann, als etwa Streu hacken, Mist krauen, Kukuruz schälen, Rüben kräuteln und dergleichen. Mitunter auch viel unangenehmere Verrichtungen. Der Einleger thut's, es ist ganz selbstverständlich; ja er selbst, der Greis mit schneeweißen Haaren, kommt nur selten zum Bewußtsein, daß seine armselige Existenz ein Unrecht ist, von Anderen begangen. Vom Essen wird ihm das Schlechteste im schlechtesten Geschirr gereicht. Mißrathene, verkochte Nocken mit ranzigem Fett, die Niemand essen will, für den Einleger ist es gut genug. Er torkelt damit in seinen Winkel — denn zu Tisch läßt man so einen alten Menschen nicht gern, der Unsauberkeit wegen — und ißt seine Sach' freilich wohl zumeist mit Appetit. Ist auch gut, wenn er einen eigenen Löffel besitzt, denn Löffel, mit denen der Einleger gegessen, will kein Anderer mehr gebrauchen. Die Anderen essen viermal des Tages; den Einleger vergessen sie gern. Hat er jedoch einmal einen Trog voll vor sich, dann ist's kein Wunder, wenn er bisweilen das rechte Maß nicht wahrnimmt und es unter Wimmern auf seinem Stroh hart büßen muß.

Daß es mit der Reinlichkeit nicht am feinsten bestellt ist, wird wohl am meisten selbstverständlich sein. Bart und Haar lassen sie ihm wachsen, so lang es will; Kamm, Seife, Bad — ach Gott, das ist dem Hausbesitzer oft fremd, der Einleger darf gar nicht daran denken. Und er denkt auch nicht daran. Wenn sein Gewand nur nicht gar zu viel Löcher hat, nach Anderem frägt er nicht. Das Hausgesinde weiß wohl, es ist auf demselben Weg, Einleger zu werden, und doch hat es zumeist Spott und Verachtung für das arme Geschöpf und nicht selten auch — körperliche Mißhandlung. Daß der Einleger demnach herb, verbittert und bissig wird und voll von Unarten und zuwideren Eigenschaften, es liegt auf der Hand. Wohl selten, daß eine gute Seele dem Nothleidenden heimlich einen Bissen zusteckt, heimlich ein liebreiches Wort sagt. — So verroht Armuth und immerwährende Dienstbarkeit die Herzen. Es ist wohl ein Jammer, Ihr lieben Weltleute! Ihr lebt in aller äußeren Behaglichkeit, oft im

Ueberfluß, in Uebermuth. Und diese Armen da draußen — Euere Brüder, die für Euch das Brot aus dem Boden gegraben — sind in ihrem tiefen, bittern Elend so ganz verlassen!

Der Null-Annerl im Theater wird bedauert, beweint. Ach Gott, wenn es Allen da draußen in der Bauernschaft so gut wäre, wie dem Null-Annerl. Wenn sie einen Fürsprecher und Schutzengel hätten an der Tochter des Hauses und wenn Alle seinen erlösenden Humor hätten!

Humor haben wohl die Meisten, denn sonst müßten sie ja zu Grunde gehen trotz der Abhärtung an Leib und Seele. Auch die Religion ist ihre Stütze, und bei Manchen die Schlauheit und Verschmitztheit, in welchen die Noth ja die beste Lehrmeisterin ist.

Im Mürzthal — auch das Urbild des Null-Annerl ist im Mürzthal gefunden worden — war ein Einleger, der nachgerade zu den liebenswürdigen Menschen gehörte und bei Allen gern gesehen wurde, die ihm — nichts schenken mußten. Der krumpp' Serafin war er geheißen. Zu Häusern, wo sie ihn schlecht behandelten, sprach er tage- und wochenlang kein Wort, verkroch sich ganz in sich selbst wie ein Igel, der nur die Borsten hervorkehrt. Wo er aber ein wenig Beachtung und Theilnahme fand, da sprang aus dem Alten der Schalk hervor und er ließ seine launigen Sprüche und Einfälle los, mit denen er wie vollgepfropft war.

So oft er etwas in seinen Bettelsack zu schieben hatte, band er ihn allemal rasch und sorgfältig wieder zu und sagte: „Daß es nit wieder herausfliegt! Es will nichts drinnen bleiben, als das schwarzbraun' Elend." — Wenn er irgend von einem reichen Schlemmer hörte, meinte er: „Ist halt gut eingerichtet auf der Welt; jeder Mensch hat sein Geschäftel, der eine thut prassen, der andere thut fasten. Aber lieber," setzte er dann mitunter bei, „lieber ist's mir doch, ich möcht's und hab's nit, als wann ich's hätt' und möcht's nit." Von einem Geizigen sagte er gerne: „Der macht sich auch seine Höllfahrt sauer." Und dem krumpen Serafin mag's wohl manchmal eingefallen sein, was uns das Nullerl singt: „Wer den Leuten 's Brot anbaut, den hungern sie jetzt aus. Ist doch die Welt a Narrenhaus."

Einer der ärmsten Einleger lebte zur Zeit meiner Jugend in der Semmeringgegend. Er war ein herabgekommener Hausbesitzer gewesen, der beim Eisenbahnbau sein Grundstück an die Gesellschaft verkauft hatte. Es wurde ihm zweifach überzahlt und das machte seinen Kopf wirbelig; bei so vielem Geld, glaubte er, brauche er sein Lebtag nicht mehr zu arbeiten, saß in den Wirthshäusern um, pachtete Jagden und trieb allerhand noble Passionen. In wenigen Jahren war sein Geld glücklich dahin und er hatte noch dazu das Unglück, daß er sich durch unvorsichtiges Gebahren mit Pulver eines Tages das Augenlicht vernichtete. Obgleich sonst noch nicht mühselig, mußte er nun in die Einlege. Da hielten sie ihm natürlich überall seine Vergangenheit vor und ihm, der ein besseres Leben gewohnt gewesen, that die Roheit doppelt weh. Sonst vermag der Einleger wenigstens so viel, daß er durchgehen kann, wenn es ihm irgendwo gar zu arg wird, daß er in einem christlicheren Nachbarhause seine Zuflucht suchen oder im grünen Walde wohnen und sich von Beeren nähren oder wenigstens ruhig hungern und frieren kann, ohne Schimpf und Roheit leiden zu müssen. Unser armer Blinder konnte jedoch nicht fort, mußte aushalten; und ein boshafter Racker war, der behielt den Einleger allemal länger, als es seine Pflicht gebot, im Hause, um ihn den Hochmuth recht fühlen zu lassen und ihn mit hämischen Anspielungen und herber Behandlung peinigen zu können. So seufzte der arme Mann wohl oft: „Wann ich nur mein Augenlicht wieder kunnt finden!" Da traf er in einem schlimmen Bauernhof einmal mit einem andern Einleger zusammen, der sich vor den Mißhandlungen der Leute auch nicht zu schützen wußte, weil er lahme Füße hatte. „Wann ich nur laufen kunnt!" sagte dieser, „ich wollt' mir sonst gar nichts wünschen." Die Beiden verbanden sich nun so, daß der Blinde den Lahmen auf den Buckel nahm und mit ihm davongieng. Jetzt war Beiden geholfen, der Blinde hatte das Augenlicht gefunden und der Lahme konnte laufen, Beide nun im Stande, ihren — „Wohlthätern" zu entkommen.

Am besten daran sind immer noch die schlauen und schalkhaften Philosophen, die an der Leute Eitelkeiten und Schwächen anmuthig zu pochen wissen.

Da lebt heute noch Einer, der in der Veitscher, Turnauer und Aflenzer Gegend umsteigt, obwohl er ein über und über verbogener Krüppel ist. Er könnte ja als Einleger in seiner Gemeinde sitzen bleiben, aber beim Betteln, sagt er stehe er sich besser. Er bettelt aber nicht so kurzer Hand, sondern weiß der Sache Schick zu geben. Kommt er in ein Bauernhaus, so bringt er für die Küche einen Arm voll Brennholz mit, oder ein Sträußel Tannenreisig für Stubenbesen, oder ein paar Pilze oder ein Körblein mit Waldbeeren, mit denen er der Bäuerin oder den Kindern ein Geschenk macht. Jetzt muß ihm die Hausfrau „Vergelt's Gott" sagen, aber sie giebt ihm auch was zu essen. Selbstverständlich läßt er keine Spur in der Schüssel, so daß er sie hoch aufheben und sagen kann: „Bäuerin, rath' einmal, was ist da drinnen g'west?"

Ob er etwan zu wenig gehabt? „Das nit, schon gar nit, gut ist's g'west und genug ist's g'west. Vergelt's Gott fleißig dafür! — Nur —" jetzt er zaghaft bei, „daß ich noch ein Anliegen hätt'! Für heut' brauch ich nichts mehr, für heut! Aber für morgen möcht' ich mir halt gern ein warmes Süppel kochen und jetzt ist mir dazu das Salz ausgegangen."

„Närrisch Du!" spricht die Bäuerin, „darfst es nur sagen," und giebt ihm ein Stück Salz.

„Jetzt wohl, jetzt wohl," meint der Bettelmann, „jetzt hätt' ich Alles auf eine gute Suppen, Salz — Wasser —. Nur ein paar Stäuberln Mehl kunnten noch gut sein dazu. Gelt, kreuzsaubere Bäuerin, Du wirst mir nit gern einen Löffel voll schenken wollen?"

Sie läßt sich die „kreuzsaubere Bäuerin" nicht umsonst gesagt sein und giebt Mehl.

„Uh, vergelt's Gott!" sagt er und thut rechtschaffen erstaunt, „uh, gar zwei — drei Löffel voll giebst mir! Und noch einen d'rauf! All's z'gut thust mir's meinen! All's z'gut. Vergelt's Gott schön!"

Senkt hierauf die Gaben in den Grund seines Korbes, und wie er diesen will auf den Buckel heben, sagt er ganz leise, wie für sich: „Schau Du, jazt fallt mir g'rad was ein. — Du Bäurin, Du wirst mir's g'wiß sagen können: soll zu einer guten Suppen nit auch ein Stückel Schmalz sein? Ja? Schau Du, mir ist so was fürgangen. Aber das ist! Das ist! jazt weiß ich nit, wo ich ein Schmalz werd' hernehmen. Du verhöllte Sau! Muß viel sein? Nit viel, meinst? nur so ein nußgroß' Patzerl?"

Natürlich schenkt ihm die Hausfrau auch das zur Suppe nöthige Stück Schmalz, worauf er sich bedankt mit „Tausend vergelt's Gott bis in Himmel auffi! Und oben bleiben, alleweil oben bleiben, und fein' Freud' wird er haben, der lieb' Herrgott, über so eine kreuzbrave, mudelsaubere Bäurin!"

Dann humpelt er zum nächsten Haus. Dort macht er's wieder so. Der Mann leidet freilich keine Noth.

Aber hier sind nur Ausnahmen geschildert; die Regel zu beschreiben widert mich an. Es ist wohl wahr, die Armuth und das Elend ist der richtige Dung für den Humor, weshalb es da unten auch viel mehr Ergebung und innere Ueberlegenheit und Seelenheiterkeit giebt, als da oben. Aber wenn zum Unglück, das man tragen muß, auch noch das Unrecht kommt, und man sieht, diese schlimmen Genossen wollen Einen für's ganze Leben nimmer verlassen, so ist es auf die Länge doch schwer, bei Humor zu bleiben. Und bei naturrohen, sittlich unentwickelt gebliebenen Gemüthern ist es doch gar kein Wunder, wenn sie in ihrem Alter und körperlichen Unbehagen launisch, zänkisch, tückisch, klatschhaft, hinterlistig und sogar diebisch werden. Nun glaubt der Bauer, solchen Fehlern und Lastern gegenüber nicht verpflichtet zu sein. Er ist's aber doch. Der Dienstbote ist eben auch ein Product seiner Verhältnisse, seiner ganzen Umgebung, von der schullosen Kindheit an, bis zum hilflosen Greisenalter.

Und, wenn man genau nachsieht, dem braven Dienstboten und geduldigen Einleger wird es nicht viel besser, als dem Nichtsnutz, in der Einlege für sich giebt es keine Abstufung mehr. — Als ein solches Leben, lieber im Arrest! Das Wort kann man öfters hören.

Jetzt frage ich nur, wer sich noch wundern kann, wenn Niemand mehr bei den Bauern Dienstbote sein, sondern Alles in die Fabriken und Städte will? Sie kommen freilich auch von dort noch rechtzeitig zurück zum Einlegerelend und noch dazu mit einer ganz anderen Zerrissenheit des Herzens, als wenn sie nichts, denn die Einfachheit des Landlebens kennen gelernt hätten.

In manchen Gemeinden wird jährlich einigemale, gewöhnlich zu den Quatemberzeiten, in der Kirche für die Pfarrarmen abgesammelt. Da gehen die Leute im Gänsemarsch um den Hochaltar und werfen Münzen auf einen Teller. Blos einen Pfennig giebt Keiner, weil wir keinen haben; die übrigen Scheidemünzen sind alle vertreten, sogar die alten Groschen von anno 1836, die seit fünfundzwanzig Jahren nichts mehr gelten. Wenn nun aber gar ein reicher Bauer einen ganzen Gulden auf den Teller wirft, so glaubt er mit einem schwedischen Sturmbock die Himmelsthür eingerannt zu haben. Die Pfarrarmen freuen sich auf die Vertheilung wie ein Kind; aber wenn einmal zufällig ein größerer Betrag ist, so kriegen sie ihn gar nicht auf die Hand. In Gegenden, wo Gewerkschaften oder Cavaliere die Bauernhöfe zusammenkaufen, um sie abzustiften, wird an die Gemeinde oder einzelne noch bestehenbleibende Bauernhöfe gewöhnlich Baargeld gezahlt, damit die Einleger, die der abgestifteten Bauernhäuser verlustig geworden, dafür entschädigt und versorgt werden sollen. Ich kann nur das sagen: die Armen werden nicht immer der Absicht des Einzahlers gemäß verpflegt. Mancher alte Einleger simulirt Tag und Nacht: Wo denn's Geld hinkommt, das für die Armen gegeben wird! — Wackelt so ein alter Hascher wohl einmal zum Dorfrichter, bittet unterthänigst, ob nicht doch ein wenig was abfallen möcht für ihn auf ein Paar Winterschuh', auf eine warme Bettdecken oder — was die Genußsüchtigsten sind — auf etliche Pfeifen Tabak! — Ganz umsonst bittet freilich selten Einer, wenn was da ist, aber ich hab's auch schon gehört, daß der Gemeindevorstand dem Bittsteller mit dem Stecken gedroht hat oder gar mit dem Ausruf erschreckt: „Das Bettelvolk, derschießen sollt' man's!"

Wieder mein Humorist, der krump' Serafin war's, der dem fluchenden Bauer auf solche Red' einmal geantwortet: „Wahr ist's, Herr Gemeindevorstand, wahr ist's. Derschießen, das wär' für uns das Allerbeste!" —

Das sind nur wenige Streiflichter in's Leben der Armen auf der Bauernschaft. Doch ahnt Ihr es nun vielleicht, was jene Gestalt auf der Bühne bedeutet.

Ich gebe zu, daß es viele Ausnahmen giebt, Gemeinden, die ihre unglücklichen, altersschwachen Mitglieder nicht verkommen lassen, Hausväter, die den Einleger mit Güte und Fürsorge behandeln, wie einen Hausgenossen. Manchmal denkt doch auch einer der Reichen an das Sprichwort, daß an keinem Hause der Geldsack hundert Jahre lang vor der Thür hänge, wie an keiner Familie so lange der Bettelsack. Aber selten, selten denken sie daran. Da giebt es Protzen auf dem Lande, die ihr Geld im Wirthshaus und Kartenspiel wie Spreu über die Tische werfen, jeden Anlaß bei den Haaren herbeiziehen, um prunken und flunkern zu können, die aber grob werden wie eine Lodenriffel, wenn einmal von der Verbesserung ihres Gemeinde-Armenwesens oder gar von der Gründung eines Versorgungshauses mit geregelter und gewissenhafter Verwaltung die Rede ist. Wenn man so einen Ehrenmann dann sprechen hört, ja da fehlt keinem Einleger etwas, oder er ist selber daran schuld, wenn's ihm schlecht ergeht.

„Nur probiren!" sagt der Jammerer Hans. — Das ist der zumeist ungehört verhallende Klage- und Anklageruf von Tausenden, die in unserem schönen, gesegneten Lande in unverbienter Noth sind und keinen Fürsprecher haben dort oben, wo die Gesetze gemacht werden.

Ein tüchtiger, braver Arbeiter, den der Bauer und der Staat ausnützt — und in seinen alten Tagen wartet auf ihn dieses Elend. — Soll das so bleiben?

Von der Geldgier als Waldverwüsterin.

Für den täglichen Beobachter ändert sich die Welt unmerklich. Aber wer nur ein halbes Jahr lang die Augen schließt, der hat bei ihrem Aufthun Gelegenheit, zu staunen. Die Natur arbeitet langsam. Bis aus der Wiese ein Wald wird, bis Regengüsse die Felsen kahl legen, die Berge furchen, die Thäler versanden, dazu gehört ein längerer Schlaf, als selbst das schläferigste Volk zu schlafen vermag. Die Menschen arbeiten schneller. So wie sich zur Herbstzeit der heimkehrende Städter verwundert über die Neubauten, Pflanzungen und Gründungen, die während seiner Abwesenheit erstanden sind, so wird er im Frühsommer, wenn er auf seine Sommerfrische zurückkehrt, mit gemischten Gefühlen die Aenderungen wahrnehmen, die sich dort vollzogen haben.

Das Dorf, der Flecken verstädtet sich, die Landschaft wird alt, wird glatziger mit jedem Jahr. Ich erlebe alljährlich das Herzleid, daß ich schöne Baumgruppen, anmuthige Schattenplätze, freundliche Ruhebänke, an denen manche Freude früherer Jahre hing, beim Wiederkommen nicht mehr finde. Dort ist ein Feldweg verlegt, hier ein Steg über den Bach abgetragen, da eine buschige Fichte abgeschneibelt, ein Scheiterhaufen aufgeschlichtet, ein Stein=

bruch aufgerissen wie ein wüstes Loch in's grüne Kleid des Berges.

Sie haben ja das Recht dazu, ihr Eigenthum zu nutzen, aber die Schönheit war mein, und um die Schönheit ist mir leid. Alljährlich werden die Thäler sonniger, die Wälder weichen zurück, wie erschreckt vor jedem Pfiff der Locomotive. Kein Brand und kein Käferfraß hat je so viel Wald vernichtet, als der schwarze Wurm frißt, der täglich auf den Eisenschienen hin- und wiederkriecht. Wo ich Wüsten sehe an den Hängen, an denen sonst Waldesflur war, da schwöre ich darauf, eine Fabrik, eine Dampfsäge, eine Eisenbahn ist in der Nähe.

Eine Eisenbahn, die Schwellen, Telegraphenstangen braucht, die Holzkohlen, Brennholz, Bauholz, Schnitzholz, Flechtholz, Fournierholz, Bretter u. s. w. davonführt. Auch wir Schriftsteller tragen Schuld an unserem wahnwitzigen Waldconsum, weil wir so viel schreiben, daß selbst die Lumpen nicht mehr ausreichen und Papier aus Holz gemacht werden muß. Seit aber die Amerikaner anfangen, aus Gras Papier zu machen, und wir uns vielleicht wieder den Blättern des alten Papyros nähern, kann sich der Schreiber aus dem Spiele ziehen und im Namen der Natur- und Volkswirthschaft die Schindknechte zeichnen, die den Bergen die Haut abziehen.

Von allen Gewerben blos zwei würde ich ablehnen, trotz meiner Toleranz — nicht Henker und nicht Holzhändler möchte ich sein. Der Henker hat von beiden noch weitaus die idealere, selbstlosere, edlere Aufgabe, er reinigt die Welt von Spitzbuben. Der Holzhändler, der moderne, unersättliche, der weder von den zehn Geboten, noch von dem Forstgesetze etwas weiß, dem nichts geblieben ist von der Schule, als das Einmaleins, dessen Herz so ledern ist, wie dessen Brieftasche, er ist der richtige Wald= und Culturschinder, Bauernabtrenner, Land=verwüster. Der Staat schreibt Preise aus auf die Ausrottung der Borken=- und Maikäfer, der Kohlweißlinge, wahrscheinlich nur deshalb, weil diese Schmarotzer keine Steuern zahlen, denn sonst müßte man den Holzhändler zehnmal eher aus=rotten, obzwar er umso gefährlicher ist, je mehr Steuern er zahlt.

Uebrigens arbeitet ihm das Steueramt wacker vor, ist sein Quartiermacher bei den Bauern, denen immer ein Stein vom Herzen fällt, so oft der Holzhändler kommt. Zwar thut dem Bauer mitunter Herz und Gewissen weh, es wäre doch Schade um den schönen Wald.

„Narr!" ruft der Händler, überlaut lachend, „wenn Du die alten Bäume nicht weghauest, können die jungen nicht wachsen!" — Er sagt aber nichts davon, daß der Baum mit vierzig oder fünfzig Jahren noch lange nicht alt ist, denn er hat für die jungen, frischen Stämmlinge eben Verwendung. Er sagt nichts davon, daß der Bauer nach dem Forstgesetze verpflichtet ist, den abgestockten Waldboden wieder aufzuforsten, denn er weiß, dann würde Mancher lieber den Wald stehen lassen, denn nichts ist dem Bauer so zuwider, als Bäume zu pflanzen.

Doch wie auch soll der Bauer aufforsten, er schlägt die Waldstelle ja selten ganz kahl. In so einem Bauernwald stehen Bäume aus verschiedenen Generationen. Die jüngsten, die „Gräßinge", werden ja stehen gelassen. Aber das ist noch keine Waldcultur. Es wäre in den meisten Fällen besser, das Gesetz verlangte, es sollten mit den Bäumen auch die Gräßinge gefällt werden, damit eine rationelle Anpflanzung vorgenommen werden könnte und — müßte.

Täglich muß ich über den Platz gehen, wo die Telegraphenstangen zu Zehntausenden aufgeschichtet liegen. Die jungen, einst hoffnungsvollen Wälder auf der Bahre. Die Drähte, die auf diese Stangen gespannt werden, mögen sie so bald nicht die Nachrichten in die Welt tragen von Ueberschwemmungen, Bergabrutschungen, Stürmen und anderen Revolutionen! Wir wissen es, wie das in unseren Gegenden ist, wo der Baum fällt, bleibt auch der Bauer nicht stehen, und die entwurzelte, entheimte Bevölkerung fährt am Ende gerade so verheerend zu Thal und Stadt, wie die Wildwässer von den entwaldeten Bergen.

Nun weiß ich wohl, das Reden hilft nichts, all das vollzieht sich nach dem Gesetze der Nothwendigkeit, dem nicht Einhalt gethan werden kann, so lange auf dieser Bahn der Cultur fortgeschritten werden muß.

Daß reife Wälder geschlagen werden müssen, ist selbstverständlich; leben wir nun im eisernen Jahrhundert oder im papierenen, das Holz können wir nicht entbehren, und das goldene Jahrhundert würde jenes sein, das am holzreichsten wäre.

Würde unser Forstgesetz auch nur halb so streng gehandhabt, als das Steuergesetz, wir müßten die Hoffnung auf ein goldenes Zeitalter nicht ganz fahren lassen, während uns so das steinerne bevorsteht.

Wenn es wahr ist, daß die Vorfahren unserer Holzhändler Mondbewohner waren, dann ist die Ursache des Mangels aller Vegetation auf dem Monde gefunden. Sie hoffen auch noch mit der Erde fertig zu werden; am jüngsten Tage muß sie glatt rasirt sein.

Da lassen die „Herren" durch die Schule Schonung des Waldes predigen; und wieder sind es die „Herren", die in

den Händlern ihre Holzknechte, respective: Geldknechte auf's
Land schicken, um den Wald systematisch zu verheeren. Dann
ist es kein Wunder, wenn sich der Bauernbursche im Parke
eines Sommerfrischlers aus mit Mühe gezügelten Lärchen=
setzlingen seine Peitschenstöcke schneidet, dann ist jenes Bäuerlein
unschwer zu entschuldigen, welches den Besitzer eines schönen
schattigen Naturparkes anging, ihm den „Oedgart" für ein
Erdäpfelfeld auf etliche Jahre zu überlassen, die Ausrottung
von Baum und Strauch wolle er schon selber besorgen.

Eine Bevölkerung, die unter den Lasten der Natur und
der Gesellschaft gedrückt ist, wird nicht viel Sinn haben
können für die Schönheit der ersteren und die Ansprüche der
letzteren. Ich verlange um Gotteswillen nicht, daß sie den
Wald stehen lassen sollten, lediglich, damit wir städtische
Staubseelen uns an dessen Anblick erfreuen könnten. Ich bin
sogar müde geworden, die Bauern zu bitten, sie möchten mir
meine kleinen Anlagen schonen, mir die bescheidenen Sitz=
bänklein nicht zerstören, die ich auf ihrem sterilen Boden auf=
geschlagen, nicht die Tafeln mit Sprüchen aus Bibel und
Classikern, die ich an passenden Weg= und Waldstellen
anzubringen liebte. Ich habe gelernt, auf dem Lande mich
mit dem Naturzustande zu begnügen. Aber der Waldschinder
ist ein Anachronismus unter den Bauern, die Dampfmaschine
ein Anachronismus im Thale der Hirten, und der größte
Anachronismus bin ich selbst, als der raisonnirende Stadt=
mensch unter Mähdern und Schnittern. —

Apropos, Mähdern. Wer die schöne Mähderin mähen
sieht, die ich sah, der vergißt auf alles Raisonniren, so lange
sie selber ihm nicht Anlaß dazu giebt, was oft recht bald
geschieht, während man in anderen Fällen gerne stumm

bleibt. — Ich stand im Grase. Da sagte sie, ich wäre ihr ein zu dicker Halm, es thäte ihr die Sense leid.

Worauf ich entgegnete, sie solle doch nur genauer zusehen, ich sei gar kein Halm, sondern gehöre der Zoologie an, wenn sie aus der Schule noch wisse, was das sei.

„Oh freilich!" antwortete sie, „in die Zoologie gehören die Affen und die Hirschen und die Ochsen und die Rösser und die —?"

Es sei schon genug der Beispiele, war meine Meinung.

„Und die gelehrten Stadtherren," fuhr sie unentwegt fort, „die sich so viel Studien und Verstand kosten lassen, wegen dem, daß sie zu den lieben Thieren gehören dürfen."

Also auch die schöne Mähderin ist ein Anachronismus. — So geht es heute; was sie in der Schule nicht lernen, das lernen sie von den Sommerfrischlern, wenn sie auch nicht Alles glauben, so lange sie — glauben.

Um die Harmonie zwischen uns wieder herzustellen, pflückte ich ein Stämmlein Liebfrauenkraut mit der Blüthe, um es ihr zu reichen.

„Danke," sagte sie, „ich freß' kein Gras."

„Laß einmal sehen, ob Deine Sense so viel Schneid hat, als wie Du!"

„Wenn sie nicht mehr hätt', thät' ich mit mir selber Futter mähen," war ihre Antwort.

„Von einer solchen Sense ließe ich mich auch niedermähen," sagte ich galant und zündete eine Cigarre an. Das ist auch der Witz der jungen Bauernburschen, sie rauchen, damit sie Männern ähnlich sehen und leichter ein „Dirndel" kriegen. Und ist Letzteren in der That kein Tabak zu stark. — Meine Schöne aber begann zu hüsteln, weil sie gesehen hatte, daß feinere Frauenzimmer hüsteln, wenn Männer rauchen.

Auch nervös werden unsere jungen Bäuerinnen bereits, und — wenn's eine Wette gilt — in Ohnmacht fallen können sie besser, als die Stadtfrauen.

Ich wollte es diesmal aber nicht darauf ankommen lassen, sondern stellte meine Neckereien ein und fragte, ob sie mit mir eine Friedenscigarre rauchen wolle?

„Warum denn nicht!" meinte sie — aber das Spitzel müßte ich ihr abbeißen.

Nun war es die höchste Zeit für mich, den Rückzug anzutreten. Ein so hübsches Kind — schloß ich — müsse seinen Liebhaber haben. Und Männer müssen wissen, was sie sich gegenseitig schuldig sind.

Als ich weiterging — auf demselben Wege war's — begegnete mir ein stattlicher Mann mit einem Barbarossahaupt, der Kleidung nach zu schließen ein städtischer Tourist. Wir kamen alsbald in's Gespräch über den Bauernwald, durch den wir eben schritten.

„Man bedürfte eines Sonnenschirms," sagte ich.

„Ja, wahrlich!" rief er und begann das dumme, kurzsichtige Bauernvolk als eine Rotte von Waldverderbern derart herunter zu machen, wie ich es bisher noch nicht gehört hatte. „An die Nachkommen denken diese Thiere nicht. Sie verfressen und versaufen Alles, würden noch die Baumwurzeln aus dem Erdboden nagen, wenn sie mit Speck geschmalzt wären. Aus dem Lande versengen soll man diese Ungeziefer!"

Auf dem Rückwege kamen wir zu der schönen Mähberin; da sah ich's bald, sie und mein Barbarossa waren alte Bekannte, und sehr gute noch dazu. Sie führten miteinander einen halb bäuerlichen, halb städtischen Discurs, der von einer Art war, daß ich sah, es wäre das Beste, ich machte mich aus dem Grase.

Weiter unten begegnete ich dem Moswieser-Michel zu Maisenberg, den ich von früherer Zeit her kenne. Er kommt öfter in's Dorf hinab, weil er zum Gemeinderath gehört. Den fragte ich, ob er mir sagen könne, wer die zwei Leute wären, die dort oben so vertraulich plauderten?

„Sagen will ich's wohl," antwortete der Michel, zauderte aber ein wenig. „Sie, die Mähderin, ist mein Weib."

„Und ist's Euch recht, daß sie dem Stadtherrn so schön thut?"

„An der ist nichts mehr," sagte er. „Im vorigen Jahr der Wald — heuer das Weib — Alles muß hin sein. — Meinetwegen!"

Mit einer scharfen Handbewegung schlug er den Unmuth von sich.

„Und wer ist nur er, der Rothbart?"

„Den kennt der Herr nicht? — Steigt doch schon ihrer fünf oder sechs Jahre bei uns um. Hat schon etliche Bauernhäuser abgetrennt und etliche Weiber toll gemacht mit seiner Geldkatz'. Der Holzhändler ist's." —

Von der Kunst, mit Ehren wohlhabend zu werden.

Leute, die es zur Hauptaufgabe ihres Lebens machen, reich zu werden, kann ich nicht gerne haben. Das sind Unglückliche, die niemals, niemals im Leben Ziel und Befriedigung finden können; Unglückliche, die man nicht bedauert. — Aber stets „raisonnabel," denn wo Geld ist, giebt sich's mit der Tugend von selbst, sagt der lachende Philosoph, dessen feine Sprüchlein mir manchmal einfallen. — Doch diese Tugend und der ganze Mensch hat genau den Werth seines Geldes, zieht man dieses ab, so ist der Kerl keinen Heller werth. Wohl ist es eine Lust, reich zu sein, da darf man grob sein mit den Untergebenen, kriechen vor den Vornehmen aus Hoffart, weil der Glanz des Adels selbst den Bückling verklärt; man darf lauter husten als Andere, weiter spucken als Andere, und da die ersten zehntausend Gulden schwerer zu erwerben sind, als die weiteren hunderttausend, so geht's nun spielend vorwärts, neuer Reichthum strömt Einem wie von selbst zu, da die Welt gerade die fettesten Schweine am Hintern noch mit Fett zu schmieren pflegt. Trotzdem sterben solche Reiche schließlich aus Mangel. Aus Mangel an Mäßigkeit und vernünftiger Lebensweise.

Anders ist es, wenn Jemand reich werden will, um frei und unabhängig zu sein, oder um mit dem Vermögen Gutes zu thun. Solchen will ich einige Rathschläge geben, wie sie sich durch Fleiß und Gewissenhaftigkeit ein Vermögen erwerben können.

Der Hauptgrundsatz zur Erlangung der materiellen Unabhängigkeit, zu den Mitteln, seine Kinder anständig zu erziehen, anderen lieben Menschen etwas zu leisten und dadurch selbst glücklich zu werden, ist folgender: Gieb nie ganz so viel aus, als Du einnimmst. Selbst bei geringen Einnahmen läßt sich das machen. — Wer bei einer Jahreseinnahme von sechshundert Gulden, sechshundert fünf Gulden ausgiebt — man kann's, wenn man Schulden macht — der steuert schnurgerade dem Elende zu. Wer bei einem Einkommen von fünfhundert Gulden nur vierhundert und neunundneunzig braucht, der ist glücklich und auf dem Wege zur Wohlhabenheit und Unabhängigkeit. Unsere Regierungen geben ihren Staatsbürgern freilich ein schlechtes Beispiel, wie man haushält. Manches „Reich" hat so viele Staatsschulden, daß, wenn heute mit der Auszahlung begonnen werden könnte, in lauter Gulden gezählt, täglich zwölf Stunden lang, man damit in diesem Jahrhundert nicht mehr fertig würde. — Nebst den Ziffern der Astronomen, die es selten unter Billionen thun, hört man die höchsten Zahlen aussprechen, wenn von Staatsschulden die Rede ist. — Wir wollen die Lehre nicht abwarten, die daraus folgen muß.

Einem braven Menschen gewährt ein vernünftiges Sparen viel mehr Befriedigung, als ein unvernünftiges Ausgeben. Viele sparen beim Nothwendigen und verschwenden beim Ueberflüssigen — ein Capitalverfahren, um auf unbequemsten Wegen zum Bettelstab zu gelangen. Sich kleiden über seinen Stand, und essen unter seinem Stand; prunkhafte Wohnung, mangelhafte Erziehung der Kinder — das ist so die richtige Mißwirthschaft. „Nicht unsere eigenen Augen, sondern die fremder Menschen richten uns zu Grunde," hat Franklin gern gesagt. Doch das wollen wir gut sein lassen, daran ändern Worte nichts. Daß Hunderttausende arm bleiben oder verarmen, weil sie auf zu großem Fuße leben, ist eine Thatsache, die uns täglich durch Beispiele illustrirt wird. Es giebt Familien, die mit fünfzig- oder hunderttausend Gulden jährlich kaum auszukommen wissen, während sich andere Familien mit zwei- oder dreitausend behaglich fühlen und sich echte Genüsse verschaffen. Für Manche ist ein plötzliches Glück nichts Anderes, als ein Unglück, und Jedem, der einen Treffer macht, ist nicht zu gratuliren; nach wenigen Jahren sehet zu! Ich kannte einen Bauern, der gewann in der Lotterie 900 Gulden und kaufte sich davon nichts als einen Strick; er erhenkte sich aus Verzweiflung, weil er durch ein ganz kleines Versehen mit der Losgebahrung um den Haupttreffer von 70.000 Gulden gekommen war.

Die Hauptbedingung, um wohlhabend zu werden, ist die Gesundheit, ein Capital, das so selten nach seinem Werthe geschätzt wird. Seine Gesundheit zu bewahren durch Mäßigkeit und naturentsprechendes Leben ist eine Arbeit, die gut bezahlt wird.

Wichtig ist die Wahl des Berufes; wer nicht am rechten Platz ist, der kann sich nicht helfen. Man soll die Kinder schon in ihren Spielen darauf hin beobachten, nach welcher Seite ihre Fähigkeiten hinneigen.

Schlimm und leidig ist das Ausborgen und Anlehen. Gleichwohl auf dem Credit der größte Theil des Handels und Verkehrs beruht, ist das Schuldenmachen im Kleinen wie im Großen oft genug zum Verderben von Firmen und Menschen. Nimm nicht Nahrung auf Borg, denn sie verzehrt sich, nicht Kleider, sie tragen sich ab. Willst du schon auf Borg nehmen, so nimm Dünger, der wird dir das Darlehen redlich zurückzahlen helfen. Für den Gläubiger und seine Bereicherung arbeiten die Zinsen Tag und Nacht, auch an Sonn- und Feiertagen, wo allen anderen Knechten das Arbeiten verboten ist. Aber mit der gleichen ununterbrochenen Emsigkeit arbeiten die Zinsen an dem Ruine des Schuldners.

Rothschild's Grundsatz: „Sei vorsichtig und kühn," repräsentirt für sich schon ein Capital. Vorsichtig im Entwerfen von Plänen, kühn in der Ausführung, das macht reich und mächtig. Sich immer auf Andere verlassen, sein Fortkommen stets von Anderen abhängig machen, ist Bettlers Grundsatz. Selbst ist der Mann! Von den heutigen Reichen — besonders in England und Amerika — sind neun Zehntel, welche als arme Knaben anfingen, mit Energie, Fleiß, Sparsinn und Beharrlichkeit gearbeitet haben.

Solide Geschäfte, die sich bewußt sind, daß viele Menschen aus ihnen Vortheil schöpfen können, brauchen ihr Licht nicht unter den Topf zu stellen; ja sie haben sogar die Pflicht, für das Bessere und Tüchtigere Reclame zu machen, um das Schlechtere zu verdrängen. Für die Dauer vermag die Reclame allein ohnehin nicht zu wirken, wenn nicht die Tüchtigkeit des Geschäftes, der Waaren, dabei ist.

Ein reicher Amerikaner, P. T. Barnum hat nach eigener Erfahrung ein Büchlein geschrieben: „Die Kunst, Geld zu machen." Dieses Büchlein, dem ich in der heutigen Predigt folge, erzählt mehrere hübsche Beispiele von klugen Reclamen. In New-York wurde ein Kaufmann dadurch populär, daß er vor seinem Laden ein Querschild anbrachte, auf dessen rechter Seite die Inschrift prangte:

MAN LESE DIE ANDRE SEITE NICHT!

Natürlich las Jedermann die andere Seite, welche auf die Waare, die im Laden zu haben war, hinwies. — Viele kauften aus Neugierde, wurden reell bedient und kamen wieder — der Geschäftsmann erwarb ein großes Vermögen.

Der Hutmacher Genin in New-York erstand bei der Versteigerung der Sitze zum ersten Concert der Jenny Lind das erste Billet, das ausgegeben wurde, für den fabelhaften Betrag von 225 Dollars, weil er wußte, das werde für ihn Reclame machen. Er täuschte sich nicht. „Wer ist der Ersteher?" fragte der Auctionsbeamte. — „Der Hutmacher Genin." Die in großer Menge anwesenden reichen Leute von der Stadt und aus verschiedenen Gegenden des Landes fragten überrascht: „Wer ist dieser Hutmacher Genin eigentlich?" Sie hatten nie von ihm gehört. Tags darauf stand in sämmtlichen Zeitungen die Nachricht, „der Hutmacher Genin habe für das erste Lind-Billet 225 Dollars gegeben." Allenthalben nahmen die Männer ihre Hüte ab, um zu sehen, ob dieselben von Genin seien. Inmitten einer Menschenmenge in Jowa entdeckte ein Mann, daß er einen Genin'schen Hut auf dem Kopfe habe, und schwang ihn triumphirend in der Luft, obgleich derselbe ganz alt und schundig war.

„Ei!" rief Jemand aus, „was Sie für ein Glücksmensch sind! Sie haben ja einen echten Genin-Hut!"

Ein Zweiter sagte: „Bewahren Sie diesen Hut wohl! Er wird ein Familien-Kleinod werden, ein werthvolles Erbstück."

Ein Dritter, der den „Glücksferl" förmlich zu beneiden schien, schrie: „Ei was! Geben Sie Jedem von uns einen Hoffnungsstrahl! Versteigern Sie den Hut!"

Der Mann kam dieser Aufforderung sofort nach und erzielte für seine schäbige Kopfbedeckung nicht weniger als 12 Dollars!

Genin's 225 Dollars waren eine gute Anlage, denn er verkaufte schon im ersten Jahre zehntausend Hüte mehr als sonst, und da die Käufer — zuerst von der Neugierde angetrieben — für ihr Geld gute, befriedigende Waare erhielten, steigerte sich der Absatz von Jahr zu Jahr. Die Reclame lockte die Kunden an, die solide Bedienung fesselte sie.

Eine Hauptbedingung, um reich zu werden — so sagt der Amerikaner Barnum — ist die Ehrlichkeit. Nichts ist schwieriger, als auf ehrliche Weise reich zu werden. Wir glauben es, nur kommt es darauf an, was man unter Ehrlichkeit versteht. Es giebt eine landläufige Ehrlichkeit, die im Grunde aber keine ist. Wir sahen manchen reichen Mann vor dem Gerichte, den das menschliche Gewissen verurtheilte, aber die Bürger freisprachen, weil sie sich sonst selbst mitverurtheilt hätten. Ich sage, es ist schwer, Millionär zu werden, ohne Jemandem Unrecht zu thun. Die Arbeiter drücken und ihnen für ihr Alter Armenhäuser bauen (wofür noch Orden beansprucht werden), das ist nicht die rechte Art, für die Allgemeinheit zu wirken. Ein Mann, der sich nicht zufrieden giebt mit einem Vermögen, das hinreicht, um sich und seine Familie bürgerlich zu versorgen, ist für den allgemeinen Wohlstand schon gefährlich. Uebrigens bin ich nicht so boshaft als jener Gesellschafter, der eine Räubergeschichte erzählen wollte. Er begann: „Es war einmal ein General-Director — den Rest erlasset mir."

Brave Leute, welche willig sind, sich selbst zu helfen, muß der Reiche unterstützen; das ist nicht freiwilliges Wohl- thun, das ist seine Pflicht. Wenn er's nicht thut, so ist er mit seinen Millionen ein großer Schelm unter kleinen.

Für unsere Geschäftsleute haben wir noch einen beson- deren Rath, der ihnen gut bekommt, wenn sie ihn befolgen. Eine wichtige Sache, um wohlhabend zu werden, ist die Höflichkeit. Der Jude weiß das, handelt darnach, zieht durch seine Artigkeit, Gefälligkeit mehr Käufer in seine Bude, als der christliche Kaufmann durch seine guten Waaren, die er oft spröde und knurrend bewacht, wie im Märchen der Drache den Schatz. Wer in seinem Geschäft blos seinen schlichten, bürgerlichen Gewinn sucht, in demselben nur eine Anstalt zu Gunsten des Publicums sieht, der mag von seinem noblen Standpunkt aus den Leuten gegenüber seine würdevolle Zurück- haltung bewahren; wer aber Geld erwerben, reich werden will, der muß bei Groß und Klein, bei Reich und Arm darum kriechen und betteln; denn er will etwas, das ihm eigentlich nicht gebührt — er will Reichthum; dieses Almosen läßt sich nur mit Demuth und Schmiegsamkeit erlangen. — Und mit Sparsamkeit. — Diese Sparsamkeit braucht übrigens nicht so groß zu sein, wie bei jenen berühmten „Haushältern", die uns K. J. Weber im „Lachenden" vor- führt, und von denen ich einige aufzählen will. Da weinte Einer darüber, daß er im Tode sein Geld verlassen müsse, gewöhnte sich aber daran, seine Lippen so weit vorzustrecken, daß ihm keine Thräne zur Erde fiel. Denn Thränen enthalten Salz, und Salz nährt. Ein Anderer pflegte beim Schneider- maß den Athem an sich zu halten, um weniger Tuch zu brauchen. Ein Dritter freute sich darüber, noch vor Neujahr zu sterben, damit ihm die Neujahrsgeschenke erspart blieben.

Weil solche Leute nichts umsonst thun können, so hatte jener Arzt ganz recht, der sich immer einen halben Gulden auf die Hand legte, so oft er sich selbst den Puls befühlte. Ein sterbender Wucherer, dem der Priester ein silbernes Crucifix in die Hände gab, schlug das brechende Auge auf und seufzte: „So leicht ist das Ding. Nicht fünf Gulden kann ich drauf leihen." Zu Berlin starb nach einem kümmerlichen Leben ein alter Mann, der 20.000 Thaler hinterließ, seinen einzigen Verwandten aber blos darum enterbte, weil ihm selber aus Dresden einmal einen unfrankirten Brief geschrieben hatte. Ein Anderer hatte eine alte häßliche Magd, von der er vermuthete, daß sie ihm im Laufe der Jahre manchen Groschen gestohlen. Um das wieder hereinzubringen, heiratete er sie. Ich will nicht von jener Frau sprechen — denn geizige Frauen sind noch ärger, wenn auch seltener — die ihrem Gesinde den Hunger durch Ekel vertrieb; auch nicht von jenem Sohne, der des Nachts seinen Tags zuvor begrabenen Vater ausgrub, um demselben den neuen Tuchrock auszuziehen.

Der Geldtolle ist Alles im Stande, und ist es schließlich bei einem anhaltenden Raffen und Scharren keine allzu große Kunst, einen Haufen zusammenzubringen, zu dem auch der Teufel noch was dazumacht.

Und wenn so Einer endlich reich ist? Es soll sich Jeder fragen: Was dann? — Man kennt ein Sprüchlein:

> Zwei Schelme müssen sein zu lang erspartem Gut,
> Der Eine, der's erwirbt, der Andere, der's verthut.

Mancher reiche Erbe treibt es wie jener Herzog, der bei seinem Gesandtschaftseinzug in Wien den Pferden silberne Hufeisen so lose anschlagen ließ, daß sie nothwendig abfallen und dem Volke zu Theil werden mußten.

Reiche Häuser pflegen sich eben nicht lange zu halten, weil — besonders in unserem Bürgerthume — Kinder der Reichen verwöhnt und verweichlicht werden.

Jeder Sparer findet seinen Zehrer. Armselig sind Beide, wenn sie es übertreiben. Den vernünftig sparsamen Mann hält der Geizige für einen Verschwender, der Verschwender für einen Geizhals; nur der Vernünftige für einen Klugen.

Es ist genug, ich will diesen Sermon weder für den Geizhals, noch für den Verschwender gehalten haben. Würde doch Ersterer dieses Buch nicht kaufen, und Letzterem kostet der Spaß, in einem Buche zu lesen, zu wenig Geld. — Die Absicht, auf anständige Weise wohlhabend, dadurch selbstständig und wohlthätig zu werden, ist eine Tugend, die der Allgemeinheit nützt. Dieser Tugend allein rede ich das Wort.

Von der Sucht, zu reisen und der Kunst, zu Hause zu bleiben.

Ueber die Kunst des Reisens sind gar mancherlei Lehrbücher geschrieben worden. Die meisten Leute, die Mittel und Lust dazu besitzen, haben das Reisen auch so ziemlich gelernt, allerdings weniger aus Büchern, als aus Erfahrung. Es sind ja nur wenige so geistig bevorzugte und lenkbare Menschen, die aus Büchern nicht blos das Wissen, sondern auch das Können schöpfen; die Erfahrung hingegen erzieht mit der Zuchtruthe.

Bei der Mode, zu reisen, bei der Gewohnheit, die es zum Bedürfnisse macht, bei den Mitteln, Wegen und allen denkbaren Anstalten dafür ist das Reisen längst keine Kunst mehr — es gehört nicht einmal mehr Geld dazu, als es der Beamte, Geschäftsmann u. s. w. für sein Vergnügen in der Regel erschwingen und bestimmen kann. Eine Kunst hingegen ist das Zuhausebleiben geworden.

Wenn Alles vom Reisen und Wandern spricht, wenn Bücher und Zeitungen immer wieder von den Schönheiten der Alpen, Italiens, der Ost- und Nordseelande, des Rheins, der Karpathen u. s. w. erzählen, mit beredten Worten und mit reizenden Bildern; wenn der Nachbar zur Rechten fortgeht und der Nachbar zur Linken, wenn der Hausgenosse selbst auf Reisen ist, und Du hast die Lust des Wanderns bereits kennen gelernt, wirkliches und eingebildetes Bedürfniß nach Luftveränderung regt sich, das Auge möchte neue Bilder sehen, Dich zieht's zu anderen Menschen und ihrer Lebensweise, zum guten Ton gehört's auch, alljährlich ein- oder zweimal in die Welt zu fahren — das und Anderes wirkt in Dir und nun ist es eine schwere Sache, zu Hause zu bleiben, schwer, wenn man's muß, noch schwerer, wenn irgendwo noch ein Loch offen ist, den heimischen Wänden zu entfliehen.

Du kannst nicht zu Hause bleiben, oder nur mit großer Mühe und Anstrengung. Du mußt fort, es zieht Dich wie eine zauberhafte Gewalt.

Bist Du Idealist, so erträumest Du Dir im vorhinein allerlei Vergnügen und Glück, das Du auf der Reise finden wirst; da erklärt sich's, daß Du dem Drange nicht zu widerstehen vermagst. Bist Du ein ruhiger Denker und hast etwas Erfahrung zur Hand, so weißt Du zwar, daß die Beschwerden einer Reise, die gewöhnlichen und zufälligen Widerwärtigkeiten Dir den Spaß oft tüchtig verleiden werden, daß das Vergnügen in dem Momente, als Du's genießest, zumeist durch allerlei Nebensächliches stark getrübt wird und nicht so entschieden schön ist, als es die Erwartung malt oder die Erinnerung. Du weißt das, und gehst doch; Du mußt Dich zerstreuen, ohne vielleicht jemals gesammelt zu sein. Die Unbequemlichkeiten, Entbehrungen und Gefahren der Reise sollen Dir ja dann das Daheim und das ruhige Leben in demselben wieder werth und lieb machen. Kommt der Winter, so willst Du Stoff haben, Dich an die weite Welt zu erinnern, an die blauen Seen und an die hohen sonnigen Berge. Du reisest für Daheim. Ganz reizlos, sehr öde erscheint Dir endlich Dein liebes Haus, wenn Du fort willst und nicht kannst.

Wer reisen kann, der soll. Aber Alle können es nicht, wenigstens nicht zur Zeit, wann sie wollen — solche müssen die Kunst lernen, zu Hause zu bleiben. Heißt das, willig zu Hause zu bleiben und sich die Freuden und edlen Genüsse des Daheims nicht durch das fortwährende Denken an's Reisen, und sich Hineinschwärmen in dasselbe verderben zu lassen.

Den Junggesellen und Hagestolzen die Reize des Daheims zu schildern, wird uns freilich schwer, weil sie eigentlich keines haben. Aber auch diese sollten getröstet werden. Es gehört nur zu Allem ein wenig Bescheidenheit und Genügsamkeit, will man auf dieser Welt etwas Glück und Befriedigung erjagen. Wer nur reist, um sein inneres Unbehagen zu betäuben, in der Zerstreuung seine Seele zu verflachen und zu verstocken, der ist wohl auch auf der Reise nicht zu beneiden, und selbst wenn er täglich den Jahresgehalt eines kleinen Beamten zu verzehren hätte.

Dieser kleine Beamte muß zu Hause bleiben, wenn er jedoch die seinem Stande eigene Bedürfnißlosigkeit hat, so ist er Jenem gegenüber in dieser Sache weit im Vortheile. Ein offener Sinn, ein anspruchloses Gemüth, und man braucht wahrlich nicht weit zu gehen, um die Welt schön zu finden, die Menschen und ihre Verhältnisse interessant; man wird überall Neues sehen, darüber Studien machen können und sich zerstreuen, indem man sich sammelt und vertieft.

Wie ist mir jener alte Taglohnschreiber im Bezirksamte zu K. noch so gut im Gedächtniß! Das war die einfältigste Seele im ganzen Amt, aber weitaus die größte. Dem sechzigsten Lebensjahr war er nahe, war treu gewesen seiner Tage lang und hatte nach seiner Art vorwärtsgestrebt, daß er's doch zu einer Stellung brächte, wo der Mensch im Stande ist, eine

Familie zu ernähren. Nun, er hatte viel erreicht, er hatte es bis zum Diurnisten gebracht und dann eine betagte Witwe geheiratet, die im Taglohn sich das Ihre erwarb, so wie er das Seine. Davon ist weiter nichts zu erzählen, es war Alles lauter Glück. Er hatte ein freundliches Stübchen, er hatte Tabak. Und Nachmittags, wenn er vom Amte heimgekommen und sein Mittagsbrot verzehrt hatte, ging er auf Reisen. War's im Sommer, so konnte er Weltreisen unternehmen, er ging in die Wälder hinaus, in die Thäler, die jenseits des Bergzuges lagen, zu den Seen und Flüssen, oder machte eine Bergpartie, daß er in die Hochalpen hineinblicken konnte, oder in's weite Flachland hinaus, wo fern im Blauen die Mauern einer großen Stadt schimmerten. Ich vermuthe, daß ihm die Sehnsucht nach den Gletschern, oder nach den Herrlichkeiten der Stadt nicht allzu weh gethan haben wird, denn er wußte: es kann nicht sein. Waren die Tage kürzer, so machte er kleinere Touren, ging in die näheren Dörfer, sprach in Bauernhäusern zu und sah, wie die Leute arbeiteten und lebten. Im Winter stand er in der Morgen- oder Abenddämmerung oben auf dem Feldrain und schaute herab auf den stattlichen Markt, ergötzte sich an den Spatzen, die auf den Dächern hin- und herflogen, beobachtete Wind und Wetter, gesellte sich zu Leuten und kam dann allemal hochvergnügt nach Hause. Den ganzen Abend wußte er ihr zu erzählen, ihr, die mit dem Strickstrumpf auf der Ofenbank saß. Nun ja, wer eine Reise thut! Da hatte er irgend eine seltsame Erscheinung gesehen, einen Hasen, der über's Feld sprang, eine Raupe, die den Baum hinan wollte und immer wieder herabfiel, einen Stein, auf dem rother Schimmel wuchs; oder die unendliche Pflanzenwelt war's im Walde, oder die Wasserspiele waren es in Bach und See, oder die

Beschäftigung der Bauern und wie sie's machen, und warum so, und was sie sagen, und was Einem oder dem Andern zugestoßen, und wo er dem Pfarrer begegnet, der spazieren gegangen, und daß der vornächtige Sturm dem Eibelbauer ein großes Brett vom Dache gerissen — oder ihm war gar irgendwo selbst ein Abenteuer begegnet, das er dann ausspann mit all seiner stillen Freude darüber, daß sein Leben so reich an Wunderlichkeiten war.

Ja, dieser alte Lohnschreiber, das war Einer, der ohne „Reisen" und „Landpartien" nicht hätte leben können! Als er kränklich wurde, mußte er sich mit Spaziergängen der besonnten Mauer des Hauses entlang, oder in die Küche, in das Vorhaus hinaus zufrieden geben. Auch von solchen Ausflügen kam er niemals ohne Erfolg zurück, von einem Käfer mindestens oder von einem Sandkorn, das die Mauer herabgefallen sei, wußte er immer zu erzählen.

Ihr, die Ihr nicht reisen könnt, reiset wie dieser Mann — bleibt zu Hause. Bleibt zu Hause und thut einmal das Auge auf für die Welt, die Euch umgiebt. Die ist groß, noch immer viel zu groß, als daß Ihr sie fassen und begreifen könntet, so groß, daß ihr alle Fähigkeiten Eures Geistes und Herzens daran beschäftigen und sättigen könntet, wenn — auch Ihr so groß wäret.

Die Eilzüge, die wir an unserem Heim vorüberrasen sehen, gehen rasch und gehen weit, sie mögen Alles in der Welt erreichen, nur Eins nicht: nicht unser trautes Heim. Der Reisende, der es wieder finden will, muß umkehren — wie nach einem erkannten Irrthum umkehren. — Das sage ich, und das sagen Viele mit mir: Die Krone einer Reise, ihr Schönstes und Bestes ist die Heimkehr. Manche Reise habe ich schon mitgemacht, nur um von derselben zurückkehren zu können und meine Lieben wieder zu sehen. Das ist ja auch ein Räthsel unseres Herzens, daß wir das Glück bisweilen unterbrechen müssen, wenn wir dessen bewußt bleiben oder bewußt werden wollen.

Das Beste, was wir uns anthun können, ist, das was wir nicht haben können, möglichst zu übersehen, und das, was wir haben, möglichst hoch im Werth zu halten. Das ist klüger wie das Gegentheil, welchem alle Welt leider verfallen ist, wie einem Fluche.

Wer ein Daheim und eine Familie hat, und dazu das Bewußtsein dieses heiligen Glückes, der braucht keine weitere Unterweisung in der Kunst, zu Hause zu bleiben. Er weiß, daß er sein Weniges an Zeit und Geld unmöglich besser und seiner Pflicht entsprechender verwenden kann, als für die Familie; daß er kein größeres Vergnügen haben kann, als die dankbare Liebe seines Weibes, als das Gedeihen seiner Kinder.

Kann er sie hinausführen in die freie Natur, kann er ihnen im Bekannten Neues, im Kleinen Großes zeigen, kann er die jungen Gemüther anregen mit einem Kieselstein, erwärmen mit einer Blume, entzücken mit einem Vogelnest, welch' ein Sonnenstrahl muß nicht da in sein eigenes Herz fallen! und so ein Spaziergang wiegt ihm eine Reise nach Italien bei weitem auf.

Doch, ich spreche hier zu glücklichen Familienvätern; ich bestreiche die Butter mit Fett und Andere müssen das Brot trocken verzehren. Jedem aber gebe ich das zu bedenken: Zu Hause geblieben zu sein hat nachträglich selten Einen gereut, wohl aber bisweilen gereut, auf Reisen gegangen zu sein. Was kannst Du in der Fremde versäumen? Nichts. Was kann Dir daheim verloren gehen? Vieles.

Es ließe sich noch gar Manches zum Troste sagen Denen, die nicht reisen können. Eine andere Absicht gewinnt aber der zweite Theil dieser Betrachtung.

Es giebt eine Gattung von Leuten, die mit dem Reisen nichts zu thun haben, und doch nicht zu Hause bleiben können.

Wer das bewußte Geselligkeitsleben kennt, das Wirthshaus, das Kaffeehaus, den Club, den Ball, das Concert, das Theater! So wenig als gegen das Reisen an sich, habe ich etwas gegen Geselligkeit oder gar Kunstgenuß — Gott bewahre mich in Gnaden vor solchem Irrthum! — aber die Gewohnheit ist es, mit der wir hier zu thun haben, die Gewohnheit allein. Wer gewohnt ist auszugehen, der muß ausgehen. Mit dem Eintritte der Dämmerung schon wird ihm unheimlich in seinem Hause. Ist er in der Arbeit, so verliert er dafür die Stimmung, ruht er, so faßt ihn die Langweile; beschäftigt er sich mit den Seinen, so wird er nervös, liest er ein Buch, so wollen die Gedanken den Worten nicht folgen.

Er muß fort. Wohin? Er geht den Unterhaltungskalender durch. Nichts ist heute, gar nichts. Im Concert Beethoven und Schumann, im Theater Schiller. Aber lieber als zu Hause bleiben, geht er in den „Wallenstein." Man schlägt doch den Abend damit todt, in's Gasthaus kommen die Gesellen nicht vor zehn Uhr.

Dann entfaltet sich, was sich entfalten muß, Jeder weiß es, der's erfahren hat; ohne Animo geschwätzt, gewitzelt, gegähnt wird. Die Zeit verschleicht träge, bis Schläfrigkeit es endlich eingestehen muß: daheim ist's am besten.

Und das wiederholt sich Tag für Tag mit einer Regelmäßigkeit und Genauigkeit, die einer großen Sache würdig

wäre. Und zwingt einmal ein Umstand, zu Hause bleiben zu
müssen, so ist das „ein verlorener Abend".

Wer daheim ein freundliches Weib hat und muntere
Kinder, und er sucht sein Heil außer Haus, über den verliere ich kein Wort, als das des tiefsten Bedauerns.
Jedoch, ich halte die Kunst, zu Hause zu bleiben auch
lohnend für Solche, denen zu Hause scheinbar keine Freuden
winken. Das müßte ein armseliger Patron sein, der sich
mit einem guten Freunde oder mit sich selber langweilt, der
sich nur in geistig und seelisch oft bettelarmer Gesellschaft
erträglich wird. — Wer den ganzen Tag gearbeitet hat,
der will sich zerstreuen, das ist richtig und das ist ihm
gegönnt. Ja, ich habe gar nichts Anderes im Sinn, als
ihm die der Erholung gewidmeten Stunden so vergnügt und
fruchtbar als möglich zu machen. Eine Lieblingsbeschäftigung,
ein „Steckenpferd!" In jedem Menschen schlummert ein
besonderes Interesse, eine Geschicklichkeit für etwas, nur
wecken muß er dergleichen. Heitere Spiele mit den Seinen,
anregende Gespräche, Gesang, Musik, Bücher, Zeichnen,
Malen, Gartenarbeiten, Baumzucht, Vogelliebhabereien,
Thierstudien, Sammlungen u. s. w. Die Hauptsache, daß er
seine freie Thätigkeit an etwas Bestimmtes hängt, daß er
sich in derselben sammelt, vielleicht vertieft und daran sich
glücklich fühlt.

Ein Fluch unserer Zeit ist die Verflachung, die Ver-
sandung der Ursprünglichkeit im geselligen Verkehr, der so
Vielen als das Höchste erscheint. Gewiß, der gesellige Verkehr
hat sein Gutes, er mäßigt den Egoismus, aber er tödtet
auch die kernige Individualität, die allein nur das schöpferische,
thatkräftige Element ist. Darum lege ich auf das Haus so
viel Gewicht, es giebt die innere Kraft, die sich in der

Sammlung entwickelt. Im engen Kreise, im Hause wird der
Deutsche groß und edel.

Während wir das Deutschthum preisen mit lauten Zungen,
während wir es an seinen politischen Marken mit Recht zu
schützen suchen — ich sage es hier wiederholt — verlieren
wir in unserem inneren Leben einen deutschen Zug um den
andern. Die leichtfertige Vernachlässigung des Hauses und der
Familie ist ein welsches Ding; den Franzosen schadet es nicht,
denn es harmonirt mit ihrem innersten Wesen, mit ihrer
Geschichte und Entwicklung, mit ihrem Temperament, mit
der ganzen Organisation ihres Lebens. Für die Deutschen
aber ist es Gift, das ihre germanische Eigenart, ihren persön=
lichen, socialen und politischen Charakter zersetzt. Der Deutsche
wurzelt im Hause, in der Familie mehr, als je ein anderes
Volk; wenn der Deutsche einmal nicht mehr zu Hause bleiben
kann, wenn er die Familie verschmäht, dann verliert er sich
selbst.

Seit Jahren hat das deutsche Herz schlimme Zeiten.
Die Biergelage, Jubel= und Trutzfeste, die Vereinsmeierei,
Phrasendrescherei, der Gründungsschwindel und der bürgerliche
Größenwahn — diese bösen Geister haben das deutsche Haus
erstürmt, den Familienvater mit Gewalt von den Seinen
gerissen. Ueber den Pathos ist der Schlichtheit vergessen
worden. Ein pfadloses, planloses Hinausirren war's in's
Weite — manchem Guten entgegen, während man das Bessere
verlassen.

Groß ist mir Der, der seine Person und seine Familie
für's Vaterland freiwillig hinopfert am Tage der Noth! Aber
so ernst ist es heute selten Einem, und um das handelt es
sich auch gar nicht. Wo sich's wirklich um's Gemeinwesen
dreht, um Wahlen, Schulwesen, communale Arbeiten, Wehr=

kraft — da bleiben sie daheim oder möchten daheim bleiben.

Willst Du den lastenden Pflichten entfliehen, die in Deinem Hause sind, so gehe hinaus und draußen werden noch schwerere Pflichten Deiner harren, wenn Du sie erkennst. Vielleicht schrecken sie Dich zurück, vielleicht lehren sie Dich die Kunst, zu Hause zu bleiben.

Wir sind abgewichen und ich höre Stimmen: Philister! Philister! — Ich kenne Dich, Freund. Du bist entweder ein noch junger, gewiß für alles Edle begeisterter Mann, oder Du bist ein Ueberall- und Nirgendsdaheim, der das Haus nur sucht, wie der Kukuk die Nester der Nachbarn. Gestern in der Bierstube den Rock vertrunken, heute in der Schnapsbude das Beinkleid, morgen „ohne Hosen" auf der Straße im wilden Geschrei: „Nieder mit dem Capitale."

Nun eben, wir sind abgewichen. Nicht für derlei Leute empfehle ich die Uebung in der Kunst, zu Hause zu bleiben; sondern Solchen, die es gerne möchten, die den Vortheil einsehen, wenn sie zu Hause blieben, die aber der Gewohnheit und den schalen Lockungen nicht zu widerstehen vermögen. Solche wollte ich bestärken, wollte sie Gründe und Gedanken finden lassen, daß ihnen das Daheim so begehrenswerth erscheine, als es in der That ist. Wie viel Freude, wie viel Befriedigung und Segen, wie viel Menschlichkeit und Treue und Adel ruht im Daheim! Draußen bist Du wichtig und nichtig zugleich, ein rastloser Streber oder seelenloser Leber, willst viel, erreichst wenig, erfährst Undank, verfällst der nervösen Verbitterung oder der trägen Gleichgiltigkeit. Daheim kannst Du unter allen Umständen groß sein, ein ganzer Mensch, und den Deinen zu Danke leben.

's ist aber närrisch, so subjectiv dahin zu reden. Die Hagestolzen höre ich lachen, die lebgierigen Jünglinge höhnen, die unglücklichen Ehemänner fluchen über dieses Capitel, die Maulreißer und Witzbolde, die zu Hause ihre Kunst nicht üben können, witzeln darüber und die wenigen Daheimfreund=lichen erklären es für überflüssig. Vollkommen einverstanden mit diesem Sermon dürften die Greise, Kranken und Preß=haften sein — diesen wird sie am leichtesten, die Kunst zu Hause zu bleiben.

§

Von unserer Uebertreibungssucht und dem Wortheldenthum.

Ihr habt es, meine lieben Freunde, wohl allzeit erfahren, daß man stets eine hohe Meinung hat von Personen, die so sprechen, wie sie denken, die für Jegliches das richtige Wort finden und genau das sagen, was sie sagen wollen, nicht mehr und nicht weniger. Diese Kunst ist weit schwerer, als man glaubt, sie entspringt — wie man häufig ersehen kann — nicht so sehr der Gelehrtheit, der Sprachgewandtheit, der Zungenfertigkeit, als vielmehr der Charakteranlage.

Nicht zu viel sprechen, und was man sagt, ohne Uebertreibung, immer nur mit Rücksicht auf den Gehalt der Worte, das ist das beste Wahrzeichen der Schlichtheit und Verläßlichkeit.

Man findet diese Schlichtheit des Ausdruckes fast bei allen bedeutenden Menschen, sie ist auch ein Merkmal der Aristokratie im guten Sinne des Wortes, und wenn Fürsten bei öffentlichen Anlässen sich der gewöhnlichen Ausdrücke, ohne allen Aufputz der Rede, bedienen, so ist ihnen nur darum zu thun, genau die Sache zu bezeichnen, zu decken, um die es sich handelt — und das verleiht der Rede Wichtigkeit und dem Redner Würde.

Wie weit hat sich von dieser vornehmen Art — besonders in unserem lieben, freilich vielzungigen Oesterreich — die Umgangssprache entfernt! Schuld daran tragen auch die Schriftsteller, die Zeitungsschreiber, selbst das Parlament. Wie wenig Leute giebt es bei uns, die es wissen, daß Redseligkeit und Beredsamkeit zweierlei ist, wie wenige, die sprechen, etwas erzählen, rügen, loben können ohne Uebertreibung! Wien, das schöne Wien, das niemals Maß zu halten verstand, ist die eigentliche Heimat des Superlativs. In Wien giebt es nichts Gewöhnliches, Alles ist entweder ausgezeichnet oder miserabel; in Wien giebt es aber auch nichts Schönes, lauter Brillantes, Wunderbares, Entzückendes, Göttliches u. s. w.; ebenso nichts Schlechtes, sondern nur Niederträchtiges, Scheußliches. Die Wiener haben nichts Mißlungenes, sondern nur elende Machwerke, nichts Unbedeutendes, hingegen viel schandbaren „Schmarrn". In Wien ist nichts recht hübsch (das Wörtlein „recht" kann der rechte Wiener überhaupt nicht ausstehen), sondern Alles prachtvoll oder wenigstens sehr schön. In der alten Kaiserstadt ist auch gar nichts unangenehm, sondern Alles schrecklich, fürchterlich oder gar gräßlich. In Wien giebt es keine guten, braven Leute, sondern lauter Engel, neben diesen aber überall jämmerliche Schweinskerle, schäbige Hundeseelen und Schurken. Nirgends auf der Welt kann so viel „ungeheuer Schönes" oder „riesig Kleines" vorkommen, als in Wien. — Wenn die schöne, liebenswürdige Wienerin in ihrer begeisterten Weise etwas darstellt, so ist das nachgerade immer ein Meisterstück der Dialektik voll Drastik und Witz, aber man kann in solchen Fällen fast allemal versichert sein, daß sich die Thatsache ganz anders verhält, als sie dargestellt wird. So weit ist es gekommen, daß man den Erzählern nur mehr zur Unter=

haltung zuhört, und schon im Vorhinein nicht auf Wahrheit und Sachlichkeit reflectirt. Nicht als ob ich damit die Ehrenhaftigkeit solcher Sprecherinnen und Sprecher bezweifeln wollte, sie wollen nicht unwahr sein, nicht absichtlich entstellen, die fortwährend aufgeregte Phantasie geht ihnen nur mit der Zunge durch; sie sind entzückt, ohne entzückt zu sein (denn wann ist ein Mensch entzückt!); sie können Jemand mit der Zunge henken, rädern, viertheilen, ohne ihn eigentlich zu hassen. Sie schildern Gefühle, die sie oft erst aus ihren eigenen Worten momentan zurückempfinden, und nach all' derlei ist der Sprecher wohl unbefriedigter, als der Hörer, weil Jener fühlt, er hätte was Anderes gesagt, als das, was er sagen wollte, und trotz des schimmernden Wortschwalls, auf dem die glühendsten Gemüthsfunken hin- und herzuspringen scheinen, bleibt vielleicht sein Herz einsam, unenthüllt.

Frösche hören auf zu quaken, sobald man ihrem Sumpfe mit Lichtern in die Nähe kommt; nicht immer so unsere redseligen Weiber beiderlei Geschlechtes. Selbst wenn man ihnen den Mund verstopfte, würden sie durch die Nasenlöcher schwatzen und hyperbeln. Wenn man an diese guten Menschen den sonst üblichen Maßstab legen wollte! Wenn man sie beim Worte nehmen wollte! Es gäbe alltäglich Ungeheuerlichkeiten, wie sie bisher in der Geschichte beispiellos waren. — Es scheint übrigens, als spräche ich hier selber im Wiener Jargon! Ich habe Wien zu lieb, als daß ich nicht theilweise auch von seinen Fehlern angesteckt wäre; aber sicher ist, daß man gerade in dem Punkte am wenigsten übertreibt, wenn man die Wiener der hochgradigen Uebertreibungssucht anklagt. Wir begegnen derselben Sucht auch anderswo, aber so hoch entwickelt nirgends, als in der schönen Donaustadt, an deren Ringstraße schon das Aeußere der Zinshäuser in Hyperbeln spricht.

Aus Hang, jede Sache zu decoriren, sie auf die originellste, geistreichste Weise zu behandeln, haben wir verlernt, einfach die Wahrheit zu sagen. Die einfache Wahrheit ist ja so langweilig und zumeist so selbstverständlich, daß man eigentlich gar nicht über sie zu sprechen brauchte — was würde da aus der gesellschaftlichen Unterhaltung werden! Und Unterhaltung ist denn einmal die Hauptsache in unserem lieben Vaterlande, der von manchen Leuten Alles geopfert wird, nicht blos das edelste und das schlimmste Stückchen Fleisch an unserem Körper, die Zunge, sondern auch, was daran hängt, die Zucht und Züchtigkeit seiner selbst und die Reputation Anderer.*)

Harmlos scheint der Fehler — aber er ist gefährlich. Findet der Zungentaschenkünstler eine gläubige Zuhörerschaft, dann wird diese auf Irrwege geleitet, die für sie oder Andere bedenkliche Folgen haben können. Sonst aber wird das Superlativ die Schule der Skepsis; man glaubt nichts mehr, und wenn man dem Sprecher eine Stunde zugehört, so hat man sich vielleicht ergötzt, weiß jedoch am Ende so viel als früher, geht verstimmt davon.

*) Ein Freund, der mir bei der Correctur meiner „Bergpredigten" zugeschaut, sagte, plötzlich mir auf die Achsel klopfend: „Das ist nichts, mein Lieber! Sie sind nicht energisch genug. Wenn Sie zur heutigen Brut reden wollen, da dürfen Sie nicht fortwährend am Stricke ziehen und Friedensglocken läuten. Kann ich's ein wenig anders! Den Strick zur Schlinge drehen, aus der Glocke Kanonen gießen und dreinpfeffern, das ist die richtige Sprache für dieses niederträchtige Gesindel!"

Der Mann ist sonst ein ganz gemüthlicher Patron, der im Winter mit einem Kornsäcklein umgeht und die Tauben und Spatzen füttert in unserem Stadtpark. Aber bisweilen wandelt ihn die vulgäre Großmauligkeit an und macht ihn zu einem possirlichen Ungeheuer, das schon im nächsten Augenblicke wieder das sanftmüthigste Lamm sein kann. — Nein, Freund, die ehernen Feuerschlünde wollen wir einstweilen doch nicht predigen lassen.

Ich sage Euch, Freunde, der Mißbrauch der Sprache macht stumm. Ob Ihr da himmlische Wonnen ausruft oder höllische Verzweiflung, ich glaube Euch nichts; ob Ihr vergöttert oder verdammt, ich glaube Euch nichts. Bei Euren gesprochenen Thränen der Freude oder des Schmerzes empfinde ich nichts. Nicht mich belügt Ihr, sondern Euch selbst; morgen seid Ihr in anderer Stimmung, morgen girrt Ihr anders. Oder morgen kommt die Thatsache und macht Euch zu Schanden, und übermorgen nimmt Euch Keiner mehr ernst.

Wenn Ihr für die Alltäglichkeit das Superlativ aufbraucht, was habt Ihr dann für außerordentliche Fälle? Nichts; Ihr seid arme, stumpfe Töpfe.

Die Zeitungsschreiber besonders könnten sich's gesagt sein lassen. Die wissen gar nicht, wie sehr sich ihre Verkäuflichkeit im Inseratentheil ihrer Blätter rächt. Die Marktschreierei desselben hat sie angesteckt, ist unwillkürlich in die Notiz, in's Feuilleton, vor Allem in den Leitartikel übergegangen. Und das ist denn dort ein Geschwätz zum Davonlaufen! Ein Gemisch von Phrasen, Uebertreibungen, Entstellungen, pathetischen Hyperbeln wunderlicher Art, sophistischen Beschönigungen oder Verleumdungen u. s. w. Und das nennt man Leitartikel! Und das giebt sich aus als Vertretung von sittlichen Ideen zum Wohle der Gesellschaft!

Die Zeitungsschreiber sollten nicht sprechen unter dem Einfluß der Stimmung, unter der Eingebung des Momentes, sie müssen die Bedeutung und Würde des öffentlichen Wortes kennen, sie sind daher weniger zu entschuldigen, als die privaten Zungengymnastiker und Hyperbelnreiter. Und wenn es heißt, der Journalist müsse im Drange des Augenblicks arbeiten und mit den schärfsten Waffen für seine Sache kämpfen, so antworte ich, die schärfsten Waffen nützen sich am ehesten ab, und wir müssen über ein heute stattfindendes Ereigniß den Leitartikel morgen noch nicht haben, wir warten gerne bis übermorgen, wenn er dann was Rechtes sagt. Aber wir wissen es wohl, Euch ist weniger darum zu thun, in irgend einer wichtigen Frage sachlich zu unterrichten, als vielmehr mit leidenschaftlichen oder brillirenden Auslassungen die Leser zu blenden oder mindestens zu unterhalten, und der Concurrenz wegen morgen lieber als übermorgen. Ja wahrlich, die Leute unterhalten, das gelingt Euch zumeist, denn in Eurer Gilde sind witzige Köpfe; aber tiefer auf unser Publicum zu wirken, das bildet Euch nicht ein. Ihr habt durch die Art und Weise Eures Stiles dieses Publicum verwöhnt, blasirt gemacht, wie es das früher nicht war. Fortwährendes Pathos ermüdet, fortwährende Uebertreibung stumpft ab, sowie zu viel Gewürz den Magen allmählich für dieses unempfindlich macht. Das beständige Hyperbeln unserer Presse ist sicher auch eine Ursache des berüchtigten wienerischen Indifferentismus. Man ist gewohnt, das Wort als Selbstzweck zu nehmen, sich mit der Phrase zu bequemen. Darum thut die Regierung unklug, wenn sie den Wienern die Freiheit des Wortes einschränkt — sie begnügen sich ja mit derselben. — Die alten Griechen waren übrigens auch nicht anders und waren doch kluge Leute. Damit Alcibiades unbehelligt von der Stimme des Volkes regieren konnte, wie er wollte, ließ er seinem Hunde den Schwanz abhauen! da schwatzten die Athener über den abgehauenen Schwanz und ließen ihn machen. Sohin ist es ganz classisch, wenn bei drohendem Ausbruch einer socialistisch-anarchistischen Bewegung eilends ein paar Spiritisten herbeigeholt werden, um die Zeitungen und das Publicum mit Stoff über Geisterseherei, Gedankenleserei und Entlarvung zu beschäftigen. Entladen muß unser sensitives Herz denn einmal werden; ginge es schon anders nicht, so gruben wir irgendwo im theuren Vaterland ein Loch und riefen unsere Hyperbeln hinein, damit wir erleichtert wären. — K. J. Weber, aus dessen Evangelium so mancher Kanzelspruch für uns zu entnehmen ist, sagt beiläufig, daß das kräftigste Wort weiblichen, die schwächste That männlichen Geschlechtes sei. Das wäre zu beherzigen. In Zeitläuften, wo die Leute durch das Wort noch nicht abgestumpft sind, können Reden gewaltig wirken, endlich aber werden sie bedeutungslos, wenn der Nachdruck der That fehlt.

Ich habe seit etwa fünfundzwanzig Jahren Gelegenheit, unsere Presse zu verfolgen. Die Fülle von Wissen und Geist, welche sie in einem solchen Zeitraume in's Volk ausgießt, ist bewunderungswürdig; sie kommt einer Bibliothek des englischen Museums oder einem andern der größten Literaturschätze der Welt gleich. Die Zeitung hat jedoch immer ihrem Namen gazetta (abgeleitet von gazze, Elstern) Ehre gemacht. Die Zeitung hat in der naiven Lesewelt in gutem wie in schlimmem Sinne großartige Wirkungen erzielt. Da kam an erster Stelle der Blätter stets etwas Alarmirendes. War ein Krieg in Aussicht, oder waren auch nur eingebildete Anzeichen dazu da, war ein Ministerwechsel, ein Bankerott oder eine andere volkswirthschaftliche Krise, waren staatliche Unebenheiten, Parteizwistigkeiten, waren es confessionelle Schwierigkeiten oder Ereignisse nicht politischer Natur, wie Ueberschwemmungen, Theaterbrände u. s. w., welch' ein aufgeregtes Wesen in den Zeitungen! ein Klagen und Hetzen, ein Warnen und Drohen, dröhnende Kassandrastimmen in schrillem Pathos, im Tone höchster Erregung! Anfangs beunruhigte mich das und erinnere ich mich, daß, als wir im Jahre 1860 in unserer Gemeindezeitung mehrmals vom „unvermeidlichen

Zerfall des Reiches" und vom „alle Wurzeln der Gesellschaft und der Cultur tückisch zernagenden Ultramontanismus" lasen, der Dorfwirth sagte: „Mit Haus Oesterreich ist's gar. Verkaufn mers Gwand, vertrinkn mers, gehn mer nach Amerika!"

Welcher Art von Begeisterung die volkswirthschaftlichen Zeitungs-Hyperbeln entsprungen: Dieses Schwein — so fett es auch heute schon wäre — schlachten wir zu einem andern Festtag.

Wenn aber wirkliche Gefahren waren, wie im Jahre 1859, 1866, da priesen sie anfangs die Größe und Glorie des Vaterlandes, die Tüchtigkeit aller österreichischen Nationalitäten und die Eintracht in vollen Hymnen. War das Unglück vor der Thür, brach es herein, da fand man kein Superlativ mehr, um die Gefahr entsprechend zu signiren. Man war erschöpft, versank in Lethargie.

Ich weiß wohl, daß die Presse nicht blos über bedeutende Sachlagen zu unterrichten hat, daß es oft genug noth thut, das Volk energisch aufzurütteln, zu warnen, wie andererseits wieder es zu beruhigen; aber das geschähe besser in mäßiger, würdiger Weise und so, daß man morgen nicht ignoriren oder widerrufen muß, was man heute so entschieden behauptet hat. Wenn England groß ward durch die Zeitungen, so geschah das, weil sie im Volke die thatsächliche Theilnahme an öffentlichen Angelegenheiten aufweckten; wo Zeitungen aber nur ihrer selbst willen existiren und zum bloßen Zeitvertreib, wie bei uns, da sind in einer Stadt fünfhundert Zeitungen um vierhundert neunzig zu viel.

Die Hauptschuld an der moralischen Entartung der Presse trägt das Publicum. Wie manches Blatt ist entstanden in der ernsten Absicht, unabhängig, unparteiisch, gewissenhaft, in

edlem Sinne aufklärend, als Organ der Redlichkeit und
Wahrhaftigkeit mit Maß und Würde in unserer Zeitungswelt
„eine empfindliche Lücke auszufüllen". Das ging, so lang
es ging — aber es ging nicht lange. Die Leute fanden
das Blatt zu langweilig und wandten sich wieder dem leicht=
fertigen, burschikosflotten, in allen Ungründen wühlenden, und
fluchenden, in allen Himmeln jauchzenden Tone zu. Und
insoferne man die Zeitung nur als Unterhaltungslectüre be=
trachten mag, hatten sie recht. Amüsanter sind die Markt=
schreier auf der Gasse, als der Lehrer·in der Schule. — Die
mit so gutem Fürnehmen erstandenen Zeitungen starben ent=
weder ab oder wandten sich — was häufiger geschieht —
ebenfalls dem Götzen des Tages zu und tanzen so frech und
lärmend wie die anderen um's goldene Kalb.

So lernen es die Zeitungen vom Publicum und das
Publicum stärkt sich wieder an den Zeitungen — ein Theil
überbietet an Uebertreibung und Frivolität den andern und
heraus kommt nichts, als daß das Vertrauen an die Macht
des Wortes verloren geht, weil die Sprache geschändet und
impotent wird.

Von dem Zustande unserer literarischen Organe.

Es ist ein wahres Glück, Schriftsteller zu sein. Die Niederträchtigkeit der Menschen und die Armseligkeit und Verkehrtheit ihrer Einrichtungen erträgt man nachgerade mit Leichtigkeit, wenn man darüber seinen Zorn recht hinausdonnern kann über die Köpfe. Darum sind die schärfsten Prediger auch immer die fettesten Pfaffen. Das wollte ich aber nicht sagen, das paßt nicht auf den Schriftsteller. Dieser jedoch ist nebenbei auch häufig ein bischen Dichter und wie er einerseits niederreißt, so schafft er sich andererseits das Zeug, wie er es haben will. Ich wollte übrigens auch das nicht sagen, denn je süßlicher so Einer säuselt, je stattlichere Luftschlösser er aufbaut, desto hungriger ist er. Das heutige Publicum wird nur unwirsch, wenn man ihm was Schönes und Hohes vordichtet, entweder weil ihm darnach umsonst die Zähne wässern oder weil man damit das Gewissen zwickt. Idealisirende oder gar moralisirende Poeten — laßt sie gehen, laßt sie laufen!

Ist gut! sagt Hans Lothahn, der Literat, ist recht gut, ja sogar sehr gut! Ich bin weit lieber Realist, weil ich dabei meinen Kopf nicht anzustrengen brauche. Abschreiben, was ich vor mir sehe, das ist mir schon in der Schule von statten gegangen. Ja noch mehr, ich werde Euch einen literarischen Materialisten abgeben, einen Classiker des neunzehnten Jahrhunderts, dessen Zeitgenossen gewesen zu sein Euch eine Glorie verleihen wird, um die Euch noch die Schweinehirten des nächsten Jahrtausends beneiden werden.

Und nun, Ihr Mitmenschen, nun beschreibt Euch Meister Lothahn einmal einen Bretterzaun, der hinter dem Hause steht. Das ist ein scheinbar unwesentlicher Gegenstand, nicht wahr? Scheinbar, sage ich, denn denkt Euch einen solchen Zaun, wenn er alt und morsch wird und in der Feuchtigkeit riecht wie ein Sumpf vor dem Gewitter. Denkt Euch die tausend Pilzchen, die aus den moderigen Balken hervorwachsen, die unzähligen Insectlein, die aus den Spalten kriechen. Der Staarmatz hockt sich auf den Zaun, nimmt etliche so Thierchen zu sich und läßt etwas Anderes dafür da — woran der Dichter eine pathetische Apostrophe über den Kreislauf der Natur zu knüpfen versteht. Jetzt erst kommt an den Zaun empor das Geranke der Nesseln und Disteln, und obwohl die Säuchen keine Freunde von derlei grünem Salat sind — sagt der geistvolle Schilderer — so fühlen sie sich doch hingezogen und wühlen mit ihren Rüsseln zwischen dem Gekräute, dessen Blattwerk neidisch Manches verdeckt, wie es ein gewöhnlicher Dichter neidisch verschweigen würde. Aber unser moderner Erzähler weist im entzückenden Wohllaut seiner Sprache auf des Schweines geringelten Schwanz, in dessen Zucken und Wedeln die ganze Lust des grunzenden Wesens sich zeigt . . .

Das Publicum jauchzt. Der Literat erblaßt. Er wollte nichts, als den sonderbaren Geschmack verhöhnen, aber das liebe Publicum hatte den dicken Spott gar nicht bemerkt. — Welch' ein Glück, das Graben gelernt zu haben, um nicht

Schriftsteller sein zu müssen! so ruft Hans Lothahn aus und schleudert die Feder von sich.

Aber 'ein Anderer hebt sie auf, denn Schriftsteller zu sein, das ist und bleibt doch der schönste Traum der Kinder des papierenen Zeitalters. Der Kinder!

Der neue Herr der Feder jedoch ist ein Wunderlicher! Er ist ein Mann in den besten Jahren, aber mit dem schlechtesten Humor. Der hält die Feder für ein Schwert und will d'reinhauen dort zumal, wo Schurken an den wohlbesetzten Tafeln sitzen und dort, wo hinter der gleißenden Bigotterie und Heuchelei die Schelme hocken, die sich Patrioten nennen und Freunde des Volkes, und dort, wo sich Diebe und Räuber hinter dem breiten Rücken des Gesetzes verkriechen und Massenmörder sich mit dem hehren Schilde des Vaterlandes decken.

Das konnte mal ein frischer, fröhlicher Krieg werden — nicht, wie bisher, gegen das Schlechte, das alle Welt als schlecht nennt, sondern gegen jenes Schlechte und Elende, das unter der Etiquette des Guten und Tugendhaften der Welt Sand in die Augen und Hölle in die Herzen wirft.

Gleich zum Beginne schreibt der naive Streiter für ein großes Blatt einen Artikel gegen die Feinde der Religion, die in berückendem Schmucke den buntesten Fetischdienst treiben, während das Herz des gottburstigen Volkes öde und ohne Labe verschmachten müsse.

Der Artikel kommt von der Redaction zurück, begleitet von einem sehr verbindlichen Schreiben: Der Stil sei glänzend, die Satire drastisch, der Stoff klar, die Beweggründe mit seltener Schärfe behandelt. Allein es gäbe im Lande eine einflußreiche Partei, welche sich etwa getroffen fühlen und unserem Blatte schaden möchte. Vielleicht könne sich der

Herr Verfasser entschließen, einen etwas harmloseren Gegenstand zu wählen zu einer Arbeit, „auf welche wir schon im Vorhinein unsere Hand legen" u. s. w.

Wohlan, es giebt noch andere Stoffe, die sich in der That harmloser geben lassen. Der Mann schreibt eine Novelle, in welcher er die modernen Ehesünden behandelt, aber nicht so wie der Franzose, der sie liebenswürdig macht, sondern so wie der ehrliche, muthige Mann, der das Laster ohne Maske und ohne Schminke durch die Gasse peitscht.

Der Redacteur bedauert sehr, auch die Novelle retourniren zu müssen, bedauert es umso lebhafter, als sie wirklich ein Meisterstück der Erzählungskunst sei, die Charakteristik der handelnden Personen voll packender Wahrheit, der Aufbau der Novelle in schönstem Ebenmaß und die Katastrophe von geradezu erschütternder Wirkung. Er beglückwünsche den Autor zu seinem großen Talente. Das Blatt aber zähle unter seinen Lesern viele Frauen und auch junge Mädchen und würde sich durch Abdruck dieser Arbeit der Gefahr aussetzen, eine große Anzahl der Abonnenten zu verlieren.

Ei richtig, so ein Journal hat ja doch nicht den Zweck, eine geistige, sittliche Mission zu erfüllen, es ist nur ein Geschäft, das Geld einbringen soll. Und gerade jene Leserinnen würden ihr Abonnement abbrechen, welche von der Geschichte irgendwie alterirt worden wären — ganz natürlich!

Nun kann unser Literat eine der weiteren Einladungen berücksichtigen, die ihm von vielen Seiten zugehen.

Dem größten Tagesjournal des Landes sendet er eine der wichtigsten Arbeiten, einen Aufsatz über das Börsen- und Spielwesen in den kleinen und großen Lotterien, über große Geschäfte mit klingendstem Namen vor der Welt und erbärmlichster Nichtigkeit in ihrem Grunde; über das Unwesen der darauf bezüglichen großsprecherischen, irreführenden, oft geradezu lügenhaften Inserate, über die Bestechlichkeit aller Welt, in welcher Jeder Judaslohn auf die Hand nimmt, wenn dieses Geld nur einen anständigen Titel hat; „bestechen" läßt sich Keiner, das ist wahr, wer da beschuldigt, der kann eingesperrt werden u. s. w.

Was schreibt der Chefredacteur zurück? „Geehrter Herr! Was verlangen Sie, daß Sie diesen fatalen Artikel zurückziehen und in keiner Weise veröffentlichen? Nur einige Namen von Persönlichkeiten fehlen, im Uebrigen ist das Schriftstück so meisterhaft verfaßt, daß Sie sich mit gutem Gewissen für dessen sofortige Vernichtung zweitausend Gulden geben lassen können. So viel hat sich unseres Wissens für die Zurückziehung einer seiner neueren Abhandlungen Dr. N... auf die Hand zahlen lassen, derselbe Mann, den Sie als unerschrockenen Kämpfer gegen die Corruption anführen. Wir befassen uns mit solchen Arbeiten selbstredend nicht, stellen Ihnen dieselbe hiermit zur weiteren Verfügung und zeichnen" ꝛc. ꝛc.

Wie dem harmlosen Schriftsteller nun geschieht? Also ein Revolver-Journalist! Und wer ist das Blatt, das mit solchem Hohne diesen Artikel zurückweist? Es ist eben auch ein Organ jener wirthschaftlichen Zustände, die Du mit heiligem Zorne zu kennzeichnen suchtest.

Einmal läßt sich unser Autor beikommen, gegen die Verbohrtheit der Tagespresse zu schreiben, die jahraus jahrein nichts als politisches Gezänke cultivire und ihren politischen Tages-Idealen alles Andere, Alles, was sonst in der Menschheit für groß und edel, für Recht gegolten, unterordnen oder hinopfern könne. Selbstverständlich schickt er diesen Aufsatz nicht an ein Tagesjournal, sondern an eine nichtpolitische Monatsschrift. Diese läßt ihm zurücksagen, es sei für literarische

Unternehmen irgend welcher Art nicht klug, sich die Tages=
presse zum Feinde zu machen.

Nun fragt sich der arme Idealist: Ist denn die Presse
dem Volke treulos geworden? Nein, es giebt noch Richter in
der Journalistik. Einem solchen sendet unser Literat eine
Abhandlung über das Faustrecht des neunzehnten Jahrhunderts.
Es sei dasselbe wie zu aller Zeit, da der Stärkere der Held
und Sieger ist. Nur sei es heute viel großartiger, als in der
Vorzeit. Die Schuljungen stießen zwar noch mit derselben
kindischen Thorheit die Klingen gegeneinander, als einst die
Herrlein und Gecken, die von der Mannbarkeit und Ritter=
lichkeit was läuten gehört und derlei kläglich mißverstanden
hatten. Aber die Classenkämpfe zwischen Reichthum und Armuth,
Dienern und Herren, die Racenkämpfe zwischen Christen und
Juden und die Massenkämpfe zwischen Völkern und Völkern
würden heute mit einer ganz andern Macht und unter einem
noch viel glänzenderen Nimbus geführt, als je. „Recht!
Freiheit! Gott! Vaterland!" sei das herrliche Feldgeschrei und
was sei die Sache? Die verruchteste Gewalt, der gräßlichste
Mord u. s. w. — Der Artikel bespricht einerseits den Cynis=
mus gegen die, andererseits die Kriecherei vor den Mächtigen,
den Hang zur Demokratie, so lange dieselbe persönliche Vor=
theile bringt; das windfahnenartige Umwenden zum Entgegen=
gesetzten, wenn Aemter, Ehren, Orden in Aussicht stehen. Und
jeder Standpunkt, er mag wöchentlich zweimal gewechselt werden
wie das Hemd, wird mit irgend einem philosophischen Fetzen
motivirt, mit irgend einer schillernden Phrase geschmückt, und
grade die größten Schurkenstücke wissen sich die schönsten
Tugendnamen beizulegen, so daß für den Uneingeweihten die
ganze Bande fast den Eindruck der Tüchtigkeit und Bravheit
macht.

Der „Richter in der Journalistik" schreibt postwendend zurück und ist eitel Entzücken über den muthigen Geist des Verfassers. „Endlich wieder einmal ein Mann!" ruft er aus. „Das thut wohl wie ein Hochgewitter in schwülen Sommertagen! Das ganze Redactions=Collegium — und derlei Leute, müssen Sie wissen, sind etwas dickhäutig und froschblütig — aber gejubelt hat es, als Ihre Arbeit vorgelesen wurde und einstimmig bedauert, daß es unmöglich ist, den Artikel zu veröffentlichen. Schicken sie uns doch Anderes, vielleicht über die russische Politik im Orient oder etwas für's Feuilleton, eine heitere Erzählung, einen Schwank oder dergleichen; ein so eminentes Talent wie das Ihrige, möchten wir in keinem Falle brach liegen lassen. Genehmigen Sie" ꝛc. ꝛc.

Ein Talent wie das seinige in keinem Falle brach! Wie es schön ist, wenn man in einer Zeit lebt, die das Talent anerkennt! — Unser Autor geht nun weiter. Er vereint in einem dramatischen Bilde das Hohe und Niedrige der Zeit zu einem Riesenkampfe und erzielt damit einen Schluß voll erschütternder Tragik. Er sendet das Stück an eine der wenigen Bühnen, die als solche noch existiren mitten unter den vielen Schaubuden, in welchen alle Laster und Tollheiten des Jahrhunderts ihre Orgien feiern. — „Wo denken Sie hin, mein Bester!" schreibt der Director, „ein solches Stück heuzutage! Es würde mein Institut ruiniren."

Jetzt erst, mein lieber Literat, nicht wahr, jetzt erst verstehst Du's. Seien wir nicht thöricht. Für die nackte, herbe Wahrheit braucht man keinen Schriftsteller. Ein Schriftsteller ist Wortkünstler, sowie es Haarspalter, will sagen Haarkünstler giebt; er ist dazu da, um die Wahrheit, die in ihrem ursprünglichen Wesen das Geschlecht der Wichte erdrücken würde, gefälliger zu machen, das Gerade zu kräuseln, das

Widerhaarige zu glätten und zu schlichten. Erkennen wir doch endlich unseren großen Beruf, wir sind Schriftsteller geworden, um dem deutschen Volke eine neue Bearbeitung der Geschichte vom daumlangen Hansel zu liefern oder ihm in der ganzen Herrlichkeit der deutschen Sprache zu erzählen, wie die Grethel den Hansel und der Hansel die Grethel gefoppt hat, bis sie sich endlich doch nahmen und treu blieben bis an ihr seliges Ende.

Unser Literat wirft die Feder in den Koth und geht graben.

Ein Karrner kommt heran, der sieht die Feder dort liegen und denkt: als den Karren zu ziehen, wäre es doch besser, Schriftsteller zu sein. Was Einem eben einfällt hinschreiben, das Ding ist ein Kinderspiel.

Jawohl, das wäre freilich ein Kinderspiel — aber ihm fällt nichts ein. Ist es denn möglich? Nein, er denkt, er weiß es nur nicht, daß er denkt, ihm fehlt noch die Unbefangenheit. — Daß mir nichts einfällt! Daß mir des Teufels aber schon gar nichts einfällt! Ist das kein Gedanke? — Da fällt ihm plötzlich aber doch was ein: Sage den Leuten, was sie gern hören, was sie zu hören gewohnt sind, was sie schon wissen. Das Wortgeklingel allein schon wird sie bestechen. Oder kannst Du aus Eigenem nicht klingeln, so halte Dich an die Bücher! Studiren muß der Mensch. Geistig in sich aufnehmen, dann auch kann er geistig schaffen. Gedichte, Anekdoten, Romane! Alte Waare, gute Waare! — Er nimmt Seiten um Seiten in sich auf und schreibt Seiten um Seiten nieder. Ein Roman ist bestellt, er liefert ihn. Gedichte lassen sich auf ähnliche Weise auch produciren, aber solche rentiren sich nicht und ohne Geld kein Gefühl, ohne Honorar keinen Gruß an den Mond, keine Sehnsucht im Frühling, keine

Wehmuth im Herbst, kein Liebeserwachen. — Operettentexte, potz Blitz, das ist was Anderes und so hätten wir der Dichtkunst höchste Stufe erstiegen: die dramatische. Dichter und Publicum befinden sich recht wohl dabei.

Daher die Legion. Wohl lange nicht Jeder ist Schriftsteller, der schreibt, und nicht Jeder schreibt, der Dichter ist. Wie soll er sich genügen und Einfluß nehmen auf sein Volk, wenn das Beste, was er zu sagen hat, kein Organ und kein Verständniß findet! Der französische Schriftsteller von Talent hat die Nation hinter sich, er ist der Bannerträger ihrer Ideale, er findet Muth und Wege, das Höchste wie das Niedrigste zum Gemeingut des Volkes zu machen. Und bei uns? — Das Niedrigste findet freilich auch bei uns Organe. Alles Andere erklärt man für unfruchtbaren Idealismus.

Von dem Judenhasse unserer verjudeten Jugend.

(Ein offenes Schreiben an junge Antisemiten in Wien.)

Bursche!

Ihr habt mir im Namen Eurer Genossen — wie ihr behauptet — Vorwürfe darüber gemacht, daß ich das Judenthum protegirte. Ich will zu Eurem Troste öffentlich sagen, daß auch ich Antisemit bin — nur auf solche Weise, die den Menschen schont, aber seine Laster verfolgt.

Ich hasse die Geld- und Schacherjuden, die oft bis zur Tollheit um's goldene Rind tanzen. Ich hasse die Protzjuden mit ihrem äußeren Prunk und ihrer inneren Hohlheit. Ich hasse die Zeitungsjuden, die bestechlichen, welche Meinungen und Ueberzeugungen kaufen und verkaufen en gros, wie ihre Väter mit Lumpen und Trödel handelten en détail, die ihr Blatt zum Feilbette preisgeben allen Lastern und Leidenschaften, und welche nebstbei die Presse dazu benützen, um ihren giftigen Cynismus in's Volk zu spritzen; doppelt und dreifach hasse ich sie, weil sie auch die Christen „verjudet" haben. Viele der heutigen „Christen" betreiben ihr Geschäft genau nach jüdischem Principe, der Unterschied ist zumeist nur, daß es der Jude klüger macht. Ich frage, ob die crasse

Geldgier, die Prunksucht, das Parvenuwesen auf Grundlage der Gewissenlosigkeit nur bei den Juden allein vorkommt?

Ich sage es manchem unserer Juden in's Gesicht, daß ich sie verabscheue; ich sage dasselbe auch manchem Christen in's Gesicht. So ist es bei Euch nichts als thörichter Fanatismus und Heuchelei, wenn Ihr das Judenthum in Eurer Weise bekämpft und nicht den Muth habt, jener niedrigen, wenn Ihr wollt, „jüdischen" Laster Euch zu entäußern. Ihr jungen, christlichen Schlemmer, Schreier, Streber in der Großstadt seid zehnmal verjudeter als der arme Poet, der dem unschuldigen Theil der Juden das Wort redet.

Oder seid Ihr trotz Eures Studiums der Culturgeschichte so albern, zu glauben, daß es unter den Juden keinen ehrlichen, edel und ideal angelegten Charakter giebt? Unter je hundert Leuten getrauen wir uns einen wahrhaftigen Menschen zu finden — auch bei den Juden. Das ist wenig, sagt Ihr, aber Ihr gebt es zu. Indem Ihr nun die hunderttausend Juden Eurer Stadt ohne Ausnahme verfolgt, thut Ihr einem Tausend davon ein Unrecht, das Euch weder Gott, noch ein billig denkender Mensch verzeihen kann.

Ihr belehrt mich, Bursche! daß die größten Männer aller Zeiten Antisemiten waren. Gewiß, Richard Wagner, Lessing, Spinoza, Christus, selbst Moses waren Antisemiten in dem Sinne, als sie Feinde der crassen Ichsucht und des goldenen Kalbes gewesen sind. — Aber glaubt Ihr, daß Schiller, Rousseau, Luther das goldene Kalb der Christen weniger gehaßt haben?

Jungen! Eurem ganzen Geflunker glaube ich nicht, so lange Ihr in Eurem persönlichen, socialen Leben nicht andere Wege einschlagt, als sie die „verjudete Welt" breitgetreten.

Die Juden sind nicht Christen. Seid es Ihr? Seid Ihr liebreich, sanftmüthig, bescheiden? Die Juden sind nicht Germanen. Seid es Ihr? Seid Ihr wahr, treu, sparsam, häuslich, rechtlich, arbeitsam?

Zurück zur Einfachheit des Lebens, zum Ackerbau, zum Handwerk, wenn Ihr den Muth habt! Lernt, wie man Schulden zahlt, anstatt sie zu machen. Lernt Eure Untergebenen als Menschen achten, den Mächtigen die Stirne bieten, wo sich's um Menschenrechte handelt. Habt den Muth der Wahrheit, wo sie gesagt sein will, ohne Rücksicht auf Euren persönlichen Vortheil. Pfleget und streichelt nicht immer nur den Verstand allein — das thut der „Jude"; heget und pfleget auch das Gemüth, wie der Germane, die Menschenliebe, wie der Christ.

Strebt Ihr dieses an, dann seid Ihr wahre, welterlösende Antisemiten.

Ihr fühlt es selber so. Und wisset Ihr, daß die heutige Bewegung gegen das Judenthum ein unbewußter, elementarer Protest ist gegen die Uebercultur, gegen den Luxus, gegen den Materialismus und die Corruption? Es ist schwer geworden, den confessionellen oder Racenjuden von dem gesellschaftlichen loszulösen. Unser Handel und Geldwesen hat die Grenzen verwischt. Früher gab es Judenchristen, heute giebt es Christenjuden, und diese müßtet Ihr mitfangen und mithangen. — So schwer hat sich der Jude gerächt an der Welt, die ihn heimatlos gemacht und als einen Fremdling jahrhundertelang mit Füßen getreten hat. Vor des Christen Waffe, dem Schwerte, floh er, aber der Christ floh leider nicht vor seiner Waffe, dem Gelde. Das Geld hat denn auch dem Christen die Heimatsliebe zerstört, die Treue vernichtet, die Ruhelosigkeit eingeimpft. — Wenn die kerngesunde

Revolution gegen solche Verjudung Erfolg hätte und Alles zerstören wollte, was das Geld im Beutel lieber hat, als den Gott in der Brust — was bliebe viel übrig, als ein armes Volk von Arbeitern, Philosophen und Künstlern!

Die Juden haben manche Schuld, aber darum, weil sie Euch des Racenunterschiedes wegen naturgemäß widerlich sind, darum dürft Ihr ihnen noch nicht alle Schuld aufbürden.

Doch so ist's, daß der Jugend Idealismus oft kläglich über's Ziel schießt. Aber gesteht doch wenigstens Anderen das Recht zu, vernünftig und menschlich zu sein. Je brutaler Ihr das ganze Judenthum bekriegt, desto lebhafter werden wir von der Poetengilde die wenn auch nur Wenigen vertheidigen, denen Ihr ein Unrecht thut, ein Unrecht, wie wir es in der blutigen Geschichte der Menschheit tief genug verabscheuen gelernt haben. — Für Generationen und Reiche sind eben Parteien herrschend; was wir wollen und lehren, es ist die Reinheit des Herzens. Von Moses bis Christus, von Spinoza bis Schiller klingt das göttliche Doppellied: Recht und Liebe.

Ich stehe demnach Euren Vorwürfen leicht. Ich und Ihr, Ihr und die Juden — sind wohl nicht so weit auseinander, als Ihr glaubt, und die Erfahrung und Erkenntniß wird Euch allmählich das Rechte lehren. Ihr hasset die jüdischen Laster auch im Christen, und liebet die christlichen Tugenden auch, wenn Ihr sie am Juden findet.

Nicht so? — Heute prüfet Euch einmal selbst, Ihr werdet erschrecken ... Im Uebrigen erinnert Euch daran, daß Gott Sodom und Gomorrha nicht zerstört hat, so lange noch zehn Gerechte darin lebten.

Nachtstück.

Die Leute von Groß-Abelsberg haben ein heroisches Herz. Es waren beunruhigende Nachrichten eingelaufen. Großes Erdbeben in Spanien. Gewaltige Lawinenstürze und Ueberschwemmungen in Italien. Anarchistische Umtriebe in Deutschland. Dynamitexplosionen in England. Ueberall Noth und Gefahr — aber Groß-Abelsberg blieb stark. Solche Kleinigkeiten bekümmerten es nicht. Groß-Abelsberg war nur von einer Sache erfüllt und begeistert: Hie Christ, hie Jude!

Mir war ganz wunderlich zu Muthe, als ich — ein Fremder — in der Bierhalle des Hotels saß, umschwirrt von glühendem Antisemitismus. Mir ist's — selbst von Nichtkennern — leicht anzumerken, daß ich kein Jude bin. Als sich die Schreier allmählich verzogen hatten und ich in meiner Ecke noch behaglich die Cigarre zu Ende rauchen wollte, setzte sich noch ein blonder Germane zu mir und führte mit mir das Gespräch fort darüber, was von der Judenfrage zu halten.

Ich machte eine abwehrende Bewegung und das deutete sich der Blonde so, daß nun auch er sachte fortfuhr, im Sinne der Antisemiten allerlei Aussprüche zu entwickeln. Wir begannen hierauf gemeinsam die Fehler der Juden zu tadeln,

die Geldgier, den Cynismus, die Scheu vor productiver
Arbeit, die Anmaßung und Gemüthlosigkeit, und wie die
Fettaugen eben heißen, die auf dieser Suppe schwimmen. Wir
waren in Allem ganz einig, nur daß der Blonde schließlich
an Entrüstung gegen die Juden mich wesentlich übertraf. Da
trat ein ältlicher Herr zu uns — zu sehen wie ein be=
häbiger Universitätsprofessor, und der bat, ob er auf meine
Bemerkungen hin seine Meinung sagen dürfe. Der Blonde
erhob sich mit einiger Geringschätzung und ging davon. Der
alte Herr sagte nun zu mir Folgendes: „So geht's Tag für
Tag. Die Leute vergessen Alles, was sie sonst bewegt hat,
was sie sonst gefürchtet, gehaßt, gehofft, angestrebt haben.
Offene Feinde drohen der Nation, heimliche Feinde bedrohen
die Gesellschaft, die Gesittung. 's ist nicht der Rede werth.
Das einzige Unheil auf der Welt ist der Jude. Ich vertheidige
des Juden Fehler und Laster nicht und ich kenne sie besser
als irgend einer von Denen, die eben vorhin in diesem Saale
ihr Licht leuchten ließen. Ich frage nur, ob das Judenthum
als solches denn gar keine Achtung verdient? Ist es wirklich
ohne Verdienst um die große menschliche Cultur? Verdient
ein Volk, oder wenn Sie das lieber hören, eine Race, die
ihren jahrtausendelangen herben Schicksalen nicht erlegen ist,
denn gar keine Theilnahme?" „Das allerdings," war mein
Einwand, „allein dem Judenthume mangeln im Ganzen und
Großen heute vielleicht jene sittlichen Vorzüge, die eine Race
berechtigt, an der Spitze der Cultur zu marschiren, wie es
der Jude gerne möchte."

„Seien wir offen," sagte nun mein Partner, „um die
sittlichen Vorzüge ist es unserer Zeit nicht so sehr zu thun,
als sie ihren naiven Schülern glauben machen möchte. Predigt
nicht heute die materialistische Philosophie — und ein Christ

hat sie begründet — die natürliche Zuchtwahl und somit das Recht des Tauglicheren, des Stärkeren, des Unverwüstlichen? Erkennt Ihr diese Lehre nicht an? Und wenn Ihr die Geschichte fragt: Welche Völker sind im Kampfe um's Dasein unterlegen, und welche sind nicht unterlegen? Muß sie den Preis nicht den Juden zuerkennen? Die Laster der Juden, gewiß, vom Standpunkt des Allgemeinen aus muß ich sie ewig verdammen. Aber können Laster und Leidenschaften nicht zu Tugenden werden, indem sie ein Volk groß und unüberwindlich machen? Auch Ihr habt solche nationale Tugenden und pflegt sie und ehrt sie. Warum sollen sie die Juden nicht haben? Es sind Tugenden der Race!"

So und ähnlich sprach der Mann. Auch ein Standpunkt, dachte ich. Weiter dachte ich nicht.

Am selben Abende machte ich einen Spaziergang durch die Stadt. Auf einer Höhung stand ein neuer Bau in maurischem Style. Aus den Fenstern schimmerte Lichterglanz. Ein Theater? Ein Concertsaal? Ich stieg die Quaderntreppe hinan und trat in eine Vorhalle. Hier merkte ich's, ich war in der Synagoge. Es war Freitag, der Vorabend des Sabbaths. Eine gedruckte Tempelordnung mahnte unter Anderem den Eintretenden zur Ehrfurcht im Hause Gottes. Ich trat, etwas zögernd zwar, in das Innere. Der Styl der Halle war nüchtern, aber höchst ebenmäßig. In den Kirchenbänken saßen nur wenige Personen, vorwiegend Männer, die Hüte und Mützen auf dem Kopf. Den Meisten hätte man den Juden nicht vom Gesichte gelesen, nur ein paar weißlockige Greise trugen in ihrem Wesen den deutlichen Stempel des Orientalen. Ueber den Bänken standen an aufragenden Stielen in gleichmäßiger Entfernung voneinander zwölf Armleuchter, die ein feierliches Licht verbreiteten im ganzen Raum. Vorne, auf erhöhtem Orte, dem „Bimah", stand eine Art Säulenaltar mit einem Pulte, Alles ohne Bildwerk. Ueber dem Pulte ragten die zwei Gesetztafeln mit ihren zehn Zahlen.

Der feierliche Ernst ringsum hatte meine Stimmung vorbereitet und eigenthümlich gehoben. — Die Gesetztafeln! Dieses uralte Fundament aller Gesittung, es kam mir in seiner schweren Bedeutung zum Bewußtsein. Im Oriente, unserer Heimat, aufgestellt vor Jahrtausenden, waren diese Tafeln den sich auf Erden verbreitenden Völkern gefolgt nach Sonnenaufgang und Sonnenniedergang, hatten die Staaten gegründet, die Tempel und die Throne; und die ganze Weltgeschichte, sie kreist in wüthenden Stürmen oder in stiller Andacht um diese Tafeln. Das Schwert, es vergießt unversiegbare Bäche von Blut und Thränen in allen Ländern; das Gold, es kauft und verräth Millionen von Seelen in aller Welt. Die Kraft des Schwertes und des Goldes ist groß, aber größer ist die Kraft der zwei Tafeln des Moses . . . .

Vor diesen urheiligen Zeichen steht in Erinnerung und Ehrfurcht die kleine Judengemeinde und schaut zurück in's Morgenland, in die mythische Kindheit des Menschengeschlechtes.

Nun begann tief und leise die Orgel zu klingen oder vielmehr zu klagen. Als sie schwieg, erhob der Rabbiner, der in seinem ritualen Festgewande am Opfertische stand, seine helle Stimme und sang in hebräischer Sprache wohl Weihelieder aus dem Buch der Propheten oder der Könige.

Mein Arm hatte sich wiederholt unwillkürlich erhoben, um den Hut vom Haupte zu ziehen; sollten es ja doch auch die Juden wissen, daß es Sitte ist im Abendlande, vor allem Ehrwürdigen das Haupt zu entblößen. Aber hier sind wir ja im Morgenlande, und hier ist die Sitte eine andere. Draußen auf der Straße freilich, da entblößt der Jude für einen Kreuzer sein Haupt, hier steht er vor Gott mit bedeckter Stirne. Schon das ist ein Zwiespalt, die Religion des alten Orients, sie paßt nicht für den modernen Occident. Und so herrscht vielfacher Zwiespalt, und steigert sich zwischen Tradition und Wirklichkeit, und nicht allein die Race und die Schicksale, auch der Cultus haben das Zwitterwesen hervorgebracht, als welches der Jude heute so unbegreiflich und unharmonisch in Europa dasteht.

Die zwei Gesetztafeln des Moses, auch wir haben sie, aber uns hat Christus diese Steine mit Rosen umflochten — mit den Rosen der Liebe. Dieses Eine hat die ganze Aenderung zwischen dem Alten und dem Neuen Testament, zwischen dem Morgen- und dem Abendlande vollzogen. Wenn der Jude diese Rosen um seine Gesetztafeln und um sein Herz schlingen wird, dann wird er heimisch sein in Europa und unter allen Völkern, wie so Viele der Besten seines Stammes heute heimisch sind, und wie alle Menschen heimisch sein könnten untereinander, wenn sie die Liebe hätten.

Diese Gedanken wurden unterbrochen, als sich der Rabbiner umwendete, um dem Volke sein Angesicht zu zeigen; er zeigte auch mir es und ich erkannte in ihm den alten Herrn von der Bierhalle, der das Judenthum so seltsam pathetisch vertheidigt hatte.

Als nach einem bedeutenden Lärmen, den die Gemeinde erhoben, der Gottesdienst zu Ende ging, trat von der Seite her aus einer Nische ein Tempeldiener in schwarzem Talare und mit der üblichen schwarzen Mütze auf dem Haupt.

Ich erkannte in ihm meinen blonden Gesellschafter, der einige Stunden früher mit so großer Entrüstung vom Judenthume gesprochen.

So hatte ich denn in der Synagoge einen Einzigen verachten gelernt, und in ihm verachte ich all diejenigen Juden, die aus persönlichem Vortheil, aus Feigheit oder Wohldienerei ihre Abkunft, ihr Volk verleugnen. Es giebt viele solcher! Und so weit ist's gekommen, daß man gerade den ärgsten antisemitischen Schreier vom Scheitel bis zur Zehe genau betrachten sollte, ob nicht vielleicht in ihm selber ein ganz gemeines Tröpflein semitischen Krämerblutes kreise. — Schon der Umstand, daß er materieller Vortheile wegen die Ideale der Gesittung und ewigen Menschenrechte verletzen mag, deutet darauf hin.

„Was wollt Ihr mit diesem Stück?" fragt nun der Leser, „soll es eine Erzählung sein?"

So halb und halb.

„Oder eine Art Bergpredigt?"

So halb und halb.

„Steht Ihr bei den Antisemiten oder bei den Philosemiten?"

Ich stehe zwischen Beiden — in der Mitte, wo der Mittler zu stehen hat, der die Hände beider Parteien ineinander legen will.

„Die unsern in die des Juden?"

Sei kein Pharisäer!

Von der Verpachtung unserer Vernunft und Menschenwürde.

Es war zu Neujahr 1883.

Da saß am Tische seines Hauses ein hoffnungsvoller Jüngling, welcher mit frischen Blumensträußen spielte. Neben ihm hockte ein Kerlchen, das sich auf den Greis hinausspielte, eher aber ein Mann in den besten Jahren war.

„Nun," sagte dieser, „Bursche, wie steht's? Wollen dies Jahr doch auch wir Zwei ein Geschäft miteinander machen!"

„Bleib' mir vom Leibe!" rief der junge Mann unwirsch und schlug mit dem Strauß in die Luft hinein.

„Gut, gut!" sagte Jener und that, als ob er sich erheben wollte. Weil er dabei mühselig that, so suchte ihm der Jüngling behilflich zu sein; aber die Hand, die dieser ihm zur Stütze reichte, hielt der Andere fest und ließ sie nicht mehr los.

„Sei vernünftig, Jüngelchen!" sprach er. „Bedenke, wenn Du mich fortschickst, was das für ein ödes Jahr werden würde! Die Börsen geschlossen, das Militär lahmgelegt, die politischen Parteien aufgelöst, die confessionellen Fragen versandet u. s. w. Und erst der Carneval! Junger Freund, denke an Deine Vorfahren, die mit mir auf gutem Fuße gestanden sind, und vermiethe auch Du mir das Gehirn der Menschen!"

„Du hast ja ohnehin Dein Ausgeding, was willst Du mehr?"

„Der Leute Kopf will ich, wenigstens auf ein paar Monate. Dein Vater hat ihn mir im vorigen Jahre auf sechs, Dein Großvater auf mehr als acht Wochen vermiethet."

„Was bietest Du?" fragte der Jüngling als Sohn seiner Zeit, der schließlich Alles feil ist.

„Sorglosigkeit während der Pachtzeit."

Das klang dem jungen Hausbesitzer freilich süß.

„Wohlan," sagte er, „Du sollst das Hirn der Leute haben, aber nur auf einen Monat. Nicht um eine Stunde länger. Ich habe für dieses Jahr Verschiedenes vor, wozu ich es benöthige."

„Du bist ein schrecklich hölzerner Patron," sagte der Greis und grinste dabei sauer vor sich hin. „Was soll ich denn mit einem Monat anfangen?"

„Das ist Deine Sache."

„Wohlan! Abgemacht!"

Der Contract mit gegenseitiger Unterschrift lautete:

„Das Jahr 1883 vermiethet mir gegen Sorglosigkeit auf gleiche Zeit vom 6. Januar bis inclusive 6. Februar das Gehirn der Leute.

1. Januar 1883. Der Teufel."

Alsogleich nach Abschluß des Geschäftes erhob sich der Greis, erhob sich flink und hinkte hastig davon, um seine Anstalten zu treffen.

Und als der 6. Januar gekommen war, da fingen die Leute an, sich wie toll zu geberden: zu hüpfen und zu tanzen, zu prassen und zu schlemmen. Jegliches Ideal war umnebelt, die Leidenschaften, die sonst hoch hinaus wollten, wurden zum Thierischen niedergedrückt. Nicht, was man liebte, wollte man besitzen, sondern was pikant war; nicht was schmeckte, wollte man essen und trinken, sondern was viel Geld kostete. Kein Mensch dachte an Gesundheit mehr, Jeder an tolle Ergötzung; die Freunde foppten sich und das Restchen Wahrheit wurde noch maskirt, verstellt — Alles war da, um zu täuschen und getäuscht zu werden. Gescheite wurden närrisch, Narren lächerlich vernünftig, und Manchen, der das Jahr über an hochgradiger Ordenssucht schwer laborirt, sahen wir mit einer Brust voll Cotillonorden getröstet und selig sein.

Der Teufel als Festgeber trieb sich mitten drin als Harlekin, Debardeur oder Domino umher, dann wieder im schwarzen Frack als feiner Weltmann und machte die Honneurs.

So auch sagte er einmal einem schwarzen Domino seiner hübschen Augen wegen ein, wenn auch nicht überwiegend geistreiches, so im Ganzen doch recht artiges Compliment. Die Maske zog ihn in einen Winkel und lispelte: „Kennst Du mich? Deine Großmutter!"

Der Teufel schrak zurück.

„Du bist sehr harmlos geworden, mein Sohn," sagte die Dame; „wenn Dir das genügt, die Leute in gedankenloser Tollheit umherzujagen, sich einander in kindischem Spiele zu täuschen, ihnen die Sinne zu kitzeln nach kleinlichen Sünden, wie man sie in jedem Bazar nach dem Dutzend kauft! Wie fructificirst Du die sieben Todsünden, mein Sohn? Die Hoffart befriedigst Du mit Rauschgoldkronen und bunten Papiersternen, den Neid steigerst Du nur bis zu den weißen Lärvchen fader Tänzerinnen, die Unzucht . . ."

„Großmama," unterbrach sie der Teufel, „ich bitte nicht zu vergessen, daß wir uns im Salon befinden!"

„In der That, da sind die Worte nicht schicklich. Doch frage ich Dich, wie förderst Du den Betrug?"

„Der Restaurateur verkauft das kleine Glas Bier um zwölf Kreuzer, die Trüffelpastete ist gefüllt mit . . ."

„Lappalien! Keinen Raub, keinen Todtschlag!"

„Keinen Todtschlag?" begehrte der Teufel auf und wies mit den schneeweiß behandschuhten Klauen auf die im Tanze hinrasenden Gruppen: „Siehst Du sie glühen, schäumen das junge Blut, brennen die Wangen, toben im Fieber die Adern? Da gießen wir jetzt Eiswasser drauf, Gefrornes, Schaumwein, auch frisches Bier, treiben sie in die kalte Nachtluft hinaus . . ."

„Ach, schade um die Reclame," klagte sie, „um die lärmenden Anstalten für Deinen Carneval! Das Resultat bleibt doch ein sehr armseliges."

Jetzt zog der Teufel seine Großmutter noch tiefer in den dunklen Winkel hinein. „Ehrwürdigste!" sagte er, „Du thust mir in der That Unrecht und weißt nicht, was Du sagst. Es ist nicht mehr so, wie einstmals, als Du noch das Geschäft geleitet. Es ist eine andere Zeit, für die Du kein Verständniß hast. Deine drastischen Mittel, als Hexenwesen, Inquisition, Racenmord, wie sie in Deinem tausendjährigen Kalender als Hausmittel stehen, wirken nicht mehr. Die Leute nennen derlei bereits allgemein Irrthümer, und Irrthümer wollen sie nicht begehen. Sie sind schrecklich aufgeklärt geworden und haben vor jeglicher Askese einen solchen Abscheu, daß sie nur mit dem geraden Gegentheil zu fangen sind. Man muß das Gift fein zerreiben, mehr Zucker dazu geben, es in niedliche Büchschen thun und bunte Etiquettchen mit renommirter Firma d'raufkleben. D'rauf gehen sie wie die Ratten auf den Speck, meine liebe Großmutter!"

„Als ob ich für den Alltagsgebrauch nicht auch meine Finessen gehabt hätte!" bemerkte die Dame im Domino.

„Wie Du die unerfahrene Jungfrau auf den Ball schickest, damit sie mit dem Buhlen Bekanntschaft macht, so sandte ich sie zu meiner Zeit für diesen Zweck mit dem Gebetbuch in die Kirche. Du hast die kleinen und großen Sünden nur ein wenig verweltlicht und glaubst, was Wunder damit vollbracht zu haben."

„Großmama, ich habe die Wissenschaft entgöttert..."

„Und die Kunst profanirt! willst Du beisetzen. Ich aber sage Dir, mein Sohn, das hast Du nicht gethan. Und wenn Du es gethan hast, dann bist Du mein Kind nicht mehr! Denn einen besseren Dienst hätte selbst Go-Go-Gott den Menschen nicht erweisen können, als das Weltliche vom Göttlichen zu sondern. Dein Verdienst dabei ist nur die kleine Begriffsverwirrung, daß die neuen Weltweisen bei dem Menschen Leib und Seele unzertrennlich miteinander verschmelzen, während sie sonst das Göttliche und Weltliche für alle Ewigkeit von einander trennen wollen. Du siehst, ich verstehe auch etwelches von Eurer modernen Philosophie!"

„Um Vergunst, Großmama," sagte jetzt der Teufel, „Deiner eben gemachten werthen Aeußerung nach zu schließen, verstehst Du von dieser Philosophie eben sozusagen gar nichts. Du solltest doch wenigstens Büchner's „Kraft und Stoff" lesen oder Eduard v. Hartmann's „Philosophie des Unbewußten"! Das ist leicht faßlich und kannst Dir damit den Anschein geben, als hättest Du etwas gelernt.... Vom Göttlichen sprachst Du da, liebe Mama! Unsere Weltweisen kennen nichts Göttliches; sie haben nur die Materie und was da aus- und eingeht, das ist ihr Eins und Alles. Solltest Du denn nicht auf die Vermuthung kommen, daß solches ein wenig mein Verdienst sein könnte?"

„Laß hören, Enkel!"

„Das Göttliche war uns als Erbfeind immer gefährlich, darum hast es Du zu Deiner Zeit recht geschickt mit Menschen=blut besudelt, zur Fratze entstellt, zu einem Schreckbilde gemacht. Ich bin von derlei Rohheiten kein Freund; ich habe nichts gethan, als das Göttliche den Menschen gestohlen, seine letzte Spur aus den Köpfen weggespült, seinen Keim aus den Herzen vertilgt, seine Wärme aus dem Leben geblasen. Das, was Du hier als Menschengeschlecht umhertanzen und =taumeln siehst, das ist nur ein chemisches, elektrisches, magisches Spielwerk der Natur, kaum der Ehre werth, daß sich der Teufel noch damit befaßt."

„So komme mit mir zu den Wilden Afrikas und Süd=amerikas. Wenn es mit diesem blassen Geschlechte so weit ist, wie Du sagst, dann muß es ja auch ohne uns bald wie aus=gedörrter Lehm in Staub zerfallen."

„O, glaube das nicht!" sagte der Teufel. „Tief, tief im Grunde des Herzens glüht ihnen noch ein Funke, den ganz zu verlöschen mir bisher nicht möglich war. Ich habe ihn in sogenannten guten Zeiten durch Verweichlichung zu ersticken gesucht; aber in der friedlichen Entwicklung der Gesellschaft glimmt er still weiter. Ich habe wilde Stürme heraufbeschworen, aber Noth und Drangsal fachen diesen Funken immer wieder von neuem an und gehört allemal sehr viel kritisch philo=sophischer Sand und thierisches Excrement dazu, um das Feuer einzudämmen. Verlasse ich sie, so währt's nicht ein Menschen=alter und Alles brennt lichterloh."

„Was ist also Dein Plan?" fragte des Teufels Groß=mutter.

„Du siehst es ja," antwortete er, und wies auf die Ballnacht hin, auf die Costüm= und Volksfeste, auf die üppigen Tafeln, rauschenden, sinnlos tollen Schaustellungen aller Art,

„ich betäube sie. Das ganze Jahr ist mir dazu günstig, weil mir der Materialismus und Skepticismus gut vorarbeitet; der Carneval aber ist mir in meiner Ausführung am günstigsten. Im Jahre nur einen Monat gebt mir den Menschen, für die übrigen elf giebt er sich selbst. Mir dient der Carneval mehrfach: er betäubt den idealistischen Zug der Geister, er regt das Thierische in den Sinnen an, fördert den gemeinen Geschmack auf die erfreulichste Weise und betrügt die Menschen um ein werthvolles Stück ihrer kurzen Zeit, in der sie sonst Großes schaffen könnten. Ihr Leben ist gar vernünftig eingetheilt, ihr Plan zur materiellen und geistigen Entwicklung verdammt klug. Dann und wann eine Bresche hinein durch allgemeine Manifestirung der Narrheit, Unvernunft und Gemeinheit — und sie werden ihr Ziel niemals erreichen. Daß sie hier in bunten Lappen lustig sind, ist noch das Wenigste. Geh' in die Häuser; in den Familien wird der heitere Ernst, die trauliche Ruhe unterbrochen: Verkleidungen, geschwärzte Gesichter, unsinnige Gesellschaftspossen — es ist ja Carneval! Die schlichte Hausfrau wird Weltdame, das Kind in der Wiege ist nicht mehr sicher, kein Platz für ihn da, wenn wir Gäste haben! Prunkende Hausfeste giebt man, um die innere Zerfressenheit zu maskiren; Mahlzeiten, die den Haushalt oft auf ein Vierteljahr lang alteriren — es ist ja Carneval! Anstand und Gesundheit auf die Schanze geschlagen, mein Gott, im Carneval! Der reelle Geschäftsmann ist mißmuthig, der Wucherjude lacht sich in's Fäustchen. Der Zeitungsschreiber ist superwitzig, der Student superfaul und strengt sich doch am meisten an — es ist ja Carneval! Betteln geht er, der Herr Student, der sonst jede vermeintliche Ehrverletzung auf der Mensur zu sühnen pflegt und die Zukunft der Welt aus den Stiefeln trinkt — betteln um Geld-Patronessen für seine Carnevalfeste! Die Künstlerwelt zerstreut und gefällt sich in Costümfesten, deren Witz und Laune dem Galgenhumor auf's Haar ähnlich sehen. Das Tollste und Blödeste von Allen kommt auf's Theater, und die Possen- und Operettenschreiber laufen bereits Gefahr, den höchsten Grad der Dummheit erschöpft zu haben. Denn dumm und trivial und zotisch müssen wir sein, um jeden Preis — es ist ja Carneval! ... Es würde sich in normalen Zeiten vielleicht hie und da ein Sümmchen Geld ansammeln oder ergeben, das möglicherweise der wirklichen Kunst zugewendet werden könnte; liebäugelt man doch mit den alten Kunstvölkern und möchte gerne vollendete Gemälde in den Gallerien, hehre Statuen auf den öffentlichen Plätzen, die echten Kunstsinn wieder erwecken könnten. Auch das Verlangen nach einem guten Schauspiel ist noch nicht ganz erstickt; nach reiner Musik sehnen sich immer noch Etliche. Da ist's allemal hohe Zeit, daß solche Vermögens- und Willensanläufe durch den Carneval zerstreut und vergeudet werden. Ich wünsche nur, daß es keinem Statistiker einfallen möchte, zu berechnen, wie viele Millionen jährlich in einem Lande dem Carneval zu Ehren verpufft werden für Flitter, für Thorheit und Niedrigkeit, für katzenjämmerliche Unlust zum Schlusse — Pfui Teufel!"

„Am Ende bist Du unwirsch darüber!" bemerkte die Großmutter.

Er lächelte fein und sagte: „Eine gewisse Entrüstung muß der Teufel stets zur Schau tragen, wenn etwas Böses geschieht. Sonst kommt man ihm dahinter. Ich habe schon meine Gesellen, Ausrufer, Schreiber und Sänger, die dem Carneval Hymnen singen, die ihm eine historische, gesellschaftliche, ökonomische und wohl gar — ethische Berechtigung zuerkennen. 's ist eben auch ein Fastnachts-Mummenschanz!"

Noch sprach er, als plötzlich ein junger Mann vor ihm stand und die beiden Gestalten scharf fixirte.

„Was geht Dich mein hübscher Domino an?" versetzte der Teufel übernächtig heiser. „Hier meine Karte!"

„Ei lass' den Unsinn!" sagte der Jüngling. „Da sieh, Dein Contract ist abgelaufen!"

Während es Mitternacht schlug, warf er die Fetzen der Schrift dem Wichte vor den Pferdefuß.

„Sei's!" knurrte der Teufel und streute eine Handvoll Asche über die Menge. Da verdüsterte sich der Saal, nach ausgetobten Orgien taumelten die Geschöpfe Gottes betäubt in den Staub.

Der schwarze Domino stand aufrecht und sagte: „Mein Sohn, ich bin mit Dir zufrieden!"

Von der Trostlosigkeit der Großstädte und ihrer Leichenstätten.

An einem heißen Spätherbsttage ging ich durch die große Stadt. Es war zur Mittagszeit und es war Dämmerung; denn der feuchte, rostgraue Nebel lag über Allem, daß man kaum drei Häuser weit von sich sah. In den Gast- und Kaufmannshäusern, in den Beamtenstuben mußten sie Gaslicht brennen, während in den Thürmen die Zwölf-Uhr-Glocken läuteten. Freilich war dieses Läuten kaum zu hören, denn der Lärm auf der Straße war gar zu wüst. Auf den schmutzigen Pflastersteinen knarrten Hunderte von Rädern und schwere Fuhrwerke, die kein Ende nahmen, ächzten zur Linie herein, an mir — dem Hinauswandernden — vorüber. Berge von Heu und Schilfgras wankten auf den Rädern, und an schweren Rössern her die Fuhrleute, blaukittelige, kurzspenserige, engbehoste Slovaken und Croaten, Wagen mit schweren Fässern, und auf den Fässern lagen mit herabhängenden Armen oder Beinen die Fuhrleute und schliefen Räusche aus, während die Pferde im Straßengewirre sich selbst überlassen waren. Neben und zwischen den Lastwagen her tummelte sich die Schuljugend, trippelten Korb- und Buttenträger, huschten andere Gestalten, Hast oder Abspannung in den Zügen. Einspännige, zweispännige Kutschen rasselten, wanden sich geschickt zwischen, unter den Lastfuhren durch. Breite Plättenwagen, mit gebundenen Kälbern beladen, klapperten rasch heran; die Köpfe der armen Thiere hingen theils über den Rand herab, mitunter hoben sie sich ein wenig, glotzten mit verglasten Augen die Vorübergehenden an und versuchten zu röhren, waren aber schon heiser. Dazwischen ein besetzter Pferdebahnwagen, eine überfüllte Omnibuskutsche, die eckigen Ungeheuer der Transportwagen, die Geschäftskarren der Gewerbsleute mit den kecken Lehrjungen, schmutzige Rangen, barfuß oder in Schlappschuhen, die beständig im Straßenkoth kleben bleiben wollten. Auch Hunde sind zu Lastthieren geworden und schleppen lechzend am vollgepfropften Karren. An Kreuzungspunkten stocken die Wagen, verwirren sich ineinander, die Fuhrleute fluchen einander Herz und Seligkeit aus dem Leibe und bedrohen sich mit den Peitschen oder werden gar handgemein. Man kann gar nicht begreifen, wie diese Leute, die das gleiche Schicksal tragen und sich als Zusammengehörige fühlen sollten, bei jedem kleinen Anlaß aufeinander so wild und roh sein mögen! Dann kamen wieder Reihen von Getreidewagen, dazwischen Triebe von Schlachtochsen, Schafheerden, Rudel von kugelrunden, grunzenden Schweinen. Und wieder Heuwagen und wieder Fässerkarren und wieder Schlachtvieh, so ununterbrochen, daß man kaum über die breite Straße gehen konnte.

Das nahm kein Ende.

Ich war bereits vor die Linie gekommen; zur Rechten und zur Linken Spelunken, kleine Krämerladen, armselige Hütten mit grünbemoosten Schindeldächern. Dazwischen neue drei und vier Stock hohe Häuser mit prunkhaften Verzierungen an der Fronte und kahlen Feuermauern an den Seiten. Dann Lücken hinaus auf die nebelige Heide, auf

welcher die dunklen Umrisse von Fabrikschloten stehen, die ihren schwarzen Rauch in den schmutzigen Nebel hinein=
speien.

An den Häusern hin taumeln übernächtige Gesellen, Weiber, denen Laster und Elend im Antlitz geschrieben steht, bettelhafte, freche Kinder und wieder keuchende Lastträger, ächzende Wägen, schwerfällige Ochsentriebe, Heerden von halb=
lahmen Pferden, Riesenkäfige mit Geflügel, Obstkrippen, Ge=
treidefuhren endlos vom frühen Morgen bis in den späten Abend. Eine Million Menschen muß hier ernährt werden jeden Tag, und da werden die hundert Straßen, die von allen Richtun=
gen her in die Stadt führen, fast zu enge und sind trotzdem viele Tausende im Steinhaufen, die nicht satt werden jeden Tag, und Hunderte, die in Kellerlöchern der Paläste wohnen und allmählich an Hunger sterben.

Das ist die große Stadt, der heute Alles zutrachtet. In dieser Stunde, wo finsterer, stinkender Nebel hier Alles ein=
hüllt und durchdringt, leuchtet draußen auf den Bergen der milde Sonnenschein, schimmern wie rothes Gold die Buchen= und Lärchenbestände, steht der frischgrüne Tannen= und Fichtenwald, rieselt der klare Bach.

Verloren haben sie die Empfindung für solche Schön=
heit, verloren die unseligen Menschen das Heimweh nach dem ländlichen naturgemäßen Leben; die edleren Sinne sind stumpf geworden, nichts kennen sie mehr, nach nichts trachten sie, nichts träumen sie als materiellen Genuß. Einst waren die Städte das Verfeinernde, Vergeistigende, jetzt werden sie bald das Gegentheil sein. Große Städte sind Eiterbeulen, an denen, wenn ihrer zu viele werden, die Menschheit zu Grunde gehen muß. Sie sind nothwendige Uebel der Cultur, nur wähle man von diesen Uebeln nicht mit Vorliebe das größte.

Solche Gedanken kamen mir auf dem Wege hinaus durch die Vorstädte und Vororte, und es war doch nichts als das alltägliche Uhrwerk, das Jedem offen daliegt. Ich sah die Unruhe, aber ich sah die Triebfedern nicht, und ich sah nicht das eigentliche Laster und Elend, ich sah nicht das Ungeheuerliche, das sich tausendgestaltig in diesem Häusermeer verbirgt.

Endlich waren die letzten Gebäude zurückgeblieben und um mich war Feld und Nebel. Auf der Straße aber noch dasselbe Gedränge, derselbe Lärm und ein Doppelgeleise der Pferdebahn, auf dem immer noch die überfüllten Waggons rollten, deutete darauf hin, daß es noch nicht aus sei.

Und es war noch nicht aus. Durch den Nebel tauchten öde Rohziegelgebäude auf und eine Umfassungsmauer, die an der Straße hin nimmer ein Ende nehmen wollte, zeigte den Beginn einer neuen Stadt.

Die Stadt der Todten! Friedhof kann man sie nicht nennen, den Eindruck macht sie nicht; Leichenfeld ist dafür der beste Name. Zahlreiche Friedhöfe hatte man einst angelegt um die Stadt; mit dem Wachsen derselben wurden sie fortwährend vergrößert, daß sie in weiten Aeckern dalagen, doch endlich machte ihnen eben dieses Wachsen den Boden streitig. Der Tod aber hält jeden Tag und jede Stunde seine Ernte, so sicher quellen die Leichen ununterbrochen aus diesem Steinhaufen, als der Wasserstrom, der an ihm vorbeirinnt, aus seinen fernen Quellen. Wohin mit den Todten? Eine weite Ebene, deren Kornfelder bisher einen ganzen Stadttheil ernähren konnten, wurde erworben und zum Leichenfeld gemacht. Ein schlechter Tausch, den das ewig zum Geben bereite Fruchtfeld eingehen mußte. Auf dem Lande, wo die Leute an eine Auferstehung glauben, ist es leicht, Friedhof zu sein, da

ist Alles Leben ringsum und Alles Hoffnung. Hier Alles
tobt, so weit das Auge reicht: Gräber und Steine und Nebel.

Die tausend und tausend Menschen, die täglich hinaus=
ziehen mit ihren Todten, zu ihren Gräbern, sie zerstreuen
und verlieren sich auf der weiten Fläche, und Einöde ist und
Einöde bleibt über dem Moder des hingesunkenen Geschlechtes.
Seit den wenigen Jahren, als das Leichenfeld besteht, sind
auf demselben so viele Menschen begraben worden, als z. B.
Brünn und Graz und Linz zusammen Einwohner haben.
Da liegen die Leichen übereinander in einer doppelten Schichte
zu sechs und zu acht Schuh tief. Auf dem Lande ruhen alle
Schläfer mit den Füßen gegen Sonnenaufgang hin, gleichsam
um dem ewigen Morgen entgegenzuschauen. Hier nichts von
Derlei, hier liegen in Doppelreihen die Köpfe gegeneinander,
die Körper nach allen Richtungen hin — so wenig wie im
Leben auch im Tode ein gemeinsames, idealeres Ziel. Die
Vornehmeren haben steinerne Denkmäler, meist Obelisken, oft
plump und schwerfällig, doch ohne monumentalen Charakter,
zu sehen wie der versteinerte Wald im Märchen — eine öde,
trostlose Einförmigkeit. Von den Armen ist nichts übrig ge=
blieben als — Nummern. Die Wege numerirt, die Gruppen
numerirt, die Gräber numerirt — nichts als Ziffern. Ein
ungeheurer Curszettel, aber — Baisse ist!

Ich bin ein trauser Kopf, hätte ich bei der Anlage dieses
Leichenfeldes was mitzureden gehabt, es wäre so einfach nicht
abgegangen. Ich hätte nebst den Ziffern und Zahlen für
jeden Weg, für jede Gruppe auch noch Namen haben müssen,
die irgend einen sinnigen Begriff, eine freundliche oder er=
hebende Vorstellung bewirken könnten, daß der Friedhof an
Poetischem und Idealem wenigstens den Gassen der Stadt,
den Bergmannsörtlichkeiten, der Eisenbahn nicht nachstehe.

Wie ist's da im Leben? Diese Gasse heißt Schillergasse, dieser Schacht heißt Barbaraschacht, dieses Schiff heißt Neptun, diese Locomotive heißt Admont oder Aussee. Warum sollen nicht auch die Gassen und Gruppen auf dem Leichenfelde ihre sinnigen Namen haben, durch welche sie im Gedächtnisse des Volkes haften bleiben? Wie freundlich klänge es: Er ruht in der Gruppe zum Frieden Gottes. Wie lieblich hörte es sich: Sie ruht in der Abtheilung Rosengarten. Wie erhebend: Das Grab ist in der Gruppe der acht Seligkeiten. Wie sinnig wären Gruppen mit der Bezeichnung: Ostermorgen, Treue, Wiedersehen u. s. w.

Aber das Alles ist einem Geschlechte nicht zuzumuthen, das nur in Ziffern lebt und also auch in Ziffern begraben sein will.

Ueber Grüften stehen prunkhafte Grabmäler. Häufig tragen solche die Porträts der Verstorbenen in Marmor, wenn nicht gar in — der Photographie. Vor Kurzem erst sah ich jenes Marmor-Grabdenkmal in Triest, wie ein Engel über dem Grabe sitzt, in der Hand die Posaune, den Blick fragend gegen Himmel gerichtet, als warte er auf Gottes Befehl, die Todten zu wecken. Balsam ist eine solche Vorstellung für das Gemüth des Trauernden, und selbst der Materialist kann sich in seiner Thierwürde nach meiner Meinung nicht zu tief verletzt fühlen, auf dem Grabe seiner Lieben ein künstlerisch vollendetes Symbol der Auferstehung zu sehen, da ja auch er den Tod nur als eine Verwandlung kennt.

Auf unserem Leichenfelde sind derlei idealistische Denkmäler selten. Immer nur die plumpförmigen, nichts bedeutenden Beschwersteine auf den Gräbern.

Raisonnirt nicht! sagen — oder vielmehr schweigen die Todten — wir rasten doch gut.

Ja, glaubt Ihr denn, Ihr lieben Todten, daß der Friedhof für Euch da ist? Für Euch ist's so gut und anders gut, und da und dort und überall gut. Aber wir armen Lebendigen, die wir den Tod empfinden, den Ihr gestorben seid, wir bedürfen des Trostes der Pietät, der Kunst. Wir bedürfen der Rücksicht und Liebe unserer Mitmenschen, und unsere Herzen, die wund sind Euretwegen, haben hartes Weh, wenn sie gestoßen werden mit den Ellbogen herber Wirklichkeit, die wenigstens auf dem Friedhofe sanftere Formen annehmen sollte. Seht, wie da Alles so fabriks= mäßig zugeht und so jahrmarktartig auf den Gräbern, und so kokett und selbstliebig und großsprecherisch und gewinn= süchtig, und Einer dem weinenden Herzen des Neben= menschen Fußtritte versetzen kann, handelt es sich darum, eines Andern Hügel mit Prunk zu schmücken! Da hat er dem Andern so lange Unrecht gethan, bis derselbe gestorben ist und nun prahlt er mit seinem Grabe.

Und ähnliche Sachen sind es, die man auf den Fried= höfen großer Städte viel häufiger findet, als auf den stillen Gottesäckern draußen zwischen Feld und Wald, wo ein auf den Hügel hinsinkendes Holzkreuzlein lauter an unser Herz pocht, als dort das prosaisch prunkhafte Marmormonument, durch welches der Gründer desselben gleichsam allen Vorüber= gehenden zuruft: Auf zwanzigtausend Gulden schätze ich die Trauer um meinen Todten, so viel hat mich dieses Grabmal gekostet.

Warum kam mir kein weihevoller Gedanke, als ich in das Leichenfeld eintrat? Warum kam mir keiner, als ich davonging? Habt Ihr von einer Gräberausstellung noch nichts gehört? Ich auch nicht, aber hier muthet es wie eine solche an. Und doch, wie viele Thränen sind schon hinab=

getropft auf diese Kieswege, auf diese Rasen! Es ist ein
heiliger Ort und um Verzeihung bitte ich die Weinenden für
manche harte Bemerkung, sie galt nicht ihnen, sie galt dem
Allgemeinen, dem Trivialen und Pietätlosen, dem aller Poesie
baren Massenleben und Sterben der Großstadt.

Als ich wieder im Gewoge der Straße auf dem Rückwege
war, da begegneten sie mir ohne Zahl und ohne Ende, die
schwarzen, kistenartigen, geschlossenen Wagen. Auf ihrem
Deckel steht ein Kreuz. Ein solcher Wagen faßt vier, sechs
und auch mehr Särge. Rasch traben die Pferde mit diesen
unheimlichen Kutschen dahin. Dann und wann ein reicher,
geschmückter Leichenwagen, aber im selben raschen Trab. Erben
halten wohl den Sack auf, aber die Nase zu und von einem
feierlichen Trauerzug auf den Friedhof kann hier keine Rede
sein. Auch Pferdebahnwaggons und Omnibuswagen sind für
Leichentransport eingerichtet und manch elegante Herrschafts=
calesche, die hier dahinrollt, birgt in sich einen Sarg oder
ein Särglein. Lastfuhrleute verdienen sich gerne ein paar
Kreuzer auf Schnaps, indem sie eines Armen braunen
Schrein befördern. Kurz, in allen möglichen Fahrgelegenheiten
unternehmen die Todten ihren letzten Ausflug oder besser
ihre Heimkehr. Von Mittags bis Abends jeden Tag bewegt
sich aus der großen lebensüppigen Stadt dieser schwarze Zug
des Asphodils. Wie hundert Quellen im Walde zum Bach,
so sickert er zusammen aus den Häusern der Bürger, aus den
Palästen der Großen, aus den düsteren Kammern der Armen.
Er sickert zusammen aus den Kasernen, Klöstern, öffentlichen
Spitälern und Leichenkammern für Unbekannte, Heimatlose.
Manche dieser Leichen gab der Strom zurück, der durch die
Stadt rinnt, manche lieferte der Revolver, das Gift, der
Strick, der Hunger, die Keule des Mörders, manche das

Kohlengas, die Maschine; tausendfältig erntet der Tod in den Städten und alle Erfindungen der Cultur nutzt er als Werkzeug in seinem ewigen Amte. Wer von manchem Sarge, der hier dem Leichenfelde zueilt, den Deckel heben könnte, er würde nicht den friedlich ausgestreckten Schläfer finden, sondern etwa einen zerstückten Cadaver, Theile nur eines menschlichen Leibes, vielleicht verschiedener Personen, in einem Sarge vielleicht drei Hände und keinen Kopf, wie hineinzuwerfen es eben den wissenschaftlichen Fleischhauern gefällig war.

So kreuzt sich auf dieser Straße der Todtenzug mit den unerschöpflichen Zuflüssen von Lebensmitteln. In die Stadt hinein todte Thiere, aus der Stadt heraus todte Menschen.

Nach zwei Stunden solchen Weges ging ich entlang dem glänzenden Corso der Stadt. Der putzige Leichtsinn, die genußsüchtige, unersättliche Hohlheit der Gecken und Flanirer und Alles, was sie hier die Lust des Lebens nennen, vervollständigte in mir noch den widerlichen Eindruck, den dieser Spaziergang auf mich gemacht hatte. So öde und betrübt war meine Seele geworden, daß es mich nimmer litt in der Stadt, daß ich fort mußte und hinan auf freie, sonnige Bergeshöhe. Und als ich dort oben stand in der stillen, reinen, friedensreichen naturfreudigen Welt, fiel mein Blick noch einmal hinaus auf das graue Nebelmeer, das den Abgrund deckt.

Dann wandte ich mich um, und aus dem Fenster einer nahen Hütte lächelte das rothwangige, helläugige Gesicht eine Kindes.

Von unserem entarteten Todtencultus.

Oft geschieht es, besonders in der Jugend, daß man sein Herz an einen Menschen hängt, der weder an Charakter, noch an Opferwilligkeit all der Freundschaft und Herzensinnigkeit würdig ist, die man an ihn verschwendet. Es giebt Jugendfreundschaften, die nicht auf Gleichartigkeit der Vorzüge, wohl aber auf Gleichartigkeit der Schwächen und Leidenschaften begründet sind. Ein junges, tiefer angelegtes Gemüth kann oft den seichtesten, eigensüchtigsten Gesellen vergöttern und in sich schließen, wie im Leben kaum wieder einen Andern.

Und es geschieht, daß derselbe liebesselige Mensch gegen seinen wahren Wohlthäter, der in unwandelbarer Treue an ihm hängt, kühl und gleichgiltig ist und es für selbstverständlich hält, Der oder Jener müsse ihm dienen, in Allem seine Vortheile wahren und zu jedem Opfer bereit sein. — Dann kommt ein Tag, da er vor den Gräbern steht. Hier liegt der „Jugendfreund", hier ruht der Leib des Mannes, der Liebe gab, ohne Liebe zu heischen. Jetzt schlägt das Herz des Lebenden um; am Grabe des Jugendfreundes gedenkt er der Vergänglichkeit der Freuden, an der Ruhestätte des Wohlthäters fühlt er die Beständigkeit des Guten, welches lebte, so lange das treue Herz lebte, und welches nicht starb,

als das treue Herz brach, sondern aus dem Grabe neu
wieder emporquillt und den Danklosen ergreift, beseelt und
adelt. —

Aus dunklen, moderigen Gründen der Welt flackern,
ach, wie oft, Irrlichter auf; jene Flämmlein aber, die auf
Gräbern glühen, sind immer echt und immer wahr — an
ihnen sollten die Lichter des Traualtars und die Flamme
des häuslichen Herdes angezündet werden. Ja noch mehr,
auch die Kerzen der Salons, wo der Flitter, die Hoffart und
die falsche Zärtlichkeit sich breit machen, möchte ich mit einem
Grablichte anzünden.

Es ist ärgerlich genug, daß die Menschen so verschroben
sind und die größte Zeit ihres kurzen Lebens damit zubringen,
sich gegenseitig zu quälen. Diese Welt an und für sich ist
gar nicht eitel, sie ist so überaus schön und hat für Jeden
etwas, um ihn auf eine Weile selig zu machen. Selbst das
Unglück, das uns die Elemente zufügen, und die körperlichen
Schmerzen, die Keinem geschenkt sind, dessen Leib für sinnliche
Freuden gebaut ist, sind leicht zu ertragen, wenn in uns
der Gewissensfriede und um uns die Liebe der Mitmenschen
herrscht. — Es scheint so einfach zu sein; wir brauchten gar
nicht einmal besser zu werden, nur ein klein wenig klüger,
daß wir einsehen könnten: Es ginge Jedem von uns besser,
wenn er der wahnwitzigen Selbstsucht Herr werden könnte,
wenn ihn die Freuden Anderer ein bischen mehr beglücken
könnten, wenn er sein Heil nicht so ganz und gar auf das
allein stellen wollte, was die Naturgewalt jeden Augenblick
zerstören kann, wenn er dieses Erdendasein wenigstens nur
vom ersten Stock aus überblickte, anstatt vom Parterre. —
So einfach scheint's zu sein, und es ist doch unmöglich.
Unmöglich auch einer Cultur, die dieses Wort aus ihrem

Wörterbuche streichen will. Die Menschheit steht heute auf
einer Höhe, auf die sie sich viel einbildet. Wie aber kann
man übermüthig sein, wenn man all seine Werke auf Gräbern
bauen muß!

Doch, unser Geschlecht ist so leichtsinnig oder, wenn man
will, so gottbegnadet, daß es — auf Friedhöfen Volksfeste
abhält. In der That! Man sehe den Tag Allerseelen. Die
Trauernden, die ihre Lieben zur Erde legten, das sind die
Festgeber; schon tagelang im Vorhinein sind sie besorgt und
beschäftigt, den Festplatz zu bereiten, zu schmücken, zu be=
leuchten. Im Eifer des Aufputzens vergessen sie fast ihres
Schmerzes und anstatt der Thränen perlt von den Wangen
der Schweiß. Die Liebe, die ein Jahr lang blassen Antlitzes
in die Ewigkeit geblickt, wendet ihr Gesicht heute geschminkt
der Welt zu und in einer Art von Stolz ruft sie es dem
Volke hin: „Seht Ihr, ich habe auch meine Todten! Seht
Ihr, so halte ich meine Todten, wer Lust hat, für mich
zu sterben!"

Und das Volk, allzeit dort zur Stelle, wo es zu sehen
giebt, wo etwas Nichtalltägliches ist, das läßt nicht lange auf
sich warten. Es kommt, es tänzelt heran, rauschend, schwätzend,
lachend, es fluthet zu den Thoren herein, strömt die breiten
Wege kreuz und krumm, stolpert über Hügel und bewundert
oder bespöttelt je nach Stimmung Alles, was ihm unter die
Augen kommt. Weihrauch und Wachsduft ziehen zwischen den
Kreuzen hin, vermengt mit dem Geruche der vor den Thoren
schmorenden Kastanien. Die Leute tragen Kerzen und Kränze
und naschen, und die Gespräche, die sie führen, sind hohl, wie
die Grüfte, aber nicht so weihevoll. An sich selbst wäre der
Todtencultus ja so schön, aber er artet aus, wie jeder Cultus
ausartet, sobald er den niedrigen Neigungen der Menschen

dient. Die Friedhöfe werden zu Allerseelen zum Corso, die
Gräber und Monumente zu prunkenden Auslagen und mit
den Lustwandelnden schlüpfen zur Pforte herein die Schwächen
und die Laster, und der Pöbel, der mit seiner blöden Neu=
gierde und mit seinem schmutzigen Spotte nichts verschont,
will nun sein Müthchen auch einmal an den Todten kühlen. —
Aber hübsche, dunkelfarbige Damentoiletten giebt es, und zwar
nach dem neuesten Modejournal, damit die Trauer heuer nicht
etwa denselben Schnitt habe, wie im vorigen Jahre. Und vor
Taschendieben wird gewarnt!

Nur das Eine kann mich schier gleichgiltig machen gegen
die Todten da unten, wenn ich bedenke, daß auch sie voreinst
so pietätlos und windig zwischen Gräbern dahingeschlenkert sind.
Es ist auf Kirchweihen, Märkten und Bällen schon nicht
erquicklich, das Publicum zu beobachten, auf dem Gottesacker
vollends wird es in seiner Trivialität, in seiner Stumpfheit
und Seelenlosigkeit zum Ungeheuer. Und so denke ich: wenn
schon die einsinkenden Gräber und die darüber in tiefem Ernste
ragenden Symbole hochheiliger Ideale nicht vermögen, die
Menschen zu erschüttern und zu erheben — was soll denn
sonst noch wirken? Herzen, die von der gewaltigen Stimme
dieser ewig Stummen nicht aufgeschreckt werden, sind nicht
mehr zu erwecken. Sie haben kein menschlich Bedeuten, sie sind
nicht zu gut und nicht zu schlecht, das, und nur das allein
zu werden, woran sie hängen — Staub.

Ich spreche hier selbstverständlich nur von den großen
Stadtfriedhöfen und von jenem Pöbel aller Stände, der im
Garten der Todten nichts zu thun hat, als sich einmal für ein
halb Stündchen zu unterhalten; ich spreche nicht von Jenen,
die in den Schleier des Schmerzes gehüllt auch an diesem Tage
heranwanken, um ihre Todten zu grüßen. Sie treten in den

Kirchhof als in den Vorhof der Ewigkeit ein und sie pochen mit den Schlägen ihres Herzens an die eherne Pforte, die zwischen ihnen und den Hingeschiedenen zugefallen ist.

Du merkst, Leser, die Erregung, in der eine arme Seele diese Worte spricht. Ich bin sonst kein grämiger Bursche, aber zu Allerseelen werde ich menschenscheu und gehe am liebsten über den herbstlichen Steppenreif dahin, dort begegnen mir die Geister der Todten. Zwei meiner Freunde waren nach ihrem Tode vierzehn Jahre lang die Miethpartei eines Grabes im großen Stadtfriedhofe; ihr Gebein ist längst delogirt, ihre Asche verstreut in alle Winde. Heute ist an ihrer Stelle eine monumentale Gruft, wohnt ein Mann von der Ringstraße drinnen, der unter der Erde, wie über derselben seinen Palast haben will. Er hat schlecht gerechnet. Den Todten ist der feste Bau ein Kerker, aus dem sich die Atome nicht befreien können, um wieder in den Reigen des Lebens zu treten.

Einst hat mir ein bekannter Reisender zu Allerseelen Folgendes geschrieben:

„Mein einziges Kind, ein Sohn, der einundzwanzig Jahre alt geworden ist, ruht im Mittelländischen Meere, vierzig Seemeilen südlich von der Insel Rhodos. Als Officier des Lloyd starb er auf einer Reise nach Alexandria. Ich trat bald darauf die Reise nach Aegypten an, aber nicht um die Trümmer der Pharaonenstädte am Nil zu sehen und nicht die Pyramiden, sondern über den Meeresstrich zu fahren, vierzig Seemeilen südlich von Rhodos. Ich wollte mein Allerseelen haben — aber die Natur ließ es nicht gelten. Es war ein so lieblicher Tag, als wir darüber hinglitten und die Sonne glitzerte in dem Gekräusel des Wasserspiegels. Dort bildete sich eine leichte Welle. Das ist der Hügel seines Grabes, dachte ich, aber als wir an die Stelle kamen, war die Welle vergangen und das

unendliche Meer wußte nichts von meinem Alfred. — Auf
diesen Wässern irrte einst der ruhelose Odysseus. Ich fuhr bis
gen Cypern, dort bestieg ich ein englisches Fahrzeug und
strebte heimwärts, ohne die Küsten des Morgenlandes gesehen
zu haben. Ich durchzog die Meerenge von Gibraltar, um=
schiffte das große Frankreich und erst in Ostende verließ ich
den Friedhof meines Kindes.

Zu jener Zeit bin ich mir bewußt worden, daß auch die
Grabstätte ein Glück ist, ein Halt, auf den man sein schweres
Leid ablasten kann. Und seit jener Zeit beneide ich Jeden, der
seine Lieben im stillen Heimgärtlein eines Gottesackers bergen
kann. Nur zu Allerseelen, wenn Flunker und Eitelkeit und
der zerstreuungssüchtige Leutetroß die Todtenruhe entweiht,
habe ich eine Art von Befriedigung darüber, daß meines
Sohnes Grab auf jenem Gottesacker ist, vor dessen Größe
und Gewalt alle Menschenherzen erbeben."

Der Friedhof ist ein Tempel und jedes Grab ein Opfer=
altar, auf welchem wir den Todten abbittend oder verzeihend
opfern. Denn quitt ist — wenn das Auge bricht — Soll
und Haben selten. Hat der Lebende gut, so ist er meist gerne
bereit, zu streichen und fühlt dabei im brennenden Herzen
eine Kühlung wie von Palmenfächeln in der Wüste. Hat jedoch
der Todte gut, dann stürmt der Lebende oftmals den Katafalk
und das Grab und weint und schreit, und wirft all seine
Liebe hin — die so lange vergrabene — aber sie prallt vom
Sargdeckel ab und alle Brücken sind zerbrochen. Herrenlos
zittert die Liebe in der Thräne, duftet in der Blume, schimmert
im Kerzenlicht, und dem sie vermeint ist, der nimmt sie nicht
mehr an. So kommt sie zurück in das Gemüth des Lebenden
und wird eine unstillbare Pein, wenn sie der Träger nicht noch
einmal aussendet, aber anstatt dem Todten, den Lebendigen zu.

Und nun stehen wir, wo wir stehen sollen. Bei den Todten holen wir uns die Liebe für die Lebenden und das ist der stillen Schläfer Vermächtniß: Was Ihr von Eurem Herzen uns schuldet, oder schenken wollt, gebt es Denen, die um Euch noch sind, sie haben es zu brauchen. Denkt daran, daß die Tage rasch vergehen, da Ihr sie habt, und daß kein Gutmachen und kein Nachholen ist, wenn sie nicht mehr sind. Wir haben Euch Groll und Liebe nimmer, geht heim in Eure Wohnungen und thut, was Ihr an den Gräbern bereut, nicht gethan zu haben.

Von dem Zuströmen der Landbevölkerung in die Städte.

Und trotz Allem! Trotz Allem! — Dort vom Berge steigt eine Magd herab, sie hat ein Bündel am Arm. Im Bündel trägt sie ihre Habschaft, denn sie wandert aus.

Sie ist jetzt vierundzwanzig Jahre alt, da muß der Gerhaber (Vormund) still sein; sie thut, was sie will. Sie ist ausbündig (gescheit), flink und sauber, da findet sie ihr Glück überall, sagt ihre Freundin, die Hirschenwirthische. Die Hirschenwirthische ist in der Stadt zum Kochen= und Nähen= lernen und hat der Johanna — so heißt unsere muthige Auswanderin — geschrieben, wenn sie, die Johanna, in die Stadt kommen wolle, sie, die Freundin, wisse ihr einen guten Platz.

Einen guten Platz in der Stadt? Wie wird da der Magd zu Muth! Sie ist bei den Gebirgsbauern aufgewachsen, es hat sie dort nie gefreut, haben ihr auch die Leute nicht recht gefallen. So viel einfältig und patschig und roh und hochmüthig dabei sind sie; die Johanna hat nie viel mit ihnen zu thun haben mögen. Sie war bisher Dienstmagd in ver= schiedenen Höfen. Jetzt pfeift sie ihnen was, geht in die Stadt und wird eine Frau.

Ein paar Monate nachher hat sie einmal ihren Sonntags=
ausgang. Wahrhaftig, sie ist eine Frau geworden. Die Schul=
meisterin und die Pfarrersköchin daheim haben kein so schönes
Gewand, als es die Johanna jetzt trägt. Ich kann ihr aber
den Gefallen nicht thun, ihren Anzug — vom aufgefederten
Seidenhütchen bis hinab zu den Sammtschuhen — näher zu
beschreiben, denn ich verstehe nichts vom Weibergewand. Ich
sehe nur, daß ihr Kleid so vornehm und gar nach der Mode
ist, daß sich's ein unerfahrener Unterofficier sehr lange überlegt,
ob er sie auf ihrem Spaziergange ansprechen soll oder nicht.

Weil sie ihm aber so fest auf den Leib schaut, denn sie
hat einen Bekannten von daheim, der ist auch Soldat, so
spricht er sie keck aber höflich an. Ihr Bekannter ist es nicht,
aber das macht nichts, warum soll sie nicht ein wenig mit
ihm spazieren gehen — 's ist ja ein sauberer Mensch und er
läßt sie auch an seiner rechten Seite gehen, damit der Säbel
ihr Gewand nicht zu sehr wetzt. Doch hat sie nur zwei
Stunden Zeit; Punkt sieben Uhr muß sie wieder zu Hause
sein, denn die Gnädige ist so viel streng.

Und jetzt können wir's erfahren, daß die Johanna doch
keine „Frau" geworden ist, sondern eine Sklavin. Sie ver=
kauft sich zwar nur von vier zu vier Wochen, aber sie ver=
kauft sich an eine Gnädige, die falsche Haare, falsche Zähne,
einen falschen Busen und, wie sie bisweilen leider glauben
muß, auch einen falschen Mann hat. Eine solche Frau ist ein
böser Herr und für den Dienstboten eine gar heilsame Ge=
bieterin, denn sie lehrt ihn Gott erkennen.

Im Gebirge hat die Johanna hart arbeiten müssen, aber
der Hausvater und die Hausmutter haben auch gearbeitet;
hier liegt alle Arbeit des Hauses in ihren Händen allein, die
Gnädige thut nichts, als Gnädige sein, und dazu muß ihr

die Johanna alltäglich die Haare ausstauben, die Zähne auswaschen, die Schuhe binden und allerlei — ganz unglaublich allerlei — thun. Dabei wird gekeift, und die Magd muß still sein, auch wenn ihr Unrecht geschieht; ich mag nicht Alles sagen, was die Gnädige ihr anthut, wenn sie ungnädig ist. Im Gebirge ist sie mit den Hausvaterleuten an Einem Tisch gesessen, hat zur Familie gehört, hat über Alles mitreden dürfen, hat sogar lachen dürfen. Hier hat sie keinen Tisch und keine Tischgesellschaft, keine Essensstunde und keine Ordnung im Essen. In einem finstern Winkel kauert sie und bringt so rasch als möglich unter Dach, was ihr abfällt. Was der Mensch am liebsten ißt, davon bleibt in der Regel nichts übrig. Im Gebirge hat sie den Feierabend und die Sonn- und Feiertage zum großen Theile frei für sich gehabt. Es war weit in die Kirche, aber es war ein kurzweiliger Weg, denn es gab unterwegs mit Genossen viel zu plaudern und allerhand Unterhaltlichkeit. Hier hat sie — wenn's gut geht, wenn's sehr gut geht — alle zwei Wochen einmal ihren Ausgehnachmittag, und dieser Nachmittag dauert zwei Stunden — vom Kaffee bis zum Abend. Und am Abend, wenn sie daheim im Gebirge zu Bette gehen, fängt hier von neuem die Arbeit an und dauert bis spät in die Nacht hinein. Morgens fünf Uhr heißt's wieder wach sein.

Es wären hundert Vergleiche zwischen Land und Stadt zu ziehen, welche zeigen, daß es der Dienstmagd auf dem Lande besser geht, als in der Stadt. Aber die Johanna sagt: Nein, sie bleibt in der Stadt, denn in der Stadt ist's lustiger, da sieht man Leute. Wenn man einkaufen geht, wenn man zum Fenster hinabschaut, wenn man im Hofe die Teppiche ausklopft — überall sieht man Leut'! Und saubere Leut'! Sind auch Alle so fein beisammen und höflich. Wenn die

Gnädige brummt, das macht nichts, man läßt's bei einem Ohr hinein, beim andern hinaus; und wird's zu viel, so ist man mit ihr ja nicht verheiratet, man kriegt auch einen andern Dienst.

Ihr Dienstbotenbüchel ist eine rechte Ehrenschrift für die Magd; alle zwei oder drei Monate schreibt eine Frau Räthin, oder Frau Professorin, oder Frau Baronin, oder Frau Generalin hinein: „Treu und fleißig zur Zufriedenheit der Herrschaft gedient." Man will ja selber bisweilen wechseln, ist froh, wenn man die Eine wegbringt; sie hat zwar ihre großen Fehler gehabt, aber man will ihrem weiteren Fortkommen nicht im Wege stehen; eine andere Herrschaft mag selber sehen, wie sie mit ihr auskommt. Da denkt sich die Dienstmagd: Ist halt doch eine gute Herrschaft gewesen, meine alte; hätte sie es auch nur ein einzigesmal gesagt, daß sie mit ihr zufrieden ist, ich wäre nicht weggegangen.

Wenn jetzt der Gerhaber einmal kommt und ihr sagt, es wäre vielleicht doch besser gewesen, sie wäre auf dem Lande geblieben, so lacht sie ihm in's Gesicht — das einzige laute Lachen, das sie in ihrem Dienste wagt — dann fragt sie, ob er nicht rechnen könne? Sie habe in der Stadt für zwei Monate mehr Lohn, als eine Dienstbotin auf dem Lande für ein ganzes Jahr.

Ist richtig; aber sie giebt in zwei Monaten hier auch mehr aus, als dort eine Dienstbotin im ganzen Jahr. Auf's Gewand geht's hin. Alle Jahreszeiten ist was Anderes in der Mode, die alten Fetzen werden verschachert.

Was die städtischen Hausarbeiten anbelangt, so wäre die Johanna nun eingeschossen; sie kann Stubenmädchen sein, auch das Kochen hat sie ein bischen gelernt und mit Kindern weiß sie umzugehen. Es würde sie nicht geniren, wenn jetzt auf einmal Einer käme und sie fragte, ob sie eine Hausfrau abgeben wollte. So ein kleiner Geschäftsmann dürfte ja wohl fragen, etwa ein Handwerker, ein Greißler, ein Beamter. Auf die Soldaten — das hat sie schon gesehen — auf die Soldaten ist kein Verlaß. Die können ehrbare Mädchen nur in's Unglück bringen, sonst können sie nichts.

Jetzt wird der Johanna mitunter heiß und kalt! Sie hat nicht mehr weit auf die Dreißig. Sie ist gar sehr artig gegen die Schuster, Schneider, Tischler, die in's Haus kommen; gegen die Commis beim Kaufmann, gegen die Oberkellner im Gasthaus, wo sie mitunter was zu holen hat. Umsonst ist's; Keiner versteht sie, ledig bleibt sie. Auf eine wirkliche Köchin oder Wirthschafterin hat sie's nicht gebracht, als Küchenwaschel oder Zimmersetzen dient sie in den Häusern herum, überall von oben herab angesehen oder gar roh behandelt. Denn das Dienstbotenbehandeln kann nicht jede Frau. Ist endlich die Magd krank, so trachtet man sie loszuwerden. Das Spital nimmt sie auf, und jetzt kommt sie wieder in Berührung mit ihrer Heimat, denn ihre Heimat muß für sie zahlen.

Genesen vielleicht, aber schwach und gealtert wird sie wieder auf die Gasse gesetzt. Man räth ihr, auf's Land zurückzukehren, ihre Heimat müsse sie versorgen, die Stadt könne nichts für sie thun.

Nichts weniger als das! Nur nicht zurück in die Heimats= gemeinde. Dort gilt sie als Frau! Sie hat sich im Sonntags= staat mehrmals photographiren lassen und die Photographien den Bekannten daheim geschickt und geschrieben, daß es ihr so gut gehe — ganz vornehme Briefe sind es gewesen. Und jetzt sollte sie heimkommen in's Armenhaus? Lieber in der Stadt betteln von Thür zu Thür.

Endlich macht die Polizei kurzen Proceß und schiebt sie in die Heimat ab.

Aehnlich ist das Los so vieler Dienstmädchen vom Lande, die in die Stadt gehen, um was „Besseres" zu werden. Es kann ausnahmsweise besser ausgehen, das Mädchen wird eine ehrsame Flickschustersfrau, oder Bedientengattin, oder das Weib eines Fabriksarbeiters — zumeist wahrhaftig keine beneidenswerthe Existenz. Es kann aber noch viel schlechter sein; das Mädchen geht moralisch und körperlich zu Grunde, und in den Leichenkammern und Secirsälen endet ihre Spur. Gute Ausnahmen, wo aus dem armen Dienstmädchen eine reiche Fleischhauermeisterin oder wohlhabende Wirthin wird, sowie schlechte Ausnahmen, wo z. B. das ein „Besseres" anstrebende Landmädchen durch einen Sprung in's Wasser endet, seien hier weiter nicht berührt.

Und so wie die Dienstmagd in die Stadt geht, so gehen viele Andere. Hat der Handwerker einige Fertigkeit erlangt, so ist's ihm auf dem Lande nicht mehr gut genug, in der Stadt, meint er, gehe es ihm besser. Mancher Gastwirth verkauft sein stattliches Haus im Dorfe und eröffnet eine Schenke in einem Winkelgäßchen der Stadt. Er stehe sich daselbst besser. Gewerbs- und Handwerksleute, sie mögen auf dem Lande reich geworden sein oder Bankerott gemacht haben, versuchen es noch einmal in der Stadt. Ausgediente Soldaten, die von der Welt was gesehen haben, halten es für ihrer unwürdig, wieder daheim mit den Bauersleuten Gemeinschaft zu machen, sie suchen eine Dienerstelle in der Stadt oder verdingen sich dort für öffentliche Arbeiten, und wären es selbst die unangenehmsten, die eine Stadt zu vergeben hat. Der vermögliche Landbürger, welcher von seinen ererbten oder erworbenen Gütern selbst nicht mehr fort kann oder mag, läßt wenigstens seinen Sohn studiren, damit doch der nicht an seine heimische Scholle gebunden sei, sondern es in der Welt weiter bringen, womöglich in einer großen Stadt ein großer Herr werden könne. Daß sich die Pensionisten und Rentiers aus allen Winkeln des Landes in die Stadt ziehen, ist selbstverständlich und ganz in Ordnung.

Wer aber noch nichts verdient hat, wer erst arbeiten muß und sparen und einen ganzen, tüchtigen Menschen aus sich machen, der hat nach Behaglichkeit und Genuß nicht auszuschauen; wenn er aus solchen Gründen in die Stadt zieht, dann ist er verloren.

So wie ein feingebildeter, ganzer Charakter nur in der Stadt, im großen menschlichen Verkehre zur vollen Bedeutung gelangen kann, so wird umgekehrt dem Ungebildeten, Haltlosen die Stadt sicherer und rascher zum Verderben, als das Dorf, oder der in sich abgeschlossene Bauernhof.

Aber jeder Dämon fordert seine Opfer. Das Zuströmen der Bevölkerung in die Stadt hat zum Theile seinen Grund im Niedergange des Bauernstandes, in der schlechten Versorgung der bäuerlichen Dienstboten, aber auch zum großen Theile in einer wunderlichen Geisteskrankheit unserer Zeit — im Größenwahn. Diese Krankheit packt den Bauer, wie sie den Städter packt. Früher war es der Stolz des Mannes, das, was er war, ganz zu sein; heute will er mehr sein — und wird weniger. Es ist wahr, man thut alles Mögliche, dem Bauer das Leben sauer zu machen. Den Bauer drängt's vor Allem, sich aufzuschwingen, daß er mitreden könne dort, wo man Gesetze macht. Dieses Streben ist ein durchaus berechtigtes und tüchtiges. Seinen Stand muß der Mann zu heben suchen, nicht aber aus demselben hinaustrachten. Es ist wahr, der Haus= und Erbgesessene hat heute nicht mehr die Bedeutung wie einst, und so steht der Jungbauer nicht an, sein Haus und Hof zu verkaufen und in die Welt hinauszuwandern, in die Fabriken, wo es Geld giebt, in die Städte, wo man „Herr" werden kann. Solche machen sich heimatlos, sie machen ihre Kinder heimatlos, sie berauben ihren Stamm um die Wurzel, sie zerstreuen sich in den Weiten, verkommen und vergehen.

Oh, die Welt ist falsch! Sie lockt und schmeichelt, sie bezahlt die Arbeit des kräftigen Mannes, sie belohnt die Findigkeit, erhebt die Intelligenz zu Ehren, für heute — morgen kommt die Enttäuschung. Der Starke hat Recht, der betagte Arbeiter wird beiseite geschoben, kommt im günstigen Fall in ein Versorgungshaus. Der Geistesmüde wird gehetzt, gehöhnt, vergessen. Selbst der Glücklichste hat kein Heimats= haus. Ihr wißt es doch, was das heißt, ein Heimatshaus auf dem Lande, ein abgeschlossenes, mit der Stätte organisch verwachsenes Familienleben! Unsere unstäte, athemlos hastende, wechselsüchtige Zeit kann derlei aber nicht brauchen, so zerstört sie es.

Ob dem Gemeinwesen damit gedient ist, ob der mensch= heitlichen Entwicklung damit ein Vorschub geleistet wird, das ist eine Frage.

Wenn man da frägt, was der Bauer denn zu verlieren habe? da sei daheim Alles so bornirt und roh und un= gebildet, es sei ja doch ein Glück, wenn er einmal in die Lehre käme; so frage ich dagegen: Ob ein Stadthaus über= haupt so fest stehe, als ein Bauernhof? Ob die Städter in der Mehrzahl in ihrem Dünkel nicht auch bornirt, in ihrem Eigennutz nicht auch roh und ungebildet sein können?

Was man da sagen mag, die Ursache, daß heute Alles höher hinaus, und daß der Bauer in die Stadt will, ist nicht der Drang nach innerer Vervollkommnung, sondern die Gier nach äußerem Glanz, nach Macht und Geld.

Der Bauernbursche, der daheim unter freiem Himmel nichts als Trotz und Unlust zur Arbeit hatte, zur Arbeit, die seiner eigenen Sache gedient hätte, er ist in der Fabrik geschmeidig, läßt Rohheit um Rohheit über sich ergehen, arbeitet in dumpfen Räumen und ungesunder Luft den ganzen Tag wie ein Sklave, blos damit er Sonntags im schwarzen Tuchkleide durch die Straßen der Stadt streifen, Nachts unter sinnesrohen Gesellen in zweideutigen Schenken sitzen kann. Denn, daß sie's als Fabriksarbeiter in der Stadt auf einen grünen Zweig bringen könnten, diese Aussicht haben wohl die wenigsten. Und um ein rechtes Familienleben zu gründen und zu führen, verläßt Keiner seinen Bauernhof und geht in die Stadt.

Daß im Fabrikswesen bisweilen Ueberproduction eintritt, ist nicht zu vermeiden. Jetzt sind auf einmal Hunderte und Tausende von Arbeitern brotlos; darunter begehrliche Gesellen, die wollen Revolution machen. Zur ländlichen Beschäftigung zurückzukehren, hat man weder Gelegenheit noch Lust; man hat die großen Contraste tiefer Armuth und prahlerischen Reichthums vor Augen; man bildet sich ein, die Reichen reich gemacht zu haben und will ihnen den Reichthum nun wieder wegnehmen. Der Bauer hält noch an seinem Rechtsbewußtsein, der Gebildete übt Billigkeit, aber der rohe Fabriksarbeiter kennt in der Regel keines von beiden. Eben in dem Contraste zwischen Arm und Reich geht dem ungebildeten armen Mann das sittliche Gleichgewicht verloren.

Es wird allerdings auch auf eine geistige Ausbildung der Arbeiter hingewirkt, es giebt strebsame Leute darunter, aber das sind schöne Ausnahmen. In der Natur der Sache liegt es nicht, daß, wo große Massen beisammen sind, der Einzelne seine Entwicklung und seine natürlichen Rechte findet.

Unsere Landstriche wären fruchtbar, aber sie liegen zum großen Theile brach. Der Grundbesitzer bringt die Arbeiter nicht auf. Unsere gelehrten Nationalökonomen haben gut Vorschläge machen, wie man das Land bebaue, ausnütze; sie sollen einmal die Burschen und Dirnen zurückjagen, die aus Eitelkeit, Genußsucht u. s. w. in die Stadt gelaufen kommen.

Es ist nicht meine Sache, zu untersuchen, ob die so oft beklagte Verarmung des Bauers eine Ursache oder eine Folge dieser Auswanderungen ist, oder Rathschläge zu ertheilen, wie das wirthschaftliche Gleichgewicht hier wieder hergestellt werden könne. Ich habe nur zu sagen, daß die Gründe, warum unser dienendes Landvolk heute so sehr nach der Stadt trachtet, in der Regel keine soliden und lauteren sind und deshalb auch die Folgen dieser Erscheinung keine guten sein können.

Der Mensch ist allerdings ein geselliges Wesen, darum bildet er Gemeinden, bildet den Staat. Man hat Städte gebaut, um sich in denselben gegen Feinde zu verschanzen, oder wo besonders günstige Punkte für Handel und Verkehr waren. Heute sind wir vor kriegerischen Invasionen auf dem Lande sicherer als in der Stadt, und jede Stadt, die eine Festung hat, ist zu Kriegszeiten zehnmal bedrohter als eine andere. Heute vermitteln die Eisenbahnen den Verkehr, die Geselligkeit und man sollte glauben, sie müßten durch ihre Leichtigkeit des Transportirens ausgleichend wirken, während gerade die Eisenbahnen zum Nachtheile des Landes große Städte geschaffen. Aber ich behaupte, es ist ein unnatürlicher Zustand. Die Reichen mögen wohnen wo sie wollen, überall fließen ihnen die Hilfsquellen nach. Die Landleute haben aber dort zu bleiben, wo ihre naturgemäße Arbeit ist, und nur dort können sie festen Boden gewinnen, behaupten und den materiellen und moralischen Zweck ihres Lebens erfüllen.

Wo sich gebildete Menschen zusammenthun, dort wird das Leben schön, aber bald setzt sich daran auch die rohe, trübe Masse des Pöbels, und wo sich dieser zusammenrottet, dort giebt's kein Gedeihen. Die Fabriken sind nicht abzuschaffen, sie sind längst zur Naturnothwendigkeit der Gesellschaft geworden, aber sie sollen sich nicht an gewissen, ohnehin belebten Punkten concentriren, sie sollen sich zerstreuen, sollen vor Allem auf die Hausgesessenheit ihrer Arbeiter hinwirken; sollen sich endlich aber nicht so breit und wichtig machen, daß sie die Landwirthschaft, diese älteste und solideste Grundlage der menschlichen Gesellschaft, gefährden.

Den vergangenen Jahrzehnten war es nicht so sehr um den wirklichen, sich organisch entwickelnden Fortschritt zu thun, sondern vielmehr um eine Veränderung aller Zustände. Und da ist denn nebst vielem Guten, das zu Stande kam, auch viel Unheil angerichtet oder vorbereitet worden, und wir müssen mancherlei wieder rückgängig machen, wenn wir unser Gemeinwesen nicht einem ganz unberechenbaren Schicksal preisgeben wollen. Heute wird über eine Mahnung, wie vorstehende, noch zur Tagesordnung übergegangen, aber bald werden zwingendere Factoren kommen und verlangen, daß man das unnatürliche Zusammenströmen der Bevölkerung in die Städte hemme, dem Bauernthume wieder aufhelfe, die Ansässigkeit und den Familiensinn der Landbevölkerung fördere.

Zwar die Natur kennt in der Entwicklung ihrer Wesen keine falsche Wage, sie corrigirt sich immer wieder selbst, sobald der Schwerpunkt nach einer Seite hingefallen ist; aber diese Correctur wirkt mitunter plötzlich und momentan zerstörend; wir beugen ihr vor, wenn unser eigenes Streben stets dahingeht, ohne Rücksicht auf die Vortheile einzelner

Stände, in Allem das rechte Maß und Gleichgewicht zu erhalten.

Dem einzelnen stadtlustigen Arbeiter aber sei nur noch das Eine gesagt: Von zehn Seinesgleichen, die in die Stadt ziehen, gehen mehr als einer zu Grunde; die übrigen führen ein unstetes, unzufriedenes Leben. Wer eine behagliche Existenz gewinnen und den Frieden seines Gemüthes bewahren will, der geht sicherer, wenn er auf dem Lande bleibt.

Es sollte auch einmal ein ernstes Wort gesprochen werden gegen die immer mehr einreißende Studirwuth. Diese nimmt Dimensionen an, die nachgerade gefährlich werden. Die Studirwuth, wie sie sich heute zeigt, entspringt nicht so sehr dem Wissensdurste, den Anlagen und der inneren Neigung, als vielmehr der Scheu vor körperlicher Arbeit, der Sucht nach einträglicher und einflußreicher Stellung. Letzterer Hang ist ja wohl zu entschuldigen, aber sein Ziel ist für die meisten Strebenden kaum erreichbar.

Wenn sich unsere jungen Männer bequemen wollten, nach ihren vollendeten Studien nöthigenfalls wieder zur mechanischen Arbeit, zum Broterwerbe ihrer Eltern zurück=
zukehren, so würden wir die Studien unter allen Umständen für einen großen Gewinn halten, zumal sich dieselben ja überall im Leben verwerthen lassen; aber Diejenigen, die dem Gewerbestande oder der Landwirthschaft einmal aus Ab=
neigung gegen die körperliche Arbeit entflohen sind, werden nach absolvirter Mittel= und Hochschule umso weniger zu ihrem ursprünglichen Stande zurückkehren. Und sie können es auch kaum mehr und gehen in vielen Fällen dem Untergange zu.

Eine Hauptursache, warum heutzutage Alles zum Studiren drängt, ist wohl auch die Begünstigung des Studenten beim Militärdienst. Der sogenannte Einjährig=Freiwillige muß studirt haben; es wird ihm gewissermaßen als Prämie für sein Studium ein Theil der Dienstzeit nachgelassen. Nur schade, daß er mit dieser nachgelassenen Dienstzeit hernach oftmals nichts anzufangen weiß. Das Dienstjahr hat ihn aus seiner Bahn gerissen, es ist schwer, wieder hineinzukommen, und wer heraußen bleibt, der hat vielleicht den Weg verloren, er muß sich noch beglückwünschen, beim Militär bleiben zu können und einem Lose, dem er ursprünglich entfliehen wollte, ist er so recht in die Arme gelaufen.

Das Verschmähen der ehrlichen Händearbeit, der Bildungsdünkel hat oft die traurigsten Folgen. Wahrhaft elend ist selten die bäuerliche Armuth im Arbeiterkleid, denn sie hilft sich allmählich wieder auf, aber wahrhaft elend ist die Armuth im fadenscheinigen, durchlöcherten Tuchrocke. Aus letzterer recrutirt sich das Gros unserer Selbstmörder.

Von dem Verhältnisse unserer Bauern zu den Sommerfrischlern.

Nun auch etwelche Lichtseiten. — Wer z. B. unsere steierischen Dörfer seit dreißig Jahren heute das erstemal wiedersieht, der wird sie kaum mehr erkennen. Das allgemeine Aufstreben hat auch das Bauernthum ergriffen, und dort — insofern es die Leute nicht vom Bauernstand hinaus, sondern eigentlich erst in denselben emporgehoben hat — erfreuliche Umgestaltungen hervorgebracht. Die Eisenbahnen, die allgemeine Militärpflicht und viele andere Erscheinungen der Zeit haben die Bevölkerung durcheinandergeschüttelt; der Eine sieht, wie der Andere lebt, arbeitet und wohnt, und gefällt es ihm, so sucht er's nachzumachen. Die Schulen, die Erweiterung des geistigen Horizontes haben Einsicht und besseren Geschmack erweckt. Jeder kann nicht „Herr" sein, aber man ist auch im Bauernstand ein freier Mann; Jeder kann nicht in einem Stadtpalast wohnen, aber man hebt auch in der Hütte an, menschenwürdig zu leben.

Im Unterlande der Steiermark — besonders im fruchtbaren Lande der Slovenen — läßt diese „Menschenwürdigkeit" freilich noch sehr viel zu wünschen übrig, und was die Zustände der Bauernhäuser und Dörfer anbelangt, erinnere ich mich an den Ausspruch jenes boshaften Fremden: die

Grenze zwischen Europa und Asien gehe mitten durch die Steiermark. Das Unterland hat paradiesische Gegenden, wer weiß es nicht! und doch wird sich selten ein städtischer Sommerfrischler in eine jener Bauernschaften verirren, wenn er in derselben nicht etwa sein Winzerhaus oder sein Schloß hat; während die obersteierischen Dörfer, kaum minder als die salzburgischen, tirolischen und kärntnerischen, selbst die entlegenen, bescheidenen, sich von Jahr zu Jahr mehr mit Städtern füllen.

Mit dem unaufhaltbaren Wachsen der Städte wächst auch das Bedürfniß nach Sommerfrische. Die Sommerfrische ist kein Luxus, sondern ein Bedürfniß wie die reine Luft, wie das frische Wasser, wie das Sonnenlicht; ich kann es daher nicht begreifen, wie man dieses Bedürfniß durch die unerhört hohe Zinssteuer der Sommerwohnungen so mörderisch belasten kann. Viele Jahre werden nicht mehr vergehen, ohne daß in unserem Parlamente, oder von einem andern Tribunale herab eine Rede gegen derlei unverhältnißmäßige Steuern gedonnert werden wird, vor welcher alle Luxusgelüste, seien sie nun im Civile oder Militär, werden verstummen müssen.

Ob durch das Eindringen des städtischen Elementes in den Bauernstand dieser moralisch gewinnt oder verliert, diese Frage beantworte ich hier nicht, aber Ihr könnt Euch denken, wie die Antwort ausfallen möchte! — Nur die Thatsache constatire ich, daß in den ersten Sommermonaten stets eine förmliche Völkerwanderung vor sich geht, von den Städten auf's Land hinaus, schier, als ob Pech und Schwefel vom Himmel fiele auf all unsere modernen Sodoms und Gomorrhas. Und ich constatire den momentanen Vortheil, den die Landleute als kleinen Ersatz für so vieles Andere aus diesen sommerfrischebedürftigen Städtern zu schöpfen wissen.

Schon in den ersten Frühlingstagen beginnen in der Umgebung der Städte und weiter hinaus die Wohnungsjucher zu schwärmen. Es sind zumeist Leute des Mittelstandes, die selber kein Landhaus besitzen und denen der Sommeraufenthalt in den Curorten zu kostspielig und — zu langweilig ist. Diesen Leuten geht es nicht um pittoreske Gegenden, nicht um feine Hotels und vornehmen Comfort; sie sind zufrieden mit der grünen Landschaft, der frischen Luft und dem klaren Wasser; im Schatten eines Apfelbaumes unter Vogelgezwitscher und mit dem Ausblick auf den blauenden Duft der Landschaft sind sie glücklich; dort — mit einer kleinen Handarbeit, mit einem Buche, oder munter plaudernd, oder still hinträumend, ruhen sie aus von dem Culturmärtyrthum der Großstädte. Sie sind glücklich, auf Feldwegen und Wiesenrainen sich ergehen zu können, zählen es zu ihren großen Ereignissen, im Walde einmal einen bemoosten Felsblock, einen rieselnden Wasserfall, eine Erdbeerlehne zu entdecken, ein Reh zu erblicken, ein Vogelnest zu finden, mit einem alten Bauers= manne gemüthlich plaudern zu können, oder gar in einer Bauernhütte mit Milch und Brot freundlich bewirthet zu werden. Besteigen sie einmal eine Anhöhe, um von der Ferne die schimmernden Kirchthürme und die blauen Berge zu sehen, dann sind sie selig wie ein Kind, und finden kein Superlativ, das kräftig genug wäre, ihre Hochstimmung brieflich den unglücklichen Zurückgebliebenen in den Städten auszudrücken.

Ich habe Frauen gesehen, die in den ersten Tagen ihrer Sommerfrische im kühlen Schatten saßen, in den lichten Sommertag hinausschauten und still vor sich hinweinten vor lauter Glück. Der ländliche Frieden und die süße Gottes= ruhe, die er in's Gemüth legt, kann nur von dem Städter ober dem Kenner der Städte, tief und voll empfunden werden.

Und ebenso bescheiden ist der Sommerfrischler in der Regel auch in Bezug auf seine ländliche Miethwohnung, auf Gasthaus und Atzung. Reinlichkeit und einfache gute Zubereitung der Nahrung ist wohl das Wenigste, was er hierin verlangen kann. Allerdings giebt es auch Stadtcreaturen, welche auf dem Bauerndorfe elegante Logements mit Salons, vornehme Speise- und Unterhaltungs-Etablissements, gekünstelte Promenaden und Parks, und was weiß ich Alles suchen, sich aber schon über die mäßigsten Rechnungen moquiren und ihre Sommerfrische mit Greinen und Keifen auf die ungemüthlichste Weise verbringen. Auf gutgeartete, gebildete Menschen wirkt die ländliche Natur immer veredelnd, allein ein arroganter, versauerter Geselle findet auf dem Lande so wenig wie in der Stadt seine Befriedigung und Harmonie. Doch gehören derlei Sauerampferseelen zu den Ausnahmen.

Für mich giebt es kaum etwas Rührenderes, als eine Stadtfamilie am ersten Tage in der Sommerfrische. Die Kinder rasen wie toll im Grünen herum, der Vater begiebt sich still vergnügt auf Entdeckungsreisen nach angenehmen Spaziergängen und Aussichtspunkten, die Mutter sitzt auf der Gartenbank, hört den Jubel der Kinder und sieht vor sich die freie, lichte Weite und kann's kaum fassen, daß um sie keine Mauern mehr sind, daß allerwärts eine friedensmilde, eine blühende, klingende, heitere Welt ist. Nirgends Müßiggang, überall Arbeit, und die Leute sind munter dabei und gehaben und bewegen sich einfach und natürlich. Und die städtische Dienstmagd macht schon in der ersten Stunde ein halb Dutzend Bekanntschaften, und überall sind sie mit ihr freundlich und offen, und da fällt ihr ein, was sie in der

Stadt nachgerade vergessen mußte, sie wäre auch noch ein wenig Mensch.

Hier auf dem Lande werden die armen Städter erst inne, daß auch das Athemholen ein Genuß ist — und so athmen sie auf! —

Wie es denn komme? fragte einst ein Städter einen alten Bergler, daß trotz der oft sehr unregelmäßigen, ja unvernünftigen Lebensweise der Bauern auf dem Lande noch immer so viele Menschen an Altersschwäche sterben?

„Was sollen wir denn machen?" antwortete der Alte, „wir dürfen und mögen nicht allzu oft krank werden, uns fehlt es an Aerzten und Trüffelpasteten!"

Vom Mai an bis Mitte Juli, wenn sich die Stadtschulen schließen, kommen sie also in unsere Dörfer heraus.

Das ganze Jahr über hat man gespart für die Sommerfrische, die zwar, von der Miethswohnung abgesehen, billiger kommt als das Leben in der Stadt. Wohl ist der anspruchsloseste Städter verwöhnt, besonders was Passagen und Reinlichkeit anbelangt, aber unser Obersteirer weiß ihm meistenfalls gerecht zu werden. Schwer vermißt werden fast überall auf dem Lande noch gewisse englische Einrichtungen an Orten, die, wenn schon nicht zur Wohnung, so doch zum Hause gehören.

In den günstig und anmuthig gelegenen Dörfern sind die Gast- und Privathäuser der Bürgersleute häufig vollbesetzt, auch wo in Bauernhäusern und Hütten ein freundlich Kämmerlein aufzutreiben ist, wird es vermiethet und hat der Hausherr an seiner Miethspartei die besten Abnehmer seiner Naturerzeugnisse.

Zum Theile für solche Gäste ist es berechnet, wenn die Häuser und Dörfer von Jahr zu Jahr hübscher und ein-

labender herausgeputzt werden. Die alten Holzhäuser, wofern
sie nicht neuen, gemauerten, stattlichen Gebäuden weichen
mußten, haben wenigstens ihre Hausthüren erhöht, ihre Fenster
vergrößert, mit weißer Täfelung, hellen Scheiben und freund=
lichen Vorhängen versehen. Das Innere der Zimmer ist dem
entsprechend licht und reinlich, mit anmuthigen Bildern, ein=
fachen, aber bequemen Möbeln, mit traulichen Kachelöfen,
guten Betten und oft mit Ledersesseln und Sofa versehen; in
den feuersicheren Küchen Sparherde und weißgetünchte Wände.
— Wer sich erinnert, wie solche Hütten vor zwanzig oder
dreißig Jahren bei uns ausgesehen haben! Rauchige Höhlen
mit engen Fensterlöchern, an denen Spinnengewebe und er=
blindete Scheiben noch das Bischen Licht und Luft abhielten.
— Die Dorfwege sind geschottert, die Fußwege trockengelegt,
oftmals mit weißem Sand bestreut. Die öffentlichen Brunnen
sind zugänglich und rein gehalten; die Wirthshäuser haben
beschattete Gastgärten; auf den Spazierwegen giebt es an den
hübschesten Stellen und Aussichtspunkten schattige Ruhebänke;
Wege, die zu weit entfernten Zielen führen, sind mit Orien=
tirungsmarken versehen. Jedes Dorf hat sein gutes Wirths=
haus, in welchem die Sommerfrischler zu Mittags und Abends
zu speisen pflegen; Frühstück und Jause bereiten sie sich lieber
zu Hause. Fast jedes größere Dorf hat seine kleine Badeanstalt,
wenn auch einfach, aber doch das Beste eines Bades bietend:
reines, erquickendes Wasser.

Die Dorfbewohner sind stets gutmüthig und zuvorkom=
mend; sie betrachten ihre Miethparteien wirklich als Gäste in
deutschem Sinne. Die Preise sind bescheiden und würden nach
der Leute Art noch viel bescheidener sein, wenn die Steuer=
behörde es gestattete, die aber, wie mein Freund Michel in
Krieglach so malitiös sagt, jede Aufnahme und Unterstand=

bietung für Zigeuner und Sommerfrischler mit den höchsten Geldstrafen belegt.

Daß die angedeuteten Verbesserungen in unseren Dörfern und Märkten zu Stande gekommen oder gegenwärtig ausgeführt werden, ist großentheils das Verdienst der Fremdenverkehrs- und Verschönerungsvereine. Wunderlich ist es aber, daß solche Vereine fast immer nur von Personen angeregt und gegründet werden, die in kleinen Orten durch größeren Zuzug von Sommerfrischlern materiell verlieren, als die Lehrer, die Beamten u. s. w., und daß derlei Vereine mitunter anfangs Opposition und Feindseligkeiten gerade von solchen Persönlichkeiten erfahren, die durch den Zuzug von Fremden die meisten Vortheile haben, als die Wirthe, Kaufleute, Bäcker, Fleischer, Wirthschaftsbesitzer u. s. w. Uebrigens weiß man wohl, weshalb manche dieser Leute die Städter nicht mögen. Kaufleute, Fleischer u. dgl. haben es nicht gerne, wenn die Landleute durch die Sommerfrischler zu aufgeklärt werden darüber, was man in der Stadt doch Alles billiger und besser haben können als auf dem Dorfe.

Seitdem der Lehrer N. in S. den Ortsverschönerungsverein gegründet und durch denselben zahlreiche Sommerfrischler herbeigezogen hat, muß er beim Fleischhauer das Kilo Fleisch um ein Drittel theurer zahlen als früher, der Bäcker backt ihm die Semmeln um ein Drittel kleiner als früher. Kommt er des Abends in's Gasthaus, so ist sein Stammsitz von Fremden besetzt, seine Zeitung in fremden Händen. Geht er spazieren, so sind seine Lieblingsplätze von Fremden occupirt; und wenn er sich darüber mit einem Pfeifchen Tabak trösten will, so schimpfen sie über das stinkende Kraut. Wunderselten, daß ihm Einer ein besseres anbietet. Aber der wackere Lehrer freut sich doch der Fremden, die sein Dorf besuchen, sich in demselben behaglich fühlen und den Leuten Nutzen bringen. Der Chirurg hatte bei der Gründung des Vereines gesagt: „Es ist für uns keine Verpflichtung da, den Städtern ihre Sommerfrische angenehm zu machen, es müßte ja nicht Alles in die Städte zusammenlaufen, wenn sie's dann doch nicht in denselben aushalten; aber unser eigener Vortheil erheischt es, daß wir sie sommersüber in's Dorf kriegen!" So konnte der Lehrer nicht sprechen, sein Vortheil erheischte es nicht, aber er wähnte daraus moralische Vortheile für die Dorfjugend, sein gutes Herz freute sich an dem Wohlbefinden der armen Städter. Allerdings brachte er den Vortheil, die paar Sommermonate über mit gebildeten Leuten umgehen zu können, auch in Rechnung. Schließlich sagte er bei der Gründung des Vereines: „Und im schlimmsten Fall, wenn trotz unserer Bestrebungen, unseren Ort zu verschönern und behaglich zu machen, die Fremden nicht kommen, was verschlägt's? Verschönern wir für uns! Wir sind auch nur einmal auf der Welt und haben nur eine Heimat. Heben wir diese liebe Heimat, schmücken wir sie, ehren wir unseren Wohnort auf Erden. Bequeme, trefflich eingerichtete Wohnungen, anständige Wege, reinliche Plätze, anmuthige Spaziergänge mit Rastbänken für unsere Erholungsstunden werden auch uns taugen."

Sie gingen d'rauf ein und der Ort ist heute so hübsch herausgeputzt, daß es eine Freude ist, in demselben zu wohnen. Der Verschönerungsverein bleibt bestehen; ich weiß überhaupt keine Ortschaft, wo sich eine Vereinigung und Bestrebung zum Zwecke der Ortsverschönerung und der Bequemlichkeit bisher wieder aufgelöst hätte. Es muß sich doch rentiren, so oder so. Es giebt alle Jahre was zu thun, sei es zur Erhaltung, sei es zur neuen Schöpfung. Und die Mitgliederbeiträge sind so gering, und Jene, die anfangs gegen den Verein gewesen, weil sie principiell gegen jegliche Neuerung sind, geben sich heute als die großherzigsten Protectoren desselben. Sie werden wissen, warum.

Hingegen ist der Lehrer, der sich auf die Sommerfrischler gefreut, mit denselben nicht immer zufrieden. Daß sie ihm das Stammplätzchen streitig machen, verzeiht er ihnen gerne. Bis die kalten Winde kommen, wird es ihm schon wieder frei. Aber die Herren und Frauen Städter bringen manchen Brauch mit, der in's Dorf nicht paßt. „Man weiß, wie es beim Rindvieh ist, wenn's den Winter über in den Stall gesperrt, im Frühjahr plötzlich auf die Weide gelassen wird, es weiß sich vor Lust und Uebermuth nicht zu helfen; es springt und hüpft über grüne Wiesen und junge Saaten und hat kein Maß und Ziel. Accurat so ist's — Christenheit ausgenommen — auch mit dem Städter." — Der Kogelbauer hat das gesagt, nicht ich. Ich fürchte nur, daß bei vielen Fällen das fromme „Christenheit ausgenommen" unpassend oder wenigstens überflüssig sein möchte, weil auch Juden und Heiden auf die Sommerfrische gehen. Mit den gehörnten Vierfüßlern und Wiederkäuern möchte ich aber selbst solche nicht vergleichen, obzwar es sich nicht leugnen läßt, daß manche der Sommerfrischler viel zu hoch gebildet sind, um sich den Sitten und Rechten des Dorfes anzubequemen. Auf dem Lande, glauben sie, ist Alles gestattet. Sie schonen weder Wiese noch Feld, weder Garten noch Baum, besonders wenn sie liebe Rangen mit haben. Nicht Blumen brechen sie, sondern Zaunlatten; nicht Kirschen pflücken sie, sondern Kirschbaumäste. Alle Feldschranken lassen sie offen, die Heerden scheuchen sie auseinander, und daß sie in den gemietheten Wohnungen keck mit den wehrlosen Möbeln anbinden und das Oberste zu unterst kehren, das versteht sich von selbst. Zudem behauptet nun mancher Lehrer, den Dorfkindern thäten solche Vorbilder nicht immer gut, die Dorfkinder würden im Umgange mit den jungen Stadtherren und Fräulein allzu klug . . . und allzu . . . frech. . . .

Ich will mich in derlei Dinge hier weiter nicht einmischen. Gewiß ist, daß der Bauer den materiellen Vortheil zu schätzen beginnt, und daß manche oberländische Ortschaft ein gutes Sommerfrischjahr einer guten Ernte vorzieht. Es ist eben auch hier wieder die verkehrte Weltordnung zu spüren; sonst hat der Städter vom Bauer leben müssen, heute ist's umgekehrt. Darum ist es also kein Wunder, daß sich mancher verrottete Flecken, manches armselige Bauerndorf in den letzten Jahren zu einem kleinen Luft- oder Kaltwasser-Curort, zu einer lieblichen Sommerfrische umgestaltet hat. Und wie einerseits heutzutage die Bauersleute in die Stadt drängen, so drängen andererseits die Städter auf's Land. Wer diesen Schachzug der Natur versteht, der weiß wohl, daß es ihr um Ausgleich zu thun ist.

Der Städter gewinnt dabei entschieden. Ob in wahrem Sinne auch der Landmann gewinnt? — Bisher hat ihm der Städter für den Moment zwar hübsche, aber für die Dauer nur zweifelhafte Vortheile gebracht.

Von den Schund- und Schandbüchern im Landvolke.

I.

Wenn ein Landbuchbinder — der ja zugleich gewöhnlich auch Buchhändler ist — auf den Jahrmarkt fährt, welche Waare muß er führen, daß er sein Geschäft macht?

Thun es die „Kräuterbücher", die „Vieharzneibücher", die alten Volksbücher vom Till Eulenspiegel, vom baumenlangen Hansel oder die Volksschriften von Christof Schmied, Hofmann, oder Volkskalender mit Holzschnitten, oder gar Onkel Tom's Hütte, oder der Robinson?

Es ist gut, wenn er etwelches von solchen Büchern in Vorrath hat, im Ganzen aber thun sie es nicht — durchaus nicht.

Volksmärchen, Legenden, Räthselsammlungen, Gebetbücher, Amulette, Stoßseufzer und dergleichen sind schon nöthiger, thun's aber auch noch nicht.

Täuschen wir uns nicht darüber, was es thut, und führen wir einige Bücher der Literatur an, aus welcher unser Landvolk nach achtjährigem Schulunterricht seine Fortbildung und geistige Nahrung zu schöpfen beliebt.

Da finden wir:

„Kuno von Klauenfels, genannt Ritter Blaubart, der grausame Mörder seiner sechs Weiber. Rittergeschichte."

„Guido von Scharfenstein, der mächtige Bezwinger der Zauberer und Hexen, oder die wunderbare Rose. Rittergeschichte."

„Ritter Hugo von Schreckenstein, genannt der Frevelhafte. Romantische Schauersage der Vorzeit."

„Der bayrische Hiesel, der größte Wildschütz und Räuberhauptmann in Bayern und Schwaben. Aeußerst merkwürdige Beschreibung seines Lebens, seiner Greuelthaten und seines schrecklichen Endes."

„Der Erzteufel Wolfram. Eine grausame Räubergeschichte."

„Der Todtenwirth und seine Galgengäste und das mitternächtliche Festgelage der Todtengerippe. Teufels- und Hexentanz in der Walpurgisnacht. Eine höchst abenteuerliche und wunderbare Ritter-, Mörder-, Geister- und Raubgeschichte."

Ritter-, Mörder-, Geister- und Raubgeschichte! was will man denn mehr auf einmal? D'rum, Kinder, nur fleißig lesen lernen! — Doch was sollen wir uns wundern! Sieht die Colportage-Literatur in den Städten viel anders aus?

Aber, was wir hier auch Schönes angeführt haben — der Kern des ländlichen Buchhändlerladens ist das immer noch nicht. Die Wissenschaft ist es, die der Landmann vor Allem sucht und pflegt. Nicht etwa geographische und völkerbeschreibende Werke, Thierkunde, Wetterkunde, obwohl es im Bauern- und Handwerkerstande immerhin auch Leute giebt, die ihre freie Zeit mit derlei Dingen vertreiben. Das wichtigste, für das Glück und Fortkommen eines jeden Menschen nothwendigste Buch ist das Aegyptische Traumbuch.

Nur thut die Auswahl weh, denn der Schätze sind zu
viele. Da ist „Das echte, große ägyptische Traumbuch von
anno 1231. Nebst Auslegung und beigesetzten Nummern, um
sein Glück in der Lotterie zu probiren." Aber daneben ist gleich
„Das einzig wahre ägyptische Traumbuch vom Jahre 1204."
Wir hegen nicht den mindesten Zweifel, denn es steht gedruckt
schwarz auf weiß, und mit so ehrwürdigen Sachen wird
Niemand eine Unredlichkeit treiben. Uns fällt nur auf, daß
noch ein älteres, noch ein „echteres und besseres ägyptisches
Traumbuch" von anno 1100" vorhanden ist, welches „die
zuverläßlichsten Auslegungen aller Träume und deren sichere
Anwendung auf das Lottospiel" enthält. Ferner ist zugegen
„Das größte und vollständigste Universal-Traumbuch nach den
ältesten chaldäischen, persischen, ägyptischen und griechischen
Handschriften. Nebst einem vollständigen Planetenbuch und
allen die Lotterie betreffenden Erklärungen." Auch ist noch
ein anderes zu haben, „Die wahre, durch den ägyptischen
König Pharao approbirte Kunst, jeden Traum richtig zu
deuten und hieraus künftige Ereignisse vorherzusagen."

Man muß das Ding aber recht verstehen. „Was in
diesem Buche," sagt die Vorrede des von Pharao approbirten
Traumbuches, „von der Deutung der Träume gesagt wird,
bezieht sich nicht auf solche Träume, welche aus den alltäg-
lichen Verrichtungen hervorgehen und nur im Schlafe eine
Wiederholung des Geistes sind. Denn wenn Jemand zum
Beispiel bei Tag einer Mahlzeit beigewohnt hat und es
träumt Einem hiervon des Nachts, so ist dieses eine
natürliche Folge der Vergangenheit und kann also auf die
Zukunft keinen Einfluß haben. Zu dieser Deutung der Träume
im Allgemeinen kommt noch zu erwähnen, daß man gleichen
Träumen eine andere Bedeutung beilegt, wenn sie in den

verschiedenen Himmelszeichen geträumt werden, und man hat zu diesem Zwecke am Schlusse eine Tabelle beigefügt, woraus man jeden Traum wird auffinden können. Hat man nämlich einen Traum gehabt, so merkt man ihn sich genau und sieht am Morgen im Kalender nach, in welchem Himmelszeichen die Erde stand, als man träumte; dann sucht man in der Tabelle unter den Nummern 1 bis 24 die Art des Traumes auf, den man gehabt hat; weiß man die Reihe, in der er steht, so sucht man das Himmelszeichen auf, fährt in der Reihe desselben von oben herunter, und das Viereck, in welchem die beiden Reihen sich durchkreuzen, enthält die Bedeutung. — Ich will dies hier durch einige Beispiele noch deutlicher machen:

Man träumt z. B. im Krebs von Fischen und Wasserthieren, so sucht man von vorn die 10. Reihe auf, oben die 4. und die Bedeutung ist, wo sich beide Reihen durchkreuzen: Seelenschmerz.

Oder: Man träumt von Krankheit und körperlichen Leiden (Nr. 18) im Zeichen der Jungfrau (Nr. 6), so ist die Bedeutung: Heiterkeit.

Diese Beispiele werden gewiß hinreichen, die Tabelle zu verstehen."

So die Vorrede. Es ist also überaus einfach, wie ja alles Große immer einfach ist. Indeß bedarf es doch noch weiteren Unterrichtes. Wer da etwa glaubt, Traum sei Traum und es sei gleichgiltig, wer ihn träumt und wann, zu welcher Stunde, der irrt sehr.

„Es ist hierbei zu erinnern," sagt die äußerst instructive Vorrede, „daß, was Einem von 9 Uhr bis zur Mitternacht träumt, desselben Bedeutung sich bis 15 oder 20 Tage erstrecke. Träume von Mitternacht bis 3 Uhr gehen in der Regel in 8 bis 10 Tagen in Erfüllung, sowie solche, die von

4 Uhr bis an den Morgen geträumt werden, meistens nach 3 oder 4 Tagen zutreffen."

Weil die aus dem Traume im Buche gefundenen Nummern nicht allein die Zukunft enthüllen, sondern dieselben auch in der Lotterie herauskommen müssen, so wünscht der menschenfreundliche Verfasser oder vielmehr Verleger, „daß das Buch zum Wohle der Menschheit die weiteste Verbreitung finden möge!"

Wir zweifeln nicht im Geringsten, daß die große Verbreitung solcher Bücher von Nutzen ist, wenn schon nicht für die Leser, so doch gewiß für den Verleger.

Eingeleitet sind diese Traumbücher durch folgendes sinnige Gedicht:

> „Verachte keinen Traum,
> Denn die Erfahrung lehrt,
> Daß man zu Schaden kommt,
> Wenn man nicht auf ihn hört.
> Oft warnet uns ein Traum
> Vor vielen bösen Sachen,
> D'rum muß man weise sein
> Und keinen Traum verlachen!"

Einen einzigen Traum wüßten wir aber doch, der eitel ist, nämlich den Traum, daß sich unser Volk geistig bilde und veredle, so lange es an solchen Büchern hängt. „D'rum muß man weise sein!" sagt das Gedicht und unsere Volksschullehrer und Katecheten, die Hüter des Volkes, die seine Literatur zu überwachen haben, möchten diesen Ausspruch beherzigen. Indeß ist das angeführte Gedicht für den Bauersmann zu pathetisch gedacht, daher steht noch ein zweites dabei:

> „Das Glück ist immer kugelrund,
> Oft macht man damit einen Fund.
> Lieber Freund, Du fragst noch wie?
> Vielleicht durch die Lotterie."

Das ist deutlich. Und jetzt glauben wir auch die höhere Absicht zu verstehen. Die große Lotterie hat ihre Reclame an den Placaten, in den Zeitungen, an dem Steigen und Fallen der Curse, an den Parvenus, die im Börsenspiel „etwas" geworden sind. Soll die kleine Lotterie denn keine Reclame haben? Man muß den Leuten erst die Vernunft aus dem Kopfe schwätzen, dann machen sie den Beutel von selber auf.

Wenn nun ein Ignorant frägt, was ein solches Traumbuch in seinem Wesen eigentlich enthält, so sagen wir: willkürliche Wörter und Zahlen. Die Wörter deuten die Träume an, die Zahlen jene Nummern, die man bei dem betreffenden Traume in die Lotterie zu setzen hat, z. B.:

Faule Eier 74.
Nasenabschneiden 3.
Judenschule 19.
Maus 38.
Traumausleger 25.

Mit Letzterem einverstanden; ein solcher Traumausleger verdient nicht mehr!

Vollkommener im System ist jene Art von Traumbuch, in welchem zwischen Traum und Zahl das bevorstehende Ereigniß oder die sonstige Bedeutung angegeben ist, als:

Falke: Du hast viele Feinde, 13.
Feigenbaum: Eine Reise steht Dir bevor, 57.
Hirschgeweih: Du wirst getäuscht werden, 5.
Hochzeit: Du hast einen Sterbefall zu gewärtigen, 80.
Trägheit: Du wirst in Noth gerathen, 2.
Wirthshaus: Streit, Unmäßigkeit, 63.

Das „wahre ägyptische Traumbuch" vom Jahre 1104" enthält auch folgende Zeile:

Weltausstellungs-Rotunde: Großer Gewinn im Handel 24.

Daß sich verschiedene Traumbücher bei den Deutungen und Zahlen stets widersprechen, ja kaum einmal zusammenstimmen, ist selbstverständlich.

Häufig will das Traumbuch moralische Winke geben und Sitten predigen, wobei es sich gerade so ausnimmt, als wollte ein Marktschreier in bunten Lappen und mit geschminktem Gesichte dem Volke das Evangelium vorlesen.

Den Norddeutschen draußen, die das Lottowesen nicht kennen, muß unsere Traumbücher-Literatur etwas sehr Possirliches sein und etwas Unbegreifliches, wenn sie hören, daß diese Machwerke in Millionen von Exemplaren bei uns verbreitet sind. Es wäre erst festzustellen, ob die Fibel und das „Lesebuch" für die österreichischen Volksschulen" jährlich in mehr Exemplaren gedruckt werde, als das „Aegyptische Traumbuch", das „Planetenbuch," „Das Glücksrad," „Fortunatus Liebesspiel", die sogenannten „Sibyllischen Bücher und Prophezeiungen".

Mit dem Buchhändler rechte ich einstweilen nicht, der hat die Interessen seines Geschäftes zu vertreten, von dem er leben muß und für das der Staat die Steuern verlangt. Indeß ist die Sache der Literatur für das Volk und die Kinder so wichtig, daß ich sagen möchte: der Staat solle den Volksbücher- und Volksschriftenverschleiß den Volksschullehrern in die Hand geben. Auch diese würden dabei das Interesse ihres „Geschäftes" vertreten, denn ihr „Geschäft" ist die Heranbildung eines geistig gesunden, sittlich gekräftigten Volkes.

Bevor ich diese kleine Schau schließe, will ich eines Heftchens, genannt: „Die sibyllischen Bücher" gedenken. Selbes enthält ein freches Gemisch von Wahrheit, Entstellung und Unsinn. Das einleitende Geschichtlein ist fast bestrickend. Es lautet:

„Zur Zeit des siebenten und letzten römischen Königs brachte nach Rom diese nachstehende Prophezeiung ein altes unbekanntes Weib, die Sibylla Cumana, und hatte 9 Bücher, und bot sie dem Könige zum Kaufe an, und sagte ihm, daß in diesen Büchern der Rath und die Weisheit Gottes enthalten sei, und die Prophezeiung über künftige Dinge; wenn es ihm genehm ist, so möge er sie kaufen für eine gewisse Summe Geldes. Der König aber wollte die verlangte Summe Geldes nicht geben; und da verbrannte das Weib vor seinen Augen von den 9 Büchern 3 Bücher. Und den folgenden Tag fragte sie wieder den König, ob er die noch übrigen 6 Bücher für den früheren Preis kaufen wolle. Da dachte der König bei sich, es wäre doch nicht schicksam, daß er für die 6 Bücher ebenso viel geben sollte, wie für alle 9 Bücher.

Da wurde das Weib böse, und verbrannte wieder 3 von den Büchern, und die übrigen 3 wollte sie dennoch nicht anders geben, als was sie für alle 9 verlangt hatte. Der König nahm ihr daher für die geforderte Summe, für welche er alle 9 Bücher haben konnte, die drei Bücher ab, und das Weib ging dann vom Könige weg und war niemals mehr zu sehen. Als der König dann die Bücher geöffnet und in denselben gelesen hatte, fand er darin zukünftige Dinge beschrieben; er ließ alsogleich die Alte überall suchen, sie war nicht mehr zu finden." — —

Die sechs Bücher müssen wir verschmerzen, indeß sagen die übriggebliebenen drei schon mehr, als uns lieb ist.

Besonders viel giebt sich die Prophezeiung des römischen alten Weibes mit Böhmen ab, dem sie schwere Drangsal verkündet. „Prag wird zerstört werden, Aussig, Sobieslau und Melnik werden zu Weltstädten heranwachsen, Kuttenberg wird versinken, Pilsen, Saaz, Königgrätz, Kaurzim und Czaslau werden vom Feinde zerstört werden. Die böhmische Nation wird in alle Laster versinken, fast zu Grunde gehen und unter der Fremdherrschaft schmachten. Aber ein großer Held wird kommen und sie befreien. Dann wird das Reich Gottes sein.

Die Zeichen vom nahen Ende der Welt werden folgende sein: Die Menschen werden ihren Erwerb unter der Erde suchen, 300 Meter und tiefer, und verschiedene Erze dort finden, auch Farben und Oele, und damit Sachen erzeugen, daß es nicht auszusprechen sein wird. Die Menschen werden eiserne Straßen bauen, großen Handel über alle Länder ausdehnen und einander betrügen, und es wird überall Falschheit sein, und man wird nur irdischen Götzen nachjagen und die Gerechtigkeit nicht mehr kennen. Und es wird auch sein, daß sie den Blitz als Boten gebrauchen von einem Land zum anderen, und daß sie ungeheure Maschinen erfinden und die menschliche Hand verachten. Ueberall wird Luxus und Hoffart und Unzucht sein. Alle Völker der Erde werden sich mischen. Es wird Einer den Andern nicht kennen, denn der Fremde wird gekleidet sein wie der Einheimische, der Diener wie der Herr. Der Teufel wird die Menschen in scheußliche Moden hüllen und sie verblenden, daß sie das für schön halten, was häßlich ist. Dann werden sie den falschen Glauben annehmen und die Priester steinigen, und dann wird Gottes Langmuth erschöpft sein. Es wird beginnen, daß die Sonne drei Tage nacheinander im Westen aufgeht. Sonne, Mond und Sterne werden roth sein, wie Blut. Alle Pflanzen und Bäume werden verdorren, Inseln werden versinken, das Feuer wird aus der Erde hervorbrechen, die Meere werden brennen, die Berge werden einstürzen, die Menschen werden Blut schwitzen vor Angst und Schrecken und Buße thun …"

Alles das und noch mehr steht in den „drei Büchern", die der römische König so theuer gekauft hat. Indeß sind wir frivol genug, um zu vermuthen, daß das Geschichtlein von der Sibylla und dem römischen König nur eine poetische Licenz sei, und daß das alte Weib seine Prophezeiung nicht vor einzelnen Ereignissen, sondern nach denselben oder während ihrer Dauer geoffenbaret hat. Obzwar die Sonne bisher noch niemals im Westen aufgegangen ist, außer in einem Roman von Jules Verne, kommen — um den Unsinn an Mann zu bringen — doch auch in der „Weissagung" Körner von Wahrheit vor, die so groß sind wie Hühnereier. Es ist der richtige Lapidarstyl, der auf das Volk seine Wirkung niemals verfehlt, es ist die entfesselte, abenteuerliche Phantasie, die bei dem Volke immer zündet. — Derlei Bücher giebt es ungezählte, und daß von jedem in die Zehntausende gedruckt und verbreitet werden, dafür sorgen rührige Firmen in Znaim, in Urfahr bei Linz, in Altötting, in Rudolfsheim (Wien) u. s. w. Von wegen ihrer armseligen Ausstattung und großen Verbreitung ist diese Afterliteratur so wohlfeil, daß gediegene Volksschriften, selbst wenn wir welche hätten oder aus dem Schatze der Nationalliteratur ziehen wollten, mit ihr kaum concurriren könnten.

Da das Landvolk nur wenig liest, aber dem Wenigen umso mehr Glauben beimißt und Vertrauen schenkt, so wäre eine Reform der Volksliteratur eine wichtige Sache. Aber wie ist eine solche Reform zu bewerkstelligen? Man kann weder das Drucken des Schundes und des Falschen, noch das Lesen desselben verbieten; Gesetze, die dagegen aufgestellt würden, träfen leicht auch Gediegenes und Echtes, denn in dieser Sache giebt es leider keine feststehende Meinung und Entscheidung. Das Beste wäre, wir könnten Positives mit

Positivem verdrängen. Man sollte für's Volk ein „Traumbuch" schreiben, das ihm endlich aus dem Traume hälfe. Man sollte ihm ein „Glücksrad" geben, das ihm klar machte, wie der Mensch nur durch Arbeit und Pflichterfüllung, durch Bescheidenheit, Genügsamkeit und gesellige Tugenden das Glück finden kann. Man sollte dem Volke ein „Planetenbuch" spenden, welches es über Himmel und Erde unterrichtet; man sollte ihm Rittergeschichten erzählen von großen, ritterlichen Männern, die für die Menschheit was geleistet haben; und Räuber- und Mördergeschichten, welche von den Folgen des ungebändigten Eigennutzes, des landläufigen Betruges, des Größenwahns, des Schwindels, der Corruption in allen Gestalten zu sagen wüßten.

Aber man müßte das Alles hübsch auf Löschpapier drucken, mit schlechten Holzschnitten versehen und für wenige Kreuzer hinausgeben. Man müßte es vom Gedankengange und der Fassungskraft des Volkes aus aufbauen, könnte dann unvermerkt weiter gehen und die Volksseele ausweiten und erheben. In's Lehrhafte dürfte die Sache eigentlich aber nicht spielen; denn der Bauersmann, der in der Kirche bei der Predigt schläft und die Christenlehre schwänzt, will nicht erst, wenn er Sonntags auf dem Rasen liegt und ein Buch zur Unterhaltung liest, angepredigt werden. Im Ganzen nützt eine Unterhaltungslectüre dann schon, wenn sie nicht schadet. Sie schadet aber, wenn sie die Köpfe mit Unsinn füllt, Aberglauben und Vorurtheil bestärkt und die wenigen freien Stunden stiehlt, ohne den Geist zu erfrischen und das Herz zu erwärmen. Und sie schadet, wenn sie den armen Leuten die letzten Kreuzer für das leidige Glücksspiel aus dem Säckel lügt, wie das die „Traumbücher", „Glücksräder", „Sibyllen" und dergleichen Zigeunerbücher thun, für welche noch niemals ein Scheiterhaufen geschichtet worden ist — wahrscheinlich, weil sie des Brennmaterials nicht werth sind.

II.

Wir sollten uns den Hohn nicht so ruhig gefallen lassen, mit welchem unser redliches Trachten, das Volk zu bilden und zu erheben, fortwährend geschändet wird.

Einzelne Volksschullehrer zeigen bei verschiedenen Gelegenheiten ihre Entrüstung über diese Art von Afterliteratur und rufen nach Abhilfe. Doch die maßgebenden Behörden scheinen der Sache keine Wichtigkeit beizulegen, sie glauben damit genug zu thun, wenn sie Weizen säen; daß sie auch das Unkraut ausrotten müßten, um eine gute Frucht zu erzielen, das leuchtet ihnen nicht ein. Man verlange ja nicht, daß die hohen Herren auf den Dorfjahrmärkten herumgehen und die Augen aufmachen sollten, aber die Ohren möchten sie nicht verschließen, wenn man ihnen erzählt, was da draußen für Druckschriften colportirt, für Schandbücher und Broschüren in unzähligen Exemplaren unter's Volk gestreut werden.- Der Schriftsteller, der in reinster Absicht, beseelt von edleren Richtungen und Vorbildern anderer Länder und Völker, seine Reformvorschläge macht, ist in beständiger Gefahr, confiscirt zu werden; aber für die Dummheit und niederträchtigste Geldspeculation auf Kosten der Volksbildung und Gesittung gab es niemals eine Censur, niemals ein beschränkendes Preßgesetz, die geht frei und stolz durch die Welt und macht die großen Opfer, die der Staat für Schule und Cultur darbringt, illusorisch.

In Ph. Kraußlich's „Volksschriftenverlag" (Urfahr-Linz) als Numero 57 erschien unter Anderen in ungezählter Auflage ein Werkchen unter dem Titel: „Die Wunder der Sympathie

und des Magnetismus, oder die enthüllten Zauberkräfte und
Geheimnisse der Natur. Enthaltend 800 vielfach bewährte
Mittel. Gesammelt und zusammengestellt von Dr. Pleinhorati."
Der Titel enthielte insofern nichts Schlimmes, ja es wäre
unter demselben ein wissenschaftliches und belehrendes Werk
denkbar. Diese trügerische Stimmung wird auch noch im
Vorwort fortgesponnen, in welchem, wenn schon nicht der
armselige Verfasser oder Erfinder, der sicherlich seit Jahrhunderten todt, aber im Reiche der Thoren unsterblich ist,
wohl jedoch der ingenieuse Herausgeber eine geradezu philosophische Manier annimmt und in folgender Weise docirt:
„Sympathie bezeichnet in psychischer und physischer Beziehung
eine gewisse Uebereinstimmung Verschiedener, welche sich in
entsprechender Thätigkeit derselben äußert. Am Auffälligsten
tritt eine solche Sympathie in der Tonwelt auf, in der sogenannten Sympathie der Töne. Befinden sich z. B. zwei
gleichgestimmte Violinen nebeneinander, und wird die G-Saite
der einen gestrichen, so tönt alsbald auch die G-Saite der
andern, ohne berührt worden zu sein. Ebenso geben gestimmte
Gläser den Ton, in welchem sie gestimmt sind, von selbst an,
wenn derselbe Ton in ihrer Nähe hervorgebracht wird.

Wie nun bei tönenden Instrumenten, so treten Erscheinungen der Sympathie auch im Menschen sowohl in geistiger
als leiblicher Beziehung auf. So z. B. nennt man es Sympathie, wenn zwei Personen durch dieselben Ereignisse, Erscheinungen u. dgl. in ihrem Gemüthe unmittelbar gleichmäßig
ergriffen werden; noch merkwürdiger aber ist es, daß Personen, obgleich oft weit voneinander entfernt, doch in einer
solchen Beziehung zu einander stehen können, daß, wenn der
Eine irgendwie afficirt wird, auch der Andere auf eine ent-
sprechende Weise angeregt wird. Hierher gehören z. B. die

Ahnungen von dem Schicksal entfernter geliebter Personen oder auch von Sterbenden.

Aber nicht nur zwischen dem Menschen werden sympathetische Beziehungen angenommen, sondern auch zwischen Menschen und Thieren, Pflanzen, Steinen, Weltkörpern, Geistern u. s. w. und hat man auf dieser Annahme dann den Glauben an die Wirksamkeit sympathetischer Curen geknüpft.

Obwohl die wunderbaren Erscheinungen der Sympathie von Superklüglern mißkannt, für Hirngespinnste ausgeschrien und den unnützen, oft schädlichen Quacksalbermitteln gleichgestellt werden, so haben die Wunder der Sympathie und des Magnetismus insbesondere in unserer Zeit dennoch eine neue Bahn sich gebrochen. Das Vertrauen auf die wenn auch unerklärlichen, doch als erfolgreich sich bewährenden Wunder der sympathetischen Curen nimmt immer mehr und mehr zu. In der That müßte man aber auch beschränkten Verstandes sein, wollte man aus dem Grunde Alles leugnen oder verwerfen, weil man es nicht begreifen kann, da es in der Natur doch so Vieles giebt, was man sich nicht enträthseln kann. Ein kleines Beispiel diene: Warum wirkt z. B. ein Borsdorfer Apfel mit einem Messer gegen die Blüthe hin geschabt laxirend, dagegen nach dem Stiele zu geschabt verstopfend? Warum befördert der rothe Beifuß von oben nach unten abgeschnitten die monatliche Reinigung, während er in entgegengesetzter Richtung abgeschnitten dieselbe stillt? u. s. w. Das Warum bleibt allerdings ein Räthsel: die Wirkung aber ist bekannte Thatsache." — So die Vorrede.

Das klingt im Grunde Alles ganz sauber modern, ungefähr als ob ein amerikanischer, englischer oder schweizerischer Spiritist gegen den Materialismus polemisirte. Es giebt in der That Dinge im Himmel und auf Erden, von denen sich unsere Schulweisheit nichts träumen läßt, doch wollen wir nun sehen, wie wunderlich diese unumstößliche Wahrheit ausgenützt wird. Ganz plötzlich springt der Teufel aus der Kutte und der Verfasser fährt fort:

„Mit Recht darf dieses Büchlein ein Schatzkästlein genannt werden, weil es in einem so kleinen Raume wahre Wunderdinge bringt und den Anhängern der Sympathie eine höchst erwünschte Sammlung derartiger Geheimnisse bietet.

Schließlich wird nur noch bemerkt, daß jene Mittel, wo nicht eigens eine andere Periode des Mondwechsels ausdrücklich angegeben ist, zur Zeit des abnehmenden Mondes stillschweigend anzuwenden sind, und daß man die Orte, wo man etwas vergräbt, nicht wieder berühren, oder noch besser ganz meiden soll."

Nun ist der Kerl bei seiner Stange und beginnt die Anführung seiner 800 „vielfach bewährten" Mittel gegen alle möglichen Krankheiten, nicht minder für die Haus-, Feld-, Vieh-, Obstwirthschaft u. s. w.

Wenn es wenigstens gewöhnliche Altweibermittel wären, die noch wahre Offenbarungen sind gegenüber dieser Heilverfahren, wovon hier eine kleine Auswahl geboten ist.

Zahnschmerzen zu vertreiben.

Nimm eine Bohne, bohre oder stich in dieselbe ein kleines Loch und stecke eine Laus hinein, wickle hierauf die Bohne in ein Stückchen seidenes Zeug und hänge sie an den Hals.

Oder:

Reibe den schmerzhaften Zahn mit demselben Zahn aus einem Todtenkopfe, steck den Zahn wieder an seinen Ort und laß dann den Kopf wieder fortbringen.

Vorbauung gegen Zahnschmerzen.

Den ersten einem Kinde ausfallenden Zahn laſſe von demſelben verſchlucken, ſo bekommt es zeitlebens kein Zahnweh.

Vertreibung der Kröpfe.

Stelle Dich an einem wolkenleeren Abende bei zunehmendem Monde und bei hellem, reinem Mondſcheine mit dem Geſichte nach Norden, drehe Dich dann in kurzen Zwiſchenräumen nach Oſten, Süden und Weſten, wieder nach Norden, und mache bei jeder Himmelsgegend eine ganz kleine Pauſe. Mit dem Geſicht wieder nach Norden gewendet, drehe Dich links nach dem Monde herum, ſiehe ſcharf in ſeine Scheibe, ſtreiche den dicken Hals mit der Hand und ſprich ganz laut: „Was ich ſehe, nehme zu, was ich ſtreiche, nehme ab, im Namen Gottes des Vaters, des Sohnes und des heiligen Geiſtes, Amen!" Hierauf gehe ruhig nach Hauſe.

Wunden ſchnell, ohne Schmerz und ohne Eiterung zu heilen.

Nimm das Inſtrument, mit welchem Du Dich verwundet haſt, ſtecke es in Speck und laſſe es ſo lange darin, bis die Wunde geheilt iſt, was ungewöhnlich ſchnell geſchehen wird.

Zu beſtimmter Stunde aufzuwachen.

Lege ſo viel Lorbeerblätter als Du Stunden ſchlafen willſt in ein feines Tüchlein, binde dieſes auf den Wirbel des Kopfes und lege Dich auf die linke Seite ſchlafen.

Das Betrunkenwerden zu verhindern.

Iß des Morgens früh nüchtern 7 oder 9 bittere Mandeln, ſo kannſt Du an dieſem Tage trinken ſo viel Du willſt, und wirſt doch nicht betrunken werden.

Oder:

Trage einen Kranz von Epheu um das Haupt.

Muttermäler zu vertreiben.

Lasse die Hand eines Todten so lange auf dem Male ruhen, bis es davon kalt geworden ist.

Daß Du des Nachts im Finstern siehst.

Dies bewirkst Du, wenn Du die Augenliber mit dem Blute einer Fledermaus bestreichst.

Gegen Krampfhusten oder sogenannte Bettelmannshusten.

Dieses Uebel weicht schnell und sicher durch das öftere Küssen einer hübschen Frauensperson. — Eine gewiß angenehme Cur!

Wie ein Frauenzimmer erfahren kann, wann es heiraten wird.

Sie reiße sich ein Kopfhaar aus, binde an das Wurzelende desselben einen Trauring, und halte mit aufgestütztem Arm am andern Haarende den Ring in die Oeffnung eines leeren Glases, so wird er anfangen zu schwingen und so oft er an das Glas anschlägt, nach so vielen Jahren wird das Frauenzimmer heiraten. Schwingt er ohne anzuschlagen, so heiratet die Fragende entweder noch dasselbe Jahr oder gar nie.

Damit eine Frau ihrem Manne im Schlafe Alles beichte.

Nimm das Herz von einem Raben und lege es der Schlafenden auf's Herz, so erfährst Du Alles, was Du wissen willst.

Gegen die Staupe der kleinen Kinder.

Der Vater gebe dem Kinde einen Tropfen Blut aus dem ersten Gliede seines Goldfingers.

Vertreibung der Gicht.

Schneide dem Patienten an allen Orten des Leibes, wo er Haare hat, etwas davon ab, ebenso auch von den Nägeln an Händen und Füßen, und binde dies Alles in ein reines leinenes Läppchen, welches dann einem Krebse auf dem Rücken befestigt werden muß. Hierauf wirf den Krebsen in einen Fluß, so wird dem Patienten bald geholfen sein.

Vertreibung der rothen Ruhr.

Netze ein rothes, wollenes Tuch stark in dem Blute eines im März getödteten Hasen und lasse es trocken werden. Von diesem Tuche lege dann ein Stückchen in rothen Wein und lasse den Kranken davon trinken.

Heilung der Abzehrung.

Sauge bei abnehmendem Monde an den Brüsten eines jungen Weibes, die einen Knaben geboren hat, und iß jedesmal etwas Zucker nach, um das Gerinnen der Milch im Magen zu verhindern.

Vertreibung der Lungenschwindsucht.

Lasse an den Haupttheilen des Körpers den ersten oder dritten Tag nach dem neuen Monde etliche Tröpfchen Blut, fange sie auf ein Stückchen ungebleichter Leinwand auf, wickle es zusammen und thue es sammt abgeschnittenen Nägeln von Händen und Füßen, nebst Haaren von allen Theilen des Körpers, in ein glattgedrücktes Stückchen Jungfernwachs, mache dieses zu einem Zäpfchen, und spunde es in einen noch im Wachsthum begriffenen Baum gegen Osten ein und setze einen Keil von eben demselben oder von Eichenholz darauf.

Vorschrift zur Bereitung der sogenannten Lebenslampe.

Ein Docht von Asbest in das von Schleim gereinigte Blut eines Menschen gethan und angezündet, brennt so lang als der Mensch lebt, und verlischt mit dessen Leben zugleich.

Kennzeichen, ob ein Schwerkranker leben bleibe oder sterben werde.

Reibe des Kranken Stirne mit Brot oder seine Fußsohlen mit Speck und wirf dies einem Hunde vor; frißt er es, so bleibt der Kranke am Leben, läßt er es liegen, so stirbt jener.

Daß Dir das Geld nie ausgeht.

Nimm aus einem Schwalbenneste ein Ei, koche es hart und lege es wieder in das Nest, so findest Du nach drei Tagen ein Würzelchen darin, welches die Schwalbe gesucht und gebracht hat, um das Ei wieder gut zu machen. Dieses nimm heraus und thue es in den Beutel, so bekommst Du stets wieder so viel Geld als Du ausgiebst.

Daß Du Jedermann wohlgefällst.

Trage die Augen eines Wiedehopfes bei Dir, so bist Du Allen lieb und angenehm.

Dauernde Freundschaft zu erwecken.

Nimm von Deinem Blute, lasse es trocknen, zerreibe es zu Staub und bringe davon der Person, für die Du Dich interessirst, in einer Speise oder in Schnupftabak bei.

(Man hüte sich aber ja, dieses Mittel anzuwenden, wenn man krank ist, denn dann verpflanzt man mit der Freundschaft zugleich die Krankheit.)

Zu erfahren, welche von den am Tische sitzenden Personen es gut und böse mit Einem meint.

Habe die Zunge eines Geiers unter die linke Fußsohle und auf die bloße Hand gebunden, und in der rechten Hand halte die Wurzel von Eisenkraut, so müssen die Bösmeinenden aufstehen und hinweggehen.

Weißen Wein in rothen und rothen in weißen zu verwandeln.

Im ersteren Falle thue Asche von rothen, im anderen Asche von weißen Reben in das Faß.

Kugeln zu gießen, die Alles durchdringen.

Dies bewirkst Du, wenn Du beim Gießen in jede Kugel ein Weizenkorn thust.

Eine Feuersbrunst zu löschen.

Nimm drei glühende Kohlen aus dem Kamin heraus und halte sie außerhalb desselben hin, bis sie verlöschen, dann verlischt zugleich der Brand.

Und so weiter. Nachdrücklich betone ich, daß hier nicht etwa die drastischesten, sondern die zahmsten Beispiele gewählt wurden; denn gerade jene „Mittel", die den Grundstock und die Tendenz des Büchleins bilden, lassen sich hier nicht wiedergeben.

Wir sind nicht prüde und zimperlich, am wenigsten, wenn es sich darum handelt, durch Aufdeckung schwerer Schäden ein Gutes zu thun, aber ich wiederhole noch einmal, die meisten Dinge, die in diesem Werkchen verzeichnet sind und auf dem Jahrmarkt von Kindern und jungen Mädchen um wenige Kreuzer gekauft werden können, lassen sich selbst für

Männerkreise anständigerweise nicht wiedergeben. Ich wollte ursprünglich dieses „Volksschriftchen" mit Humor behandeln und habe bei dem ersten Blick in dasselbe auch tüchtig aufgelacht. Aber das Lachen ist mir bald vergangen. Es ist mir vergangen, als ich die Unermeßlichkeit des darin aufgespeicherten Unsinns zu ahnen begann, als mir die ungeheure Frechheit zum Bewußtsein kam, mit der hier der Vernunft und dem gesunden Sinne des Volkes in's Angesicht gespien wird. Das Lachen ist mir vergangen, als ich auf dem Dorfjahrmarkte sah, wie sich die Leute um die Exemplare schier balgten, wie es Solche, die keines mehr bekommen konnten, von Anderen entlehnten, um daraus abzuschreiben, nicht etwa aus Spaß, sondern im halben Glauben und Vertrauen. Das Lachen ist mir vergangen, als ich erfuhr, wie bei einer Volksschullehrer-Conferenz, in der die Angelegenheit wegen Steuerung solcher Schriften vorgebracht wurde, diese Sache vertagt, respective abgelehnt worden ist. Wenn Einer in der weiten Welt über dieses Büchlein lachen kann, so ist es Herr Ph. Kraußlich in Urfahr-Linz.

Wenn Ihr Volksbildner glaubt, solche Schriften würden heute im Volke nicht mehr ernst genommen, oder die Mittel verlören durch ihre Wirkungslosigkeit bald allen Respect, so irrt Ihr Euch. Abgesehen von der physischen und moralischen Schädlichkeit vieler dieser „Sympathiemittel" wird das Volk seit Jahrhunderten Tag für Tag davon enttäuscht und man versucht sie doch immer wieder und ist geneigt, daran zu glauben, sobald der Zufall nach hundert mißlungenen Versuchen einmal einen scheinbar gelingen läßt. Je unerklärlicher ein Ding ist, desto größeren Reiz hat es auf ungebildete Menschen. Und wenn Ihr darauf warten wollet, bis Eure dem Landvolke beigebrachte Schulbildung aus eigener Kraft derlei Neigungen abtödten werde, so könnt Ihr länger warten, als Ihr Lust habt; die alten Thorheiten füllen und benebeln den Leuten die Köpfe und erschweren den Einfluß des Unterrichtes.

Es giebt eine Art von Aberglauben, welche tief im menschlichen Gemüthe ihren Grund hat, eine gewisse Poesie auf unser Leben und Leiden legt und oft sogar veredelnd wirkt. Zu dieser Art gehören die crassen Thorheiten, wie sie z. B. unser Sympathiemittel-Büchlein predigt, soviel Ihr mir nach den wenigen Beispielen zugeben werdet — nun eben nicht. Das ist offen und kurz gesagt, ein gemeinschädliches Zeug, zu dessen Ausrottung sich Lehrer, Priester und Aerzte die Hände reichen sollten. Mit Warnungen und Spöttereien ist nicht viel gethan, solche erwecken nur die Neugierde und den Widerspruch; wenn schon der Gewaltstreich nicht durchführbar ist, daß der öffentliche Verkauf von derlei Schriften verboten wird, wie der des Arseniks verboten ist, so sollen wenigstens die Männer, welche über das Wohl des Volkes zu wachen haben, die Verbreitung der Schmachliteratur mit all ihrem Einfluß zu verhindern suchen. Wenn sie nur erst ernstlich wollten, es würde sich manches geeignete Mittel gegen diesen geistigen Krebsfraß finden. Ich habe oben selbst eines vorgeschlagen; es giebt vielleicht noch andere, und sollten sie sich unter gegenwärtigem Gesetze nicht durchführen lassen — wohlan, so machen wir ein Gesetz, worunter sich die Gesittung und das Wohl des Volkes durchführen läßt.

Von der Geschmacklosigkeit in unseren Dorfkirchen.

Eben im Begriffe, über diesen Gegenstand zu sprechen, kommt mir ein Schreiben zu, das die Sache klar charakterisirt und das rechte Wort dafür findet. Ich führe es vor:

"Mein geehrter Herr!

Diese Zeilen schreibt ein katholischer Christ. Dieselben sind derart kirchlich, daß sie von einem bekannten freisinnigen Journal, für welches sie ursprünglich bestimmt waren, mit der Bemerkung des Redacteurs zurückgeschickt wurden: Für solche Dinge hätte unsere Zeit kein Interesse mehr. Ich untersuche nicht, wieso sich eine einzige Person erlauben kann, im Namen der „Zeit" zu sprechen, im Namen der Millionen von Menschen, die in hunderterlei Ständen und Verhältnissen ihre Jahre durchleben und sich zuvörderst für die Dinge erwärmen, die in ihren Kreisen liegen. Nun höre ich, daß ein Mann „Bergpredigten" verfaßt gegen manche Uebelstände unserer Zeit, und diesem Prediger will ich mein Schreiben vorlegen, daß er daraus etwa Stoff ziehe. Uebrigens werden ihm die hier berührten Zustände ohnehin nicht fremd sein.

Ich bin in einem Alter, welches man „die besten Jahre" nennt, körperlich gesund und gehöre auch nicht gerade zu den Sentimentalen — gleichwohl Vorstehendes hauptsächlich Sache des Herzens ist. Ich habe das erste Drittteil eines Menschenlebens in einer großen Stadt verbracht und an Herrlichkeit und Kunst gesehen und genossen, so viel die offenen Sinne eines jungen Menschen in sich zu fassen vermögen. Mit dem Sinne für Kunst wurde in mir auch das religiöse Gefühl ausgebildet — zwei Empfindungen, die sich gegenseitig ergänzen und ich möchte sagen — das ethische Bewußtsein ausmachen. — Da fügte es sich, daß ich das Stadtleben mit dem Landleben vertauschen mußte. Ich bewohne seither in der Eigenschaft eines Landwirthes ein Schlößchen, das zehn Minuten weit von einem großen Dorfe liegt. Die Gegend ist sehr schön und sehr still; bis zur nächsten Eisenbahnstation fahre ich mit dem flinkesten Paar meiner Pferde sechseinhalb Stunden. Der Weg dahin geht über Berg und Thal und wird alljährlich von Wildwässern arg mitgenommen. Ein anderer Gebirgssteig, auf dem der Postbote verkehrt, ist etwas kürzer, aber mit Rädern nicht zu befahren.

Mir bekommt diese Abgeschiedenheit nicht eben übel, ich bin Naturfreund und die ausgedehnte Oekonomie nimmt mich so ziemlich mit. Trotzdem giebt es Stunden, wo ich mir vorkomme wie Robinson auf der Insel im Weltmeere. Ich habe mich wohl beweibt, aber meine Frau sitzt Sonn- und Feiertags — gerade wenn ich vacant bin — in ihrem Kirchenstuhle und ich mag ihr's nicht verdenken. Mich zog's ja ebenfalls in's Gotteshaus und ich dachte: Die Allgegenwart Gottes, die mich im Walde so oft beseelt hat, wird wohl auch durch die dicken Mauern hereindringen. Zudem erbaut man sich an dem Cultus, der bei den Katholiken ja so festlich ist; man sieht die Landleute, die man sonst nicht immer von ihrer besten Seite zu beobachten Gelegenheit hat, in ihrer Andacht, in ihrem idealen Leben; man sieht wieder einmal ein Bild, eine Statue. von alten Meistern; man hört Musik. Wer solche Dinge gewohnt worden ist, der vergißt ihrer nicht mehr so leicht; auf dem Lande wird man bescheiden und ist mit Einfachem zufrieden.

Ich ging einmal in die Kirche und ging nicht wieder hinein. — Entsetzt besprach ich mich mit dem Lehrer und einigen einsichtsvolleren Umwohnern; sie sagten, auf dem Dorfe sei es nirgends anders; es sei eine große Seltenheit, daß die Kirchenvorstehung Sinn für Schönes hätte; die materielle Verwaltung der Pfarrkirchen und Capellen liege in den Händen roher, ja oft blöder Bauern. Als Kirchendiener, der das Gotteshaus rein zu halten, die Altäre zu schmücken, mitunter sogar die Festlichkeit des Gottesdienstes zu bestimmen hat, wählt man am liebsten Krüppel, Halbtrottel, Creaturen, die zu sonst nichts fähig sind. Nicht der wird zum Küster gemacht, der am besten dazu taugt, sondern der es am billigsten thut. Und mit dem Kirchenschlüssel wird ihm die Gewalt zu binden und zu lösen übertragen. Alsogleich kommt über so einen bäuerlichen Patron der Dünkel der Unfehlbarkeit, er öffnet oder verschließt die Kirche nach seiner Bequemlichkeit, er läutet die Tageszeiten nach seiner häuslichen Einrichtung, er schmückt den Altar und die Bildsäulen nach seinem Geschmacke, er behandelt die Andächtigen nach seinem Gefallen, bedient den Priester nach seinem Style, ist der personificirte Protzdünkel. Bar aller Pietät, rumort er während des Gottesdienstes in der Kirche herum, jetzt mit dem Zündstab, jetzt mit dem Klingelbeutel, unterbricht die Andacht der Ver-

sammlung beliebig mit dem Geschrei seines Gebetes oder
Gesanges, Alles ungeschlacht, aufdringlich, Alles eher, als
ein demüthiger Diener im Tempel des Herrn. Seitdem der
Schulmeister in der Kirche das Feld geräumt hat, herrscht
der Küster auch auf dem Chore, wie in der Sacristei, und
wie der geistliche Herr im Pfarrhofe von der Haushälterin
tyrannisirt wird, so wird er es in der Kirche vom „Haus=
knecht Gottes".

Unsere Landpfarrer sind in Sachen des eigentlichen
Cultus oft so gleichgiltig, daß man sich nur wundert, wie
solche Leute eine solche Lebensstellung wählen konnten. Sie
benützen die Kirche entweder als römische Beamte nur zur
Befestigung des päpstlichen Reiches auf Erden, oder sie be=
trachten dieselbe als eine Art von Werksstube, in welcher sie
ihre Messe lesen, ihre Predigt hersagen, ihre Beichtkinder ab=
fertigen, kühl und geschäftsmäßig, wie jeder andere Mensch seine
tägliche Arbeit verrichtet, nicht weil er sie gern thut, sondern
weil er davon leben muß. Idealer Sinn, Herz für ihren
hohen Priesterberuf, Freude an einem schönen Cultus, in
welchem der Glaube sich mit der Kunst paart — das sind
Dinge, die man in unserer Priesterschaft nur selten findet.

Aber kann man denn diese Eigenschaften geradewegs
vom erstbesten Dorfpfarrer verlangen, da man selbst in hoch=
gebildeten, oder in vom Geschicke begünstigten Kreisen so wenige
ideal angelegte Naturen findet! Warum wird man Priester?
Der Priesterstand ist, und besonders auf dem Lande, hoch=
geehrt, „der Bettelstab ist ihm verbrannt", die Eltern und
Verwandten drängen dazu, andere Lebensstellungen, die ehren=
voll und sorglos wären, sind für Manchen schwer zu er=
reichen und noch schwerer zu behaupten — Gründe, weswegen
sich so manch hausbackener Patron diesem Stande zuwendet.

Es sind zumeist ehrenwerthe Menschen, aber es sind keine Priester und Sie werden sich nicht wundern, wenn es ihnen so gar nicht gelingen will, in der Bevölkerung den Sinn für Religion und Ideal, dessen sie selber bar sind, zu wecken.

Es giebt schöne Ausnahmen, Priester, die in schlichter Hoheit dastehen inmitten ihrer Gemeinde und mehr durch ihr Wesen, als ihre Worte auferbauend wirken; ich habe von Priestern gehört, welche aus ihren bescheidenen Einnahmen die Kirche geschmackvoll restauriren ließen, um den Landleuten ein Asyl der Schönheit in ihr armes Leben zu stellen. Das verlangen wir nun nicht, aber das verlangen wir, daß der Pfarrer über die Gestalt der Pfarrkirche und des Cultus wachen, daß er als Gebildeter den Geschmacklosigkeiten des Volkes entgegentreten und, wenn an der Kirche etwas erneuert wird, seine Leute zur Beschaffung würdiger und kunstgerechter Gegenstände anhalten solle. Muß man unseren Seelsorgern noch sagen, daß Veredlung des Geschmackes der erste Schritt zur Veredlung der Seele ist?

Nun, geehrter Herr, ich ging denn in meine Dorfkirche und habe Wunder gesehen! Die Kirche besitzt einen alten, hübschgeschnitzten Altar, aber man sieht ihn vor Flitter nicht. Blumen und Kränze, die vor vielen Jahren aufgeblüht sein mögen in den Händen einer Modistin, verknittert, verblaßt, dicht bestaubt, umgeben das Bildniß, während draußen in den Gärten die lieblichsten Blumen prangen und unbeschaut vergehen. Die Wände sind vollgehangen mit grauenhaft geschnitzten, aber stets vergoldeten Statuen, grellfarbigen, aber erbärmlich gezeichneten Bildern, darunter rostige Kerzenleuchter, Fahnenstangen mit bunten Lappen und dazwischen und darüber Flitter — Flitter — Flitter!

Ich erinnere Sie an Ihre eigene Beschreibung der Rohrheimer Kirche:

„In Rohrheim war eine wunderlich schöne Kirche. Sie war gar nicht klein, sie hatte viereckige Fenster wie die große Mühle im Thale, und einen hohen Thurm, auf dem als Bedachung ein riesenhafter Zwiebel saß. Auf dem Zwiebel stand ein zweifaches Kreuz, und auf dem Kreuze stand ein Hahn, der den Schnabel weit aufthat. Sie hatten ihn immer für den Hahn Petri gehalten, aber der Schneider Wenz, der ein Schriftgelehrter war, behauptete einmal: Der Hahn auf unserem Thurme bedeutet die römische Kirche. Deswegen thut er alleweil den Schnabel auf. Gleich am Eingange in die Kirche stand ein Holzkübel mit Weihwasser, zwar blos zum Besprengen, aber man hätte zur Noth darin auch baden können. Jeder Heilige, wie sie zahlreich auf den weißgetünchten Wänden herumstanden, hatte einen goldenen Rock und goldene Schuhe an, und goldene Bücher und Stöcke und Marterwerkzeuge in der Hand, und die am Altare hatten sogar goldene Gesichter. Der gute Hirt auf dem Altare sah derartig aus, daß gewiß der Wolf und jegliches Raubthier vor ihm davongelaufen wäre. Die Farbe seines tausendfaltigen Mantels war ein tiefes Roth im Perlmutterglanze. Die Engel waren lackirt wie Töpfergeschirr und hatten goldene Flügel; wieder von anderen Engelchen waren nur die Köpfe da, und die Flügel wuchsen gleich von den Ohren weg. Dann gab es noch goldene Wolken, die für ein tüchtiges Hochsommergewitter ausgereicht hätten, wenn Goldblech blitzen und donnern könnte, und es gab viel goldenen Heiligenschein und goldene Schnörkeln an den gewundenen Säulen. Das Crucifix aber war nicht vergoldet, nein, das war roth von „Blut" und übersäet von tausend „Wundgruben", und die Augen waren verdreht und der

Mund verzerrt, wohl herzerbarmend zu schauen. Und an die Kerzenleuchter waren Blumen gebunden, Blumen gar aus Leinwand und buntem Papier — die blühten schon über die zwanzig Jahr und wurden nicht welk. Und Bänder und Fahnen in der ganzen Kirche, daß man kaum die Bilder und die Wände sah. Und zu den Sonn- und Feiertagen die zahlreichen Kerzen und den vielen Weihrauch — so fand man's weit und breit in keiner Kirche mehr. Es war eine rechte Pracht. Die Rohrheimer waren auch stolz auf ihr Gotteshaus, sagten doch Alle, die aus den Nachbarpfarreien kamen: „Dasselb' weiß man nicht, wo man's muß hinschreiben, aber 's ist richtig, ihr Rohrheimer habt's eine wunderlich schöne Kirchen!"

Die hohen Feste wurden schon gar gefeiert, daß es aus der Weis' war. Da hatten sie auf dem Chore fünf Trompeten und einen „Bompaton" und zwei Pauken. Der Waldhanselbub blies das Clarinett, und sein Vater strich die Baßgeige zugleich und sang. Das war denn so, was man Musik nennt, und die Rohrheimer thaten nur wohlgefällig ihre Köpfe schütteln. Das Merkwürdigste aber: In einer Nische des Seitenschiffes der Kirche, wohl unter Glas und Rahmen lag zur ewigen Verehrung aufbewahrt ein „heiliger Leib". —

Noch weit ärger sieht es in unserer Dorfkirche aus. Es ist ein Geraffel und ein Gerümpel, wohin man das Auge wendet. Es hat lange nicht Alles Weihe, was geweiht ist. Völlig möchte man fragen: Glaubt denn der Priester nicht an das Kreuzesopfer, welches er in der Messe so überaus gleichgiltig zu verrichten pflegt? O, er glaubt daran, so gut die Gemeinde glaubt, die vor dem Altare auf den Knien kauert, sich auf Ellbögen stützt und in den Bänken lehnt. Der Eine lallt den Rosenkranz, der Zweite prüft die Nachbarschaft, der Dritte kaut Tabak, der Vierte schläft. Und auch die Capelle auf dem Chore glaubt, die pfeift, singt, geigt, paukt in allen Tonarten, nur nicht in der rechten. Ich übertreibe nicht, sehen Sie selbst nach, wie diese einzige Dorfkirche ist, so sind tausend andere. — In eine solche Kirche gehe ich nicht mehr; mein religiöses Gefühl ist zu empfindlich.

Anfangs wollte ich in Sachen der kirchlichen Ausstattung die Erscheinung durch das Unvermögen der Gemeinde entschuldigen, die zwar nicht klein und nicht arm ist. Vielleicht ist aber der für die Kirche bestimmte Fonds erschöpft. Man thut den Leuten und auch sich selbst was Gutes, wenn man die Kirche, deren alter Quadernbau würdig dasteht, mit edlem Geschmacke renoviren läßt, einfach aber stylvoll, mit wenigen aber guten Bildern; in den Fenstern Glasmalereien, eine restaurirte Orgel, gutgestimmte Glocken. So war mein Traum. Ich lud einen Sachverständigen ein, er kam, besichtigte die Kirche, wir arbeiteten einen Plan aus und berechneten die Kosten der Herstellung auf circa 8000 Gulden. — Ich werde wohl mein Leben lang in dieser Gemeinde verbleiben, es wird in meinem Alter mich erquicken, wenn ich im ernsten Dunkel der Kirche, unter dem Klange der Orgel an meinen Schöpfer denken kann. Der Klang der Glocken wird mich zu Grabe geleiten und auf dem Lande muß die Kirche der Tempel der Kunst und des Ideals sein und bleiben.

Ich wandte mich an die Kirchen= und Gemeindevorstehung mit dem Ersuchen, eine Renovirung der Pfarrkirche veranlassen zu wollen, legte den Plan vor und erklärte mich, wenn nach diesem Plane vorgegangen würde, zur Bestreitung der Kosten bereit.

Als nach sechs Wochen auf meine Darlegung noch kein Bescheid erfolgt war, erlaubte ich mir an die Gemeinde=

vertretung eine zweite Anfrage, schrieb gleichzeitig auch an das Pfarramt mit der Bitte, mich in meinem Bestreben zur würdigen Ausstattung des Gotteshauses freundlich unterstützen zu wollen. Zehn Tage später erhielt ich den Bescheid. Die Gemeinde erkenne meine gute Meinung dankend an, aber aus einer über den Gegenstand veranlaßten Abstimmung gehe hervor, daß eine Aenderung in der Pfarrkirche der Mehrzahl nicht wünschenswerth erscheine. Wenn ich aber für diese Sache schon ein Uebriges thun wolle, so erlaube man sich darauf hinzuweisen, daß an der Außenseite der Kirche eine Uebertünchung des alten Mauerwerkes wünschenswerth sei.

Nicht die verletzte Eitelkeit, mein geehrter Herr, war es, die sich jetzt in mir aufbäumte, sondern der heiße Zorn — und schließlich das Mitleid mit einer so verkommenen Anschauung. Damals, die Sache lag mir einmal an, war ich nahe daran, zu unserem Cultusminister zu gehen, der ja bekanntlich eine Verordnung zur Ueberwachung des Geschmackes bei Dorfkirchenbauten und Renovirungen erlassen hat. Ich wollte ihn fragen, wessen Sache es nun eigentlich sei, das Volk an religiösem und künstlerischem Tacte zu erziehen, ihm jene verderblichen Elemente zu entziehen, die es in seinen idealen Anschauungen irreleiten.

Vielleicht wird man über mich, als Einen, der heute aufsteht, um die Kirchen zu protegiren, die Achsel zucken. Der Cultusminister wird es aber nicht thun, er weiß zu gut, was die Dorfkirche bedeutet, heute noch und immerdar bedeuten wird. Warum nun aber die bodenlose Vernachlässigung der Gotteshäuser auf dem Lande? Heute, wo geschmackvolle Arbeit, künstlerische Ausstattung so leicht und billig zu haben ist! Hätte unsere Geistlichkeit in dieser Sache auch nur einige Klugheit, sie würde es längst als einen erfolgreichen Schach=

zug gegen die Feinde der Religion unternommen haben, den Geschmack an kirchlicher Ausstattung zu veredeln, durch form=schöne Darstellungen, durch Kunst nach altem katholischen Principe die Welt wieder an sich zu locken. Der heute in diesem Sinne so allgemein herrschende Indifferentismus sieht ja ganz aus wie die Resignation der Verzweiflung einer Sache gegenüber, die aufgegeben ist.

Sollen denn wir weltliche Leute die Prediger in der Wüste sein und es auf die Kanzeln und an die Altäre rufen: Nein, das Gottesreich des Idealen darf nicht aufgegeben werden; würdig der herrlichen Religion Christi seien ihre Tempel wie ihre Priester! — Wer wird es vor Allem sein, der auf solchen Ruf uns steinigt?! —

Sollten diese Zeilen nicht einen, wenn auch noch so leichten Anstoß geben können für Jene, deren Sache es ist, die Mißstände zu betrachten, zu untersuchen? Man verlangt nicht, daß alle Dorfkirchen auf einmal ausgefegt und neu eingerichtet werden sollen, aber wo Mittel dafür da sind und etwas geschieht, da soll es zum Guten geschehen. Bauern=geschmack in Kunstsachen ist ein Greuel; lasse man ihnen nicht freie Hand in ihren Kirchen; gebe man ihnen was Besseres, als sie heute verdienen und sie werden sich bald selbst daran freuen. Es ist endlich ja auch für einen gesund gearteten Bauern ganz unmöglich, daß ihm die Kirche von Rohrheim auf die Länge besser gefalle, als das Gotteshaus zu Admont. Aber sehen muß er dieses erst; so lange er es nicht sieht, wird er im Wahne sein, es gäbe nichts Schöneres als jenes.

Noch richte ich meine Apostrophe an Jene, welche zum Besten des Volkes, seines Geistes und doch wohl auch seines Herzens die Schulreform durchgeführt haben, diese Reform, der auf dem Lande sofort die Kirchenmusik zum Opfer fiel.

Der Landmann fühlt es nicht so sehr, wenn die Kunst, die seit alter Zeit auch in seiner Dorfkirche Heimstätte fand, nun allmählich untergeht — nur daß sein Geschmack noch trostloser verwildert und verkommt. Aber Einer, der Besseres kennt, verurtheilt ist, auf dem Lande zu leben, in den Kirchen die Spuren des Schönen sucht und neben den Ruinen aus besserer Vergangenheit die abscheuliche Abgeschmacktheit des bigotten Pöbels herrschen findet — der fühlt das Unrecht, welches an dem Volke begangen wird, da man ihm die idealen Güter entzieht oder vorenthält, die wie das Gesetz allen Staatsbürgern, wie das Sonnenlicht allen Menschen gemeinsam sein sollen.

Urtheilen Sie selbst, geehrter Herr! ob ich Jemandem Unrecht thu oder zu viel verlange und genehmigen Sie den Ausdruck der Achtung von Ihrem

ergebenen

H. M."

Von der Vernachlässigung unseres alten Volksliedes.

Ueber den Mangel an Musik haben wir uns in den Städten nicht zu beklagen. Ich mag alle Gattungen von Musik, die wir haben, gar nicht nennen; Jeder kennt sie, die Einen zum Entzücken, die Anderen zur Qual. Eine Gattung aber ist, die liegt ganz brach in der civilisirten Welt, sie ist verlassen und vergessen. Die Musikhistoriker sagen, sie wäre die Mutter aller Musik und glauben ihr mit diesem Pfründnerscheine genug gethan zu haben.

Diese Gattung ist das Volkslied.

Allerdings haben wir Componisten, die das Volkslied cultiviren; ich nenne nur Schmölzer, Koschat, Gauby. Wir haben Vereine, die es nach diesen Meistern pflegen, aber die hohen Herren von der Akademie wenden sich mit Geringschätzung davon ab und sagen, das sei nicht mehr ursprünglich, das sei gemacht und gekünstelt, entspreche weder der Natur noch der Kunst, und sie betheuern, das wahrhaftige Volkslied stehe ihnen viel zu hoch, als daß sie der „Verballhornung" desselben das Wort reden könnten. — Ich frage nun diese akademischen Herren, wenn sie das Volkslied schon so hoch halten, warum thun sie denn gar nichts, um es zu retten?

Ja, meine schöne Frau Musica, die du deine Mutter verlassen hast und verachten kannst — zu retten, sage ich! Denn hier ist etwas im Untergehen begriffen, was einer tausendjährigen Cultur bedarf, um wieder zu erstehen.

Ich vermisse in unserer Musikwelt eine Anstalt zur Pflege des alten Volksliedes. Ich kann mich nicht einlassen in den Streit, ob die gegenwärtigen für Quartett und Quintett der Gesangvereine berechneten Bearbeitungen des Kärntner- und Steirerliedes künstlerisch gerechtfertigt sind oder nicht; ich für meinen Theil halte auch diese Cultivirung des Volksliedes für hoch verdienstlich, obgleich zugegeben werden muß, daß sie schon ihrer Einseitigkeit wegen unzulänglich ist. Die Sängergesellschaften, die in den Wirthshäusern herumsingen und mit dem Nationalcostüm das Lied stützen wollen, sind freilich auch nicht das, was ich meine. Am nächsten kommt der Art des Singens im Volke unser weitbekanntes österreichisches Damenquartett.

Ich meine und wünsche eine Pflegestätte des alten deutschen Volksliedes, jenes Volksliedes, von dem man weder Dichter noch Componisten kennt. Das besteht nicht allein etwa aus Liebes-, Schützen- und Almliedern; es hat auch die Standeslieder, Bauern-, Burschen-, Soldatenlieder; es hat die Wanderlieder, Fest- und Todtenlieder; es hat die Romanzen und Balladen, die Krippenlieder, Marienlieder und überhaupt das geistliche Lied, welches an Weise und Text einen Schatz von Naivetät, Gemüth und Stimmung enthält. — Wo finden wir diese stets interessanten, theils herrlichen Gesänge? In der Stadt nicht, in unseren Gesangvereinen nicht. In guten Volkslieder-Sammlungen haben wir sie allerdings gedruckt, aber ohne Noten. Diese Lieder taugen aber nicht zum Lesen wie ein Goethe'sches oder Heine'sches Gedicht — sie sind im Singen

entstanden und zum Singen da. Weit muß man hinaus=
bringen in die Dörfer und intimer in die Hütten hinein,
will man einmal ein solches Lied hören und aus dem
natürlichen Vortrag seine Schönheit genießen. Dort müßte
man den Schatz auch heben, zum Texte die Arie aufschreiben
und den Leuten ablernen, wie gesungen wird. In solchen
Sachen kann der Gelehrte von der Einfalt lernen. — Unseren
Sängerkreisen, ist ihnen denn die Doppelseele der Kunst, die
Naivetät und Einfachheit so ganz und gar abhanden gekom=
men, daß sie uns diese Lieder in ihrer ursprünglichen Weise
gar nicht bringen könnten? Und brächte es die Kritik wirk=
lich über's Herz, auf die Volksart und Einfachheit für immer
zu verzichten? Sollte sie nicht vielmehr wie ein treuer Com=
paß gerade auf das Volkslied hinweisen, als auf den Jung=
brunnen für alle Musik?

Ich wünsche eine Gesellschaft zur Pflege des alten Volks=
liedes. Man sollte wenigstens in der großen Stadt, die ein
Archiv für alle Zweige der Cultur sein soll, wissen, wohin
man zu gehen hat, wenn man die alten Volkslieder hören
will, die unsere Ahne und Mutter gesungen, nach denen unser
Großvater geworben, gejubelt, gelitten, gestritten hat, an
welchen den meisten Menschen süße Erinnerungen hängen. Es
würde sich für diese Lieder ein großes Publicum finden und
es würden diese Lieder allmählich eine Läuterung des Ge=
schmackes vollbringen.

Es könnte der Kreis auch erweitert werden, obzwar das
alte deutsche Lied aus allen Gauen und in allen seinen text=
lichen und sanglichen Eigenarten Abwechslung genug böte.
Es könnten die Volkslieder fremder Nationen mit einbezogen
werden. Wie interessant wäre z. B. ein Concert mit der Zu=
sammenstellung aller Landeshymnen, Nationallieder von der

österreichischen Volkshymne an zur Wacht am Rhein, zur
Marseillaise, zum Rakoczy-Marsch u. s. w. Wäre eine solche
Reihe der weltbewegenden Gesänge nicht einmal vorzuziehen
einem Programm von Claviergeklimper, Fetzen aus Opern
und modernem Singsang, bei dem man sich schon unzählige-
mal gelangweilt hat?

Der Aberglaube, möglichst immer moderne Kunstmusik
üben zu müssen, schwierige Werke berühmter Meister aufführen
zu können, ist selbst in's Dorf hinausgedrungen, wo es die
kleinen Gesangvereine gewöhnlich vorziehen, sich mit pompösen
oder sogenannten classischen Musikstücken lächerlich zu machen,
als mit einfachem, ihren Mitteln entsprechendem Gesange sich
den Dank des Publicums zu gewinnen. Oft schon habe ich
aufrichtiges Mitleid empfunden mit derlei ländlichen Sang-
beflissenen, die bei ihrer besten Absicht, etwas Künstlerisches
zu leisten, vom ländlichen Publicum nicht verstanden, vom
zufällig anwesenden städtischen bespöttelt werden. Nicht bespöttelt, weil sie ein schwieriges Stück ungenügend zum Vortrage brachten, sondern weil sie es gewählt hatten. Aber die
Abneigung gegen das Volkslied ist so groß geworden, daß sie
lieber Complicirtes und Raffinirtes schlecht, als Einfaches gut,
zum Gehör bringen. Nun muß man aber noch froh sein,
daß sie singen, und kann Denen vom Lande am wenigsten
vorschreiben, was sie singen sollen, denn sie singen gewöhnlich zu ihrem eigenen Vergnügen, haben nichts und wollen
nichts dafür.

Aber an den Städtern, die derlei doch ernster zu nehmen
pflegen, die sich sonst in den Schulen, in den Vereinen, in
der Politik und Kunst so gerne und zu Recht mit der Vergangenheit unseres Volkes, mit dessen Sitten, Sagen, Sprache
Kleidung u. s. w. befassen, an diesen Städtern ist es nicht

verstänblich, warum sie gerade gegen das alte Volkslied eine so große Gleichgiltigkeit, um nicht zu sagen Abneigung haben.

Ich wünschte besonders in größeren Städten Gesell=
schaften zur liebevollen Pflege des alten Volksliedes. Ich glaube, daß das selbst für ernstere Kunstbeflissene eine dank=
bare Aufgabe wäre. Die Lieder unserer Väter, in welchen ein reiches nationales und tiefmenschliches Erbe für uns liegt, in ihrer ursprünglichen Einfachheit, aber mit geschulten Stimmen und künstlerischer Genauigkeit gesungen, können ihre Wirkung nicht verfehlen. Manche dieser Lieder sind einstimmig zu singen, die meisten zweistimmig; einige, darunter Jobler, drei= und noch mehrstimmig. Wenn viele geistliche Lieder einem Vor=
sänger nach im Chor gesungen werden, so möchte das auf's Ungenaue hin allerdings einen komischen Eindruck machen, weil uns die Vorstellung der bäuerlichen Wallfahrerschaaren beeinflußt; an und für sich kann auch diese Form von be=
rückender Wirkung sein. Zwar möchte ich derlei alte geistliche Lieder lieber in der Kirche hören, wo sie das Heimatsrecht besitzen, aber heute — von rein rituellen Gesängen ver=
drängt — entweder gar nicht mehr gesungen werden, oder in jener Weise, die mit dem Schönen nichts zu thun hat.

Ich glaube, diese Sache ist der Anregung werth, und wenn es unseren Musikern, Musikfreunden und Kritikern wirk=
lich ernst ist mit ihrer Liebe zum Volksliede, so dürften sie wenigstens darüber nachdenken, ob und inwiefern mein Vor=
schlag durchführbar wäre.

Eine Zuschrift.

Ueber diesen schon in meinem „Heimgarten" besprochenen Gegenstand sind mir mehrere beistimmende Schreiben zugekommen. Eines kam von einem Schulleiter aus Oberkärnten, dasselbe ist gar kritisch, aber es dürfte nach mancher Richtung hin Wahres und Beherzigenswerthes enthalten, ich drucke es ab:

Geehrter Herr Heimgartenmann!

Sie werden schon verzeihen, ich hätte Sie für klüger gehalten. Eine Volksliedersache so gewiß den zünftigen Musikleuten vorzutragen, den akademischen Fachmusikanten, vielleicht gar noch den Wagnerianern! Das kommt mir gerade vor, als ob Sie die Fleischhauer angingen, daß sie für den Vegetarismus, oder die Leinweber, daß sie für die Wollkleidung Propaganda machen sollen. Ja, diese Herren von der Zukunftsmusik mögen mir beim heiligen Gral schwören, wie hoch sie das alte Volkslied in Ehren halten, wie sehr Wagner selbst das Volkslied geschätzt und ihm zugestrebt habe — in der Theorie vielleicht — ich glaube ihnen nicht. Der eingefleischte Wagnerianer haßt das Volkslied wie der Teufel den Weihbrunnen — wenn Sie das Sprichwort kennen.

Und bei den Fachmusikern älterer Schule werden Sie auch nichts erreichen; diese möchten sich wohl den Kopf zerbrechen, wie die Sache anzugehen sei, denn sie ist zu einfach für umständliche Leute, und möchten im besten Falle so lange am Volksliede herumkünsteln, bis es keines mehr wäre.

Nach meiner Meinung müßten Sie sich an Natursänger wenden, deren etliche zusammenstehen, alte Lieder im Volke auffangen und nach der Volksart singen sollen, so gut sie können — aber beileibe nicht besser. Oder warum haben Sie sich nicht an die Volksschullehrer gewendet? Diese sind am leichtesten in der Lage, die Liederschätze zu heben, und da sie ohnehin mit der Jugend singen, so sollen sie wieder die alten Volkslieder singen, insofern sie für die Jugend passen. Auch die Erwachsenen könnten gerade vom Schullehrer zu solchem Singen angehalten und wieder erzogen werden. Ich habe in meiner Gemeinde schon einen Versuch gemacht, habe zwei Manns- und zwei Weibspersonen beisammen, die zu Zweien, Dreien oder Vieren schon etliche zwanzig alte Lieder recht hübsch zum Vortrage bringen. An den Feierabenden oder Sonntagen Nachmittags kommen sie zusammen, ist mir aber lieber, nicht im Wirthshause, sondern in einer großen Bauernstube oder im Schulhause und haben wir Zuhörer in Haufen.

Vielleicht machen uns das Andere nach, und wenn sie's besser machen als wir, so haben wir auch nichts dagegen. Wie ich mir vorstelle, wäre das der richtige Weg, nach Ihrer Anregung dem Volkslied zu nützen.

Indem ich für meinen Freimuth recht artig um Entschuldigung bitte, Ihr ganz ergebener N. N.

* * *

Diese Zuschrift ist mir erfreulich und ich lege sie allen Volksschullehrern an's Herz. Indeß hatte ich in meiner Anregung vornehmlich die Pflege des alten Volksliedes in den Städten vor Augen gehabt. Hat das Volkslied einen Werth, so wollen wir ihn auch in den Städten nicht missen; hat es keinen, so ist die Pflege desselben auch auf dem Lande nicht nothwendig. Weil es aber einen unbestreitbaren hohen Werth hat, nicht allein als Musik, sondern auch als Culturelement, vornehmlich für den deutschen Geist und für die Heimats-

liebe, weil auch in der städtischen Bevölkerung eine große
Neigung dafür da ist, die sich sogleich zeigt, wenn z. B. in
Concerten oder im Theater einmal etwas Volksliederartiges
anklingt, so mahne ich wiederholt: Pfleget das alte Volkslied
auch in den Städten!

Von der Mißachtung unserer Schulbücher.

Wenn ich die Bibliotheken unserer Bücherfreunde durchsehe, so finde ich viel des Gediegenen und Schönen — das Beste der Classiker, der neuen Belletristik, die interessantesten Werke der Franzosen, Engländer, Italiener, Russen u. s. w., ich finde Fachschriften, Handbücher und Nachschlagebücher; es ist kaum eine auffallende Lücke da — und etwas fehlt doch.

Es fehlen fast überall jene Werke, die für unser Leben und Wissen, für unsere Charakter- und Geistesrichtung von erster und deshalb größter Wichtigkeit geworden sind. Es fehlen die Schulbücher, die Lehrbücher der Jugendzeit. Freilich ist dem Knaben nichts so sehr verhaßt, als seine Fibel, sein Rechenbuch, seine Sprachlehre. Er hat sein Mißfallen dem Buche auch bei jeder Gelegenheit zu erkennen gegeben oder es keck zum Gegenstande seiner profanen Spiele gemacht. Das beweisen die stumpfgestoßenen Ecken der Einbände, die aus Rand und Band gegangenen Leinwandrücken, die Eselsohren aller Größen, wovon jedes Blatt nicht weniger als zwei hat, die Randzeichnungen, kühn gedachte Illustrationen, die sich auf Alles, nur nicht auf den Text beziehen, das beweisen endlich ganze Theile des Buches, die — nicht mehr existiren.

Dem Knaben allerdings wäre es ganz und gar unverständlich, wenn ich ihm rathen wollte, seine Schulbücher zu schonen und aufzubewahren für sein späteres Leben, wo sie ihm von Werthe sein würden. Aufbewahren diese Bücher, welche die Plage und das Verhängniß seiner Jugend sind!

Nach dreißig oder vierzig Jahren wird er's freilich verstehen, was ich meine. Manchen habe ich auf der Suche gesehen nach seinen ersten Schulbüchern und er, der die größten Werke der Welt sein nennen konnte, hat vergebens gestrebt nach den bescheidenen Büchelchen, die ihn einst in das Wissen und in die Welt geführt hatten.

Gewiß ist es auch gemüthlich-interessant, mit den Büchern aus der Schule eine Fülle von Erinnerungen zu besitzen; aber noch werthvoller dünken sie mir für Manchen als Nachschlagebehelfe. In den Büchern der Volksschulen ist mehr Wissen enthalten, als man annimmt und der gewöhnliche Gebildete wird später kein Handbuch finden, in welchem er sich z. B. in der Grammatik, in der Mathematik, in der Geographie und Geschichte, in der Naturgeschichte so leicht orientirte, als in jenen Grundrissen, nach denen er die Gegenstände gelernt hat.

Es ist daher nicht allein Undank gegen die Bücher, die uns von all unserem Wissen und Können weitaus das Wichtigste gegeben haben, es ist auch unklug, unpraktisch — wenn wir uns um sie nicht mehr kümmern, sobald wir höhere Stufen erklommen haben.

Auch die Studenten der Mittel- und Hochschulen sollten jedes ihrer Lehrbücher aufbewahren — sie würden einst als große Gelehrte die alten Bekannten nicht verachten.

Ich nehme meinen Kindern alle Bücher ab, sobald sie selbe nicht mehr brauchen, und lege sie in Verwahrung. Es kommt ein Tag, an welchem ich ihnen mit diesen Bändchen und Heften, und sie mögen noch so arg zugerichtet worden sein, eine wahre, anhaltende Freude machen werde. Das ist eine Freude, die nichts kostet und unter Umständen manchen Gewinn bringen kann; die Schulbücher können nicht blos für den Einzelnen werthvoll als Erinnerung sein, sondern für ganze Familien einen Schatz ausmachen. Darum rathe ich allen Eltern, Erziehern und Lehrern, darauf zu achten, daß ihre Kinder und Zöglinge die werthvollen Denkmale ihres ersten geistigen Lebens, ihrer Kindheit und Jugend nicht vernichten und nicht verscherzen. Ich halte die Sache nicht für unwesentlich. Hätte ich alle meine Schulbücher noch — ich habe nur einzelne, theils ganz zufällig die Originalexemplare, theils andere, nacherworbene Exemplare, soferne sie noch zu bekommen waren — hätte ich sie alle, sie gäben mir den werthvollsten Theil meiner großen Büchersammlung.

Von unserer Soldatenwirthschaft.

Ich lese folgende Zuschrift vor:

Für das, was ich heute sagen will, ist mein Vater vor vierzig Jahren zwei Tage lang im Arrest gesessen. Ich bin damals assentirt worden und hat mein Vater den Herren gesagt: „Mir thut's nicht leid um den Buben, Soldaten müssen auch sein, aber der Arbeit wird er mir entwöhnt; Ihr thut's die Soldaten entweder zu Tod rackern oder sie faullenzen lassen." — Ist dafür einkastelt worden. Es ist nicht so unrichtig gewesen, was er sagte, die längste Weil haben wir gar nichts gethan, als die Montur putzen und lauter solche Sachen, die wir in Kriegszeiten gewiß nicht gebraucht hätten, und auf einmal wieder haben wir Märsche gemacht und Hunger gelitten und Strapazen ausgestanden, als wären wir von Stahl und Eisen gewest. Lesen und schreiben habe ich dabei gelernt, das ist das Beste gewesen, und wie ich nach vierzehn Jahren ausgedient gehabt, hat's schier den Anschein gehabt, als wär ich ein Faullenzer worden. Ein ausgedienter Soldat! sapperment, das ist schon was! das Holzhacken und Korn=brechen wäre nichts, mit den Bauerndöppeln umgehen wäre mir zu dumm — lieber das Sackel nehmen und: ein ver=abschiedeter Soldat thät bitten, alsdann ... Hätt's gethan, wenn nicht mein Vater mit Tod abgegangen und mir der

Hof zugefallen wär. Jetzt hat's doch geheißen: arbeiten! ist mir wohl sauer ankommen.

Ich bin ein einfacher Landmann, habe aber doch auch meine Meinung, und jetzt wird man deretwegen, Gott lob, nicht mehr eingesperrt. So sage ich nach meinem Verstehen so viel:

Das Beste und Allergescheiteste wäre, wir thäten gar keine Soldaten brauchen, denn das Militärwesen, was es kostet und was es auf der Welt für Elend stiftet, das ist ein Unsinn. Aber es ist einmal so, und wir können es nicht ändern. Heer=Reduction lese ich in den Zeitungen. Zum Teufel, wer traut sich denn? wenn alle Nachbarsländer bis an die Zähne bewaffnet dastehen! Ich, wenn ich Haus Oesterreich bin, ich mache den Anfang nicht, das sage ich! Wenn's schon nicht dahinzubringen ist, daß die hohen Herren von Europa zusammenstehen und es unter sich ausmachen: So viele Soldaten kosten uns zu viel, bringen den Wohlstand um, wir wollen Alle miteinander um die Hälfte herabfahren! kostet uns Allen miteinander um die Hälfte weniger und haben vergleichsweise doch noch so viel Wehrkraft, weil wir uns ja vor niemand, als vor uns selbst zu wehren haben. — Wenn das schon nicht zuwegzubringen ist und die Last schon bleiben soll, als wäre sie von Gott auferlegt und nicht von den Menschen, so sage ich, muß auf andere Art was gethan werden, daß uns leichter geschieht. Es ist wahr, auf drei Jahre lang wird's Keinen umbringen. Den Soldaten nicht, wenn er bisweilen auch strapazirt wird, daß ihm die Zunge heraushängt, ein andermal rastet er sich doch wieder besser aus, als es der Bauersmensch jemals thun kann. Und die Herren Officiere! Ich gönne es ihnen, sie haben auch ihre Erholung nöthig, aber wenn man nur wo einen Nutzen thäte sehen, man wollt ihnen alles Gute wünschen.

Es muß wohl gesagt werden: das Militär ist im Ganzen rechtschaffen angestrengt; wenn nur ein Mittel zu finden wäre, um diesen großen Kraftaufwand zu verwerthen!

Vor Zeiten soll man mit dem Militär die großen Arbeiten, Bauten, Urbarmachung des Bodens u. s. w. ausgeführt haben. Wenn ich bedenke, daß etliche hunderttausend der kräftigsten Männer vom Staat leben und nichts ausrichten, so wird mir übel. Wir haben alle Jahre unsere Erntezeit, wo dem Bauer wegen Arbeitermangel viel verdirbt; wir haben Flußregulirungen, Eisenbahn= und Straßenbauten; wir brauchen eine billige Polizei; es giebt Gemeinden, die sich das Schulhaus, das Armenhaus nicht bauen können, was weiß ich! Wenn man Soldaten dazu haben könnte! das wäre ein Glück und dann wären die über das viele, kostspielige Militär schimpfenden Mäuler gestopft. Die Leute würden sich der körperlichen Arbeiten nicht entwöhnen und daß die Officiere vortreffliche Ingenieure sind, das ist gewiß, und daß es Schade ist, wenn just die intelligentesten Männer so wenig benützt werden, wird mir Jeder zugeben.

Das ist so meine Meinung, ist sie nicht richtig, so lasse ich mich gerne belehren; wenn mir aber entgegengesagt wird, daß es sich mit der militärischen Ehre nicht vertrage, auch im Frieden was zu schaffen und dem Land zu dienen, so lasse ich das nicht gelten. Es arbeitet unser Herr und Kaiser zum Wohle des ganzen Landes, und ist es so, wie der Kaiser Josef gesagt hat: Ich bin nur der erste Beamte des Staates! — da wird es wohl auch für unsere Soldaten keine Schande sein, wenn sie sich nicht blos in Kriegs=, sondern vornehmlich auch in Friedenszeiten nützlich machen.

Wenigstens thät man die blutige Steuer für's Militär lieber schwitzen, wenn man sähe, das Ding wäre auch in gewöhnlichen Zeitläuften zu was nutz. —

Was ich dieser Zuschrift sonst noch beizusetzen hätte, das sei verschoben — auf das nächste Jahrhundert. Heute — Einer gegen dreimalhunderttausend Mann! — Es wäre nicht rathsam.

Von dem Hange zur Selbstvernichtung, und dem Drange lang zu leben.

Es ist niederdrückend für uns, wenn die Statistiker behaupten und beweisen, daß trotz der zunehmenden Bildung in einem bestimmten Lande oder einer Stadt von Jahr zu Jahr sich die Zahl der Selbstmorde steigert. Und da hat man es ausgerechnet, daß z. B. in Philadelphia durchschnittlich unter 16.000 Bewohnern ein Selbstmörder vorkommt, daß sich hingegen in New-York schon unter 7800 Personen eine um's Leben bringt, in London aber unter 5000 Personen eine, in Berlin sogar unter 2900, in Paris unter 2000 eine Person, während in der Stadt Kopenhagen endlich unter 1000 Menschen je einer sich selbst ermordet. — Diese Beispiele zeigen, daß in Amerika viel weniger Selbstmorde vorkommen, als in unserem Welttheile.

Es ist die erschreckende Erfahrung gemacht worden, daß die Zahl der Selbstmorde steigt, und zwar außerordentlich rasch. Während man in Frankreich im Jahre 1826 1739 Selbstmorde zählte, steigt deren Zahl im Jahre 1872 bis auf 5275, hat sich also in 46 Jahren mehr als verdreifacht. In Italien zählte man im Jahre 1864 709 Selbstmorde, im Jahre 1871 (ohne Rom) bereits 836. In den Vereinigten Staaten kamen auf 100.000 Einwohner 3, in England 6 und in Oesterreich diesseits der Leitha über 7 Selbstmordfälle. In Oesterreich (Stadt und Land mit eingerechnet) ist also unter je 14.000 Personen ein Selbstmörder. — Die am meisten vorkommende Art des Selbstmordes ist beim männlichen Geschlecht das Erschießen (31 Percent), beim weiblichen das Ertränken (55 Percent). Was die Hauptursachen des freiwilligen Todes betrifft, so stehen für die Männer zerrüttete Vermögensverhältnisse (14 Percent), für die Frauen häuslicher Kummer (9 Percent) in erster Reihe. Selbstmord aus unglücklicher Liebe, begangen von Frauen, figurirt in dem Ausweise mit der Ziffer von 6 per 100 Fälle.

Das ist eine düstere Buchführung. Und weil diese und ähnliche Zahlen mit einer furchtbaren Regelmäßigkeit in den gewissen Zeitabschnitten wiederkehren und wachsen, so könnte man wahrhaftig meinen, als müsse es so sein, und der Mensch könne nichts dawider thun. Das wäre aber ein gefährlicher Gedanke, und just dieser Gedanke, der durch die heutige Richtung der Philosophie neuerdings erweckt und gekräftigt wird, kann eine Ursache sein, daß sich die Selbstmorde so sehr vermehren. Der Mensch darf den Glauben an sich nimmer verlieren und gerade in Noth und Elend, wenn der Selbstmordgedanke anklopfen will, kannst Du sehen, welch eine gewaltige Kraft in Dir wohnt, eine Kraft, die über Jammer und Verzweiflung siegt, die uns emporhebt über das Schicksal, dem wir uns unterknechtet wähnten.

Verbrechen und Selbstmorde kommen seltener in den armen Volksclassen vor, als bei solchen Menschen, die durch Zufall oder eigene Schuld aus reichen, angesehenen Leuten plötzlich arme und mißachtete Schlucker geworden sind. Die Zeiten der volkswirthschaftlichen Krisen liefern davon zahllose Beispiele. — Wenn Schiller sagt: „Das Leben ist der Güter höchstes nicht", so warnt er schon mit seinem zweiten Ausspruche: „Der Uebel größtes aber ist die Schuld!" vor dem Selbstmorde. Der Selbstmörder wirft das Höchste, was er hat, die Menschenwürde, von sich und entflieht der Pflicht, die ihm gegen sich und die Mitmenschen obliegt, und er ist feig, er stürzt sich in den Tod, weil ihm vor dem Leben graut. Das ist die Schuld, mit der er von hinnen geht. — Menschen, die in dem Augenblicke ihres Selbstmordversuches an der That verhindert wurden, kommen in der Regel bald wieder von dem schwarzen Gedanken ab und steuern einem zufriedeneren Leben zu. Ein Spaßvogel hat einmal folgenden Vorschlag gemacht: Insoferne heutzutage der Staat gegen Selbstmorde etwa nichts mehr einzuwenden hat, möge er, nebst seinen Wohlthätigkeitsanstalten, als da sind Schulen für Jene, die was lernen, Krankenhäuser für Jene, die gesund werden wollen u. s. w. auch Selbstmordinstitute gründen für Solche, die sich das Leben nehmen wollen. Der Selbstmordbeflissene miethe sich in demselben nun entweder das Cabinet mit dem Strick, dem Rasirmesser, der Pistole, dem Wasserbassin, dem Gift, dem Luftgas u. s. w., und ist vermöge der vortrefflichen Einrichtung versichert, daß er sich auf die möglichst schmerzlose und angenehme Art aus der Welt schaffen kann. Ueber das Miethen und die Auswahl der Mittel wird so viel Zeit hinstreichen, daß ihm die Lust zum Sterben wieder vergeht und anstatt auf communalem Wege todt zu werden, wird er's vorziehen, auf communalem Wege leben zu bleiben.

Jener ungarische Landmann war mit dem Stricke schon auf den hohen Baum geklettert, in der Absicht, sich zu erhenken, weil ihn die Welt nicht mehr freue. Kam noch rechtzeitig ein alter Nachbar herbei, der schrie und bat: „Gevatter, thu' Dir das nicht an; aufhängen, na, das wär' eine Dummheit, die Dich Dein Lebtag reuen würde. Steig' herab, Gevatter!" — Vergebens, Der oben im Laubwerk schlang schon den Strick um einen Ast. Der Nachbar versuchte auf den Baum zu klettern, um die That zu verhindern, allein, der Stamm war glatt und der Nachbar war alt, er konnte nicht hinan, und der Selbstmörder warf sich schon die Schlinge über den Kopf. Da fiel es dem Nachbar ein: Halt, der Janosch trinkt ja den Wein gern! — „Gevatter!" rief er sogleich auf den Baum, „Du mußt herabsteigen, ich such' Dich schon, ich hab' just ein frisches Faß angezapft!" — „So?" sagte der Andere oben, „ja, das ist schon wieder ganz was Anderes," und sogleich schleuderte er den Strick dahin und kletterte vom Baume herab. — Er trank und trinkt heute noch; was wäre es Schade, wenn sich Der die Gurgel zugeschnürt hätte!

Uebrigens soll diese spaßhafte Geschichte dem Ernst des Gegenstandes nicht vorgreifen. Wir können dem Selbstmörder weder Fluch noch Segen nachrufen in seine öde, verlassene Grube. Aber fluchen müssen wir einer Richtung unserer Zeit, die den Menschen durchaus als von dem Materiellen, von seinen Bedürfnissen und Leidenschaften, von seiner elementaren Artung abhängig erklärt, was für Viele so häufig das Vertrautwerden mit dem Selstmord zur Folge hat; fluchen dem Hange zu Prunk und Größengier und Genußsucht und Verweichlichung. Hingegen segnen müssen wir eine andere Richtung unserer Zeit, die durch Schule und eine harmonische Bildung den Menschen wieder einer idealeren und selbstloseren Weltanschauung zuführen will. In der menschlichen Natur muß ein möglichstes Ebenmaß sein zwischen Geist und Herz, zwischen Wille und Ergebung, wo dieses fehlt, da ist Zwist und Zerfall mit sich selbst, und daraus entspringt bei rechten Anlässen der Entschluß, seinem Dasein ein Ende zu machen.

Die Natur wehrt sich dagegen mit aller Macht. Die Meisten sind so wirkliche und intensive Menschen, daß sie eher mit Bangen fragen: Wie lange kann ich noch leben?

Die Bücherweisheit kann uns keine Antwort geben, wenigstens auf Grund der Materie nicht, sie muß bei einer Lehrmeisterin anfragen, die uns Allen nahe steht, bei der Erfahrung.

Der Erfahrung nach ist es nicht absolut unmöglich, daß der Mensch zweihundert Jahre alt werden kann.

Als Beispiel des höchsten Alters wird Methusalem aufgestellt; er soll 969 Jahre lang gelebt haben. Man muß aber nicht vergessen, daß jene mosaische Zeitrechnung eine andere war, als unsere heutige; wenn wir die Lebenszeit Methusalem's in unsere Zeitrechnung übersetzen, so beträgt sie immer noch 200 Jahre — das einzige Beispiel einer solchen Langlebigkeit im Menschengeschlechte — und dazu noch in einer mythischen Gestalt — das ist allerdings nicht tröstlich für Einen, der recht alt werden will.

Es will Keiner? Alt werden will freilich Keiner, aber lang jung bleiben will Jeder. Und ein auf 200 Jahre berechneter Mann wäre mit 120 gerade ein Mann in den besten Jahren.

Wer sich die Mühe nehmen wollte, ein Verzeichniß der Menschen anzulegen, die heute über 100 Jahre alt werden, er würde zu seinem Erstaunen nicht Wenige finden. Hundert- bis Hundertzehnjährige giebt es in allen Ländern, besonders in der ländlichen, bäuerlichen Bevölkerung. Nach älteren Aufzeichnungen ist auch eine erkleckliche Anzahl Hundertzwanzigjähriger bekannt; selbst Hundertdreißig- bis Hundertvierzigjährige giebt es ein paar Dutzend. Das hundertfünfzigste Jahr haben nur Wenige überschritten.

Hier folgen einige Beispiele von Erreichung hohen Alters. Der venetianische Edelmann Cornaro war vor seinem 35. Lebensjahre durch ein unvernünftiges Genußleben erkrankt und dem Tode nahe gekommen. Er änderte seine Lebensweise und brachte es trotz eines schwächlichen Körpers bis zu 104 Jahren.

Der Deutsche Mittelstädt lebte in den Tag hinein ohne alle Regeln, ohne an Gesundheit oder Krankheit zu denken, und erreichte ein Alter von 112 Jahren.

Baron Longueville hatte sich zehnmal verheiratet, wurde in seinem hundert und ersten Jahre noch Vater und starb in seinem hundertelften Jahre.

Baron Baravicino de Cagellis heiratete in seinem 19. Jahre zum ersten- und in seinem 84. Jahre zum viertenmale. Er starb mit 104 Jahren.

Der alte Draakenberg lebte 146 Jahre.

In Schweden sind einige Fischer bekannt, die 130 bis 140 Jahre alt wurden.

Der englische Bauer Thomas Parre war 152 Jahre alt und lebte in bester Gesundheit noch immer fort. Er hatte neun englischen Königen gedient. König Carl der Erste hörte von ihm und wünschte ihn zu sehen. Als der Bauer nach London kam, wurde er königlich bewirthet. Er verdarb sich dabei den Magen und starb in kurzer Zeit. Der Leibarzt des Königs untersuchte die Leiche und constatirte, daß die Organe nichts Greisenhaftes an sich gehabt hätten. Thomas Parre starb also als jugendlicher Mann von 152 Jahren.

Der Merkwürdigste von Allen ist aber der Engländer Jenkins. Dieser Mann erschien häufig als Zeuge vor Gericht, und zwar zum erstenmale als er 17 Jahre alt war. Als er das letztemal erschien, wußte er nicht, wie alt er sei, doch war das, wie die gerichtlichen Protokolle bezeugten, 140 Jahre später. Er starb in einem Alter von 157 Jahren.

Nachrichten von Personen, die dem vollen zweiten Hundert nahe gekommen sein sollen, sind unverläßlich.

In einem Dorfe bei Fünfkirchen in Ungarn begruben sie vor Kurzem einen Bauersmann, der in keinem amtlichen Verzeichnisse zu finden war, von dem sich aber siebzigjährige Leute aus ihrer Jugend erinnern, daß er damals als der älteste Mann der Gegend mancherlei Auszeichnungen erfuhr. Siebzig Jahre lang der älteste Mann in der Gegend zu sein, dazu gehört Ausdauer. Der Mann soll oftmals erzählt haben, daß er als Gardist dabei gewesen sei, als die Kaiserin Maria Theresia auf dem Reichstage zu Preßburg den kleinen Josef aufzeigte. Dieser Reichstag war aber im Jahre 1741!

Wenn man erzählt, daß Graf St. Germain in Folge eines Lebenselixirs ein Alter von 350 Jahren erreicht habe; wenn erzählt wird, daß der Alchymist Nicolaus Flamel, der im 14. Jahrhunderte lebte und von dessen Tode nichts bekannt geworden ist, 400 Jahre später in Indien im besten Wohlsein wieder gesehen worden sei, so gehört das selbstverständlich in das Reich des Märchens. — Gesagt möge hier aber sein, daß ein hohes Alter von über hundert Jahren gar nichts so Seltenes ist, als man gewöhnlich anzunehmen pflegt, und daß mancher Jüngling, der sich heute eine Kugel durch den Kopf jagt, damit eine schöne, dauerhafte Zukunft todtschießt, die ihm sonst zugedacht gewesen.

Wer hat die Aussicht, alt zu werden? Jeder, der einen gesunden Organismus hat und ein vernünftiges Leben führt, Mäßigkeit, Mäßigung und Vermeidung aller Extreme, das sind die Hauptsachen.

Der Gelehrte Bacon hat den Satz ausgesprochen, daß am längsten dauert, was am langsamsten wächst. Je schneller ein Mensch wächst und reift, desto schneller wird er auch verfallen. Im Allgemeinen mag Wahres daran sein, im Besonderen steht es doch anders, wie Thatsachen beweisen. Zumeist Personen, die früh heiraten, erreichen ein hohes Alter; namentlich in der Bauernschaft trifft das zu. Die Erscheinung ist auf die regelmäßige Lebensweise zurückzuführen.

Merkwürdig ist unser Eindruck von der Ungleichheit der Zeit. Je älter man wird, desto rascher dreht sich das Rad der Zeit. Ein zweijähriges Kind ist kaum im Stande, das Gestern und Heute zu unterscheiden. Dann kommt der Eindruck von der großen Länge eines Tages, von der unabsehbaren Länge eines Jahres. Der Knabe sehnt sich, endlich ein Erwachsener zu sein und kann das kaum erwarten. Ein Mädchen vor zwanzig Jahren sagt sich gerne älter an, als es ist; erst nach dem zwanzigsten Jahre macht sie's umgekehrt. Das Mannesalter erfaßt die Gleichmäßigkeit der Zeit und beherrscht die Vergangenheit, wie die Gegenwart und Zukunft. Und immer schneller fliegen die Jahre vorüber, daß der Greis sie kaum zu fixieren weiß, sondern nur mehr der Vergangenheit lebt.

Ursache ist wohl die: Auf das Kind macht Alles und Jedes seinen Eindruck, es belebt und bevölkert das Gehirn und die zahllosen Gestalten dehnen scheinbar die Zeit auseinander. Ist das Gehirn aber neuer Eindrücke nicht mehr fähig, weil sozusagen kein Platz dafür vorhanden, so gleitet die Zeit darüber hinweg, ohne Spuren zurückzulassen — sie ist „flüchtig". Es giebt Leute, die sich immer über Langeweile beklagen und doch darüber verwundert sind, „wie schnell die Zeit vergeht". Das ist ein Zeichen des Alterns, und wären die Betreffenden auch erst 25 oder 30 Jahre alt.

Die Gunst, ein hohes Alter zu erreichen, haben die Götter nicht Jedem zugewendet, aber die Kunst, lange zu leben, kann Jeder erlernen. Vielen ist das Leben nur darum lieb, weil sie in beständiger Gefahr sind, es zu verlieren. Vielen ist das Leben nur darum schrecklich, weil sie sich vor dem Tode fürchten. Dem rechten Lebemann darf aber der Tod nicht imponiren. In der Jugend auf das Alter bauen und im Alter die Jugend bereuen, dann sieht's freilich aus, als würde man vom Leben betrogen; man betrügt sich aber selbst. In Wahrheit lebt nur Der, welcher auf die Vergangenheit seine Liebe und auf die Zukunft seine Hoffnung setzt — die Gegenwart aber mit weisem Genusse wahrnimmt und jeden Augenblick gefaßt ist auf das Ende.

Von einem Siege des Gewissens.

Eine einfache Geschichte predigt oft lauter und eindringlicher als der weiseste Grundsatz in wohlgesetzter Rede. Wie aus der Erde die beste Frucht, so kommt uns oft aus dem Volke der Arbeit die beste Lehre.

Im „rothen Hahn" zu Eisenerz gab es wilden Streit. Die Wirthin und die Kellnerin liefen athemlos im Orte umher und fahndeten nach der Polizei. Der dicke Hahnenwirth war ganz behende vor Angst, lief zur Hausthür aus und ein, ergriff in der Vorkammer einen Haustiel, warf ihn wieder weg, ergriff einen Besen, schleuderte ihn wieder in den Winkel, schlug die Hände zusammen, begütigte und beschwor, drohte auch und begütigte wieder; zuletzt suchte er wenigstens seine Gläser und Bänke und Fenster zu schützen. „Wenn Ihr schon was zusammenschlagen wollt," rief er, „so schlagt Euch die Köpfe ein, aber meine Sachen laßt in Ruh'! Jesus, jetzt haut dieser welsche Safra richtig auf einen Kopf los! Und würgen! würgen, das auch noch! Du bringst ihn ja um, Pölli! Kennt Ihr ihn denn nicht, den lieben Leibestheil, den Gott zum Draufschlagen erschaffen hat? Schaut's, die Minnwieser Knappen wissen's! Jetzt haben sie ihn. — Nur auf die Bank, den Welschen, und daß das Sitzfleisch gen Himmel schaut, ob die Sonne scheint!"

Ganz witzig wurde er, der rothe Hahnenwirth, als er sah, daß sich die Kampflust zu Gunsten seiner Geräthe blos gegen Personen wendete.

„Da ist der Ochsenziemer!" rief er und schleuderte die Geißel Gottes unter die rauftollen Gesellen.

„Und da ist er wieder zurück!" schrie einer der Burschen und ließ das Ding einmal über des Wirthes Rücken winseln.

Jetzt kam die heilige Hermandad, aber in Gestalt zweier Amtsdiener.

„Ach Gott!" klagte ihnen der Hahnenwirth mit weinenden Augen entgegen, „Euch zertreten sie wie Schwabenkäfer. Wo sind denn die Standarn (Gendarmen)?"

„Die sind beim Seewirth draußen, dort wird auch gerauft," berichteten die Amtsdiener, mit ihren Säbeln rasselnd. Der Eine wollte vom Leder ziehen, aber der Säbel mochte meinen: Ich bin drei Jahre lang in der Scheide geblieben, ich will auch im vierten nicht heraus! und behauptete sich mit Erfolg.

Der Andere, der durch die Thüre ein wenig in das wilde Gedränge hineingelugt hatte, war nun der Meinung, man solle die Leute nicht noch mehr erbittern.

„Das ist's auch!" versetzte der Erste, „nur nicht noch mehr erbittern, da müssen wir vernünftiger sein." Hierauf schlichen die beiden Amtsdiener wieder davon.

Als sich die elektrischen Funken über den Welschen stark entladen hatten, ergab sich die Dämpfung von selbst. Mägde kehrten die Scherben und Trümmer zusammen, die Knappen setzten sich wieder zu neugefüllten Gläsern oder reinigten draußen am Brunnen ihre befleckten Gesichter. Einer wurde mit Essig gelabt. Der Italiener war davongeschlichen.

Um was sich's nur heute wieder gehandelt hat? — Um was wird sich's handeln bei den Bergknappen im Wirthshaus, wenn's Sonntag ist? Um die Weibsbilder! Liebesangelegenheiten, die mit Prügeln geschlichtet werden, was für die natürliche Zuchtwahl stets von großem Vortheile ist, weil der Schwächere ausgesondert wird und der Stärkere zum Weib kommt. Darum ist's allemal ein frevelhafter Eingriff in die Naturentwicklung, wenn Gendarmen derlei Kämpfe um's Dasein unterbrechen.

Doch halt und guck'! Weiber sind nicht die einzige Unruh' in der Weltenuhr; heute beim „rothen Hahn" ging es nicht der Weiber wegen her, sondern einer Sache halber, um die sich zu prügeln gewöhnliche Arbeiter auf eigene Faust kein Recht haben, weil solches Recht ganz anderen Herren vorbehalten ist. Darum hätten doch die Gendarmen da sein sollen, als die Bergknappen von Eisenerz heute in einen politischen Streit entbrannten.

Die Seuche liegt ja in der Luft. Des Erzes wegen hatten sie gestritten, die Knappen des Erzberges. Da hatte der Italiener Ozzotti, aus dem friaulischen Lande herbeigekommen um sich hier Geld zu verdienen, mit sehr lauter Stimme, aber in sehr schlechtem Deutsch, behauptet, der Erzberg gehöre schon gar am wenigsten den Deutschen.

„Wem denn?" fragten die Burschen des Thales.

Eher den Kelten, die ihn wohl zuerst angestochen hätten.

So sollten sie immerhin kommen, die Herren Kelten, und den Erzberg auf einem Schubkarren davonschieben!

Kommen? Das könnten sie nicht, meinte der Welsche, denn sie wären — was man so aus den Büchern lesen könne — todt sammt und sonders. Hingegen seien die Römer die Erben der Kelten geworden!

„Und die Deutschen die Erben der Römer!" warf der Schichtenschreiber ein.

„Wieso das?" eiferte Ozzotti, „das wäre ein neuer Brauch, Jemanden zu beerben, bevor er todt sei. Die Römer lebten noch sehr frisch in den heutigen Italienern fort und würden ihr Recht in Noricum schon wieder zurückverlangen."

Das wäre sauber! versetzte nun der Bergknappe Peter Oberdorfer, so ein welscher Katzelmacher, der in Oesterreich geboren sei und sein Fortkommen finde, der im Auslande sich als Oesterreicher brüste, weil er als solcher und nur als solcher gern gesehen sei; der die Deutschen wohl heimtückisch hasse, aber vor ihnen krieche und sie recht gern aufsuche, wenn er Geld brauche, ein solcher nenne sich einen Römer!

Ozzotti war aufgefahren, daß seine weiten, fahlen Zwilch=hosen und sein grobes Streifenhemd zitterten; sein sonnen=verbranntes Gesicht wurde noch dunkler, seine scharfen unruhigen Augen noch unruhiger und zuckender, die derben Finger vergrub er krampfhaft in sein Gewand, zu sehen, als wollte er in demselben ein Messer suchen und hervorziehen. Nicht der eigent=liche Vorwurf hatte ihn so sehr empört, sondern das Wort „Katzelmacher". Er wußte zwar gar nicht, was es heißen und sagen sollte, wohl so wenig als der es wußte, der es ausgesprochen; aber es galt einmal als Schimpfname gegen die Welschen, in den man allen Spott und Hohn, die Andeutung aller Schlei=cherei und Falschheit, und alle Verachtung zu legen pflegte. Die Menschen haben ja noch immer zu wenig Waffen in den Arsenalen ihrer Sprachen, um einander zu verletzen, sie müssen immer noch welche aufbringen, um besonders ihrem Parteien= und Racenhaß, für den die ehrlichen Völkersprachen gar keine rechten Worte haben, giftigen Ausdruck zu verleihen.

Katzelmacher!

Jetzt handelte sich's beim kochenden Welschen nur mehr um's Messer. Denn dadurch auch unterscheidet sich der feurige Südländer von dem kühleren Nordländer; er stößt lieber mit Stahl zu, denn mit giftigen Worten.

In Ermanglung eines erwünschten Instrumentes schleuderte er dem Gegner über den Tisch hin ein paar Biergläser zu, mit denen er aber wegen der sich während des Wurfes entleerenden Flüssigkeit nichts Wesentliches traf. Jetzt fiel man ihm allsogleich in die Arme, er stieß, schleuderte die Angreifer mehrmals wild von sich, wobei im Anprallen einige Stuhlfüße und Fensterscheiben brachen, er kämpfte mit fünfen von Solchen, wovon er Einem schon erlegen wäre, wenn es sich nur um seine persönliche Haut gehandelt hätte. Aber heute war es die Haut der Nation, die er zu Markte getragen und die er vertheidigen mußte! Daß römisches Blut in seinen Adern rolle, mußte er zeigen, und er zeigte es auch. Etliche bekamen ein klingendes Fauststücklein an den Kopf, und Den, der das Wort „Katzelmacher" gebraucht, erwischte der durch Wein und Streit erhitzte Italiener am Halstuch, und das ist eine gar vortheilhafte Handhabe für den Angreifer! Schon lag der Angegriffene auf dem Fußboden, röchelnd, schäumend und dunkelblau im Gesichte, schon setzte ihm Ozzotti das Knie an die Brust und seine Faust wand das Halstuch noch immer enger zusammen, wobei seine Augen in einer wahren Lustgier funkelten.

Der Friauler hatte auch etliche Kameraden, ebenfalls aus seiner Gegend, diese drängten die Burschen zurück, und so wollte es kaum gelingen, den Italiener von seinem Opfer loszulösen, bevor es zu spät war. Endlich erlag er der Uebermacht und kam nun rasch in jene Situation, in welcher „auf der Bank das Sitzfleisch gen Himmel schaut, zu sehen, ob die Sonne scheint".

Sie war jedoch von allzu kurzer Dauer, denn die „Katzelmacher" sind wirklich in den rechten Momenten wie die Katzen — glatt und schlau entschlüpfen sie, während man sie fest zu haben glaubt.

So war's gekommen und so war's verlaufen. Dann war wieder das fröhliche Sonntagszechen. Nur dem Peter Oberdorfer wollte das Bier nicht recht durch die Gurgel rinnen, er hatte noch lange das Gefühl, als würge ihn Einer mit dem Halstuch. Er rieb sich die liebe Kragenhaut mit der Hand, er ging in die freie Luft, um stark Athem zu holen; man rieth ihm sogar, daß er sich auf den Kopf stellen solle, damit die Gurgel wieder auseinandergedrückt werde, aber es wollte Alles nicht viel fruchten. Die meiste Erleichterung verschaffte ihm noch der Gedanke: Na, wart', welscher Hund, es ist noch nicht finster!

Es ist noch nicht finster! Das war Peter's Sprichwort, und es war als solches bekannt und berüchtigt. Im gewöhnlichen Sinne galt es als Bestätigung und Bekräftigung von etwas, das der Peter meinte, und wenn er welches mit dem Worte: Es ist noch nicht finster! versprach, so war es so gut, wie seine Namensunterschrift und sein Ehrenwort. Wenn er's aber im Zorn ausrief, dann war es wie ein Fluch und wilder Schwur, eine Drohung, vor der Mancher schon gezittert hatte.

Es ist noch nicht finster, mein lieber Ozzotti! — Er murmelte dieses Wort heute oftmals vor sich hin, selbst als auf dem hohen Pfaffenstein das Alpenglühen längst verblaßt war, als die Bergriesen des Reichenstein, des Kaiserschild, der Seemauer nur mehr wie schwarze Massen in den Sternenhimmel hineinragten.

Es ist noch nicht finster, mein lieber Ozzotti! . . .

Daß der Mensch im Grabe noch hassen kann! Fragt den Bergmann, wie das kommt.

Freund und Feind arbeiten in den finsteren Gründen des rothen Berges, der Eine im Stollen, der Andere im Schacht. Wochenlang hören sie keinen Vogelsang, sehen kein Taglicht.

Glück auf! Glück auf! Keinem ist der Gruß seiner Zunft so ernst, als dem Bergmann. Während des Tages in den Tiefen graben und hämmern, begleitet nur von der einzigen stillen Freundin, der trüben Ampel! Ein hellerer Blick des Lebens springt ihm nur entgegen, wenn entzündetes Pulver das braune Mineral zerreißt, das in Mühsal und Gefahr hier gewonnen, draußen in der weiten Welt so viel Reichthum und Unheil entwickelt.

Ein finsteres Los — das kann man wohl sagen — haben die ehernen Würfel des Geschickes dem Bergmann geschlagen. Ernst schreiten die hageren blassen Gestalten der Genossen in den Stollen einher, wohl entschlossen, senken sie sich in die feuchten Gründe der Schachte, kriechen in solchen Tiefen wieder in Seitenstollen, die so niebrig sind, daß der Kniende noch sich bücken muß, um aus den versteinerten Erzadern den Schatz stückweise loszuhacken. Zusammengedrückt kauern muß er oft, der brave Bergmann, auf dem Rücken liegen, um das Werkzeug dort nagen lassen zu können, wo Nahrung ist. Unermeßliche Wuchten des Berges trennen ihn von der trauten lichten Weite und dem lieblichen Leben, aber er hat nicht Zeit für Heimweh und andere Sehnsucht, er muß schlagen und nagen — und wagen.

Wenn in der Grubenlampe das Flämmlein zittert und glanzlos in sich zusammenschauert, dann rasch, rasch hinaus zur Lebensluft, oder adieu du schöne Welt! Und wenn das

Flämmchen seinem Gitterkäfig entspringt, die Freundin zur Bestie wird, Gase entzündet und ein phosphorblauer Qualm rasend wie der Sturm durch die Höhlen, Schachte und Stollen fährt und explodirend die ewigen Gründe erschüttert — dann schaffen die Aufzüge und „Hunde" lange kein Erz zu Tage, wohl aber starre kalte Knappen, die in den „schlagenden Wettern" zu Grunde gegangen sind.

Noch ist es nicht finster! meint der Peter Oberdorfer und arbeitet munter und kräftig und denkt an was Besseres, als an's Verderben und Sterben. Er hat draußen im Sonnenschein ein schönes Weib, ein liebes Kind. Dieses Glück ist ja so mächtig groß, daß schon das flüchtige Gedenken d'ran die frostigen Ungründe, in denen er athmen muß, warm und helle macht.

Wohl sah er schon manchen todten Kameraden an sich vorübertragen zur letzten Grubenfahrt, da sprach er ein kurzes Gebet für ihn — für sich: Glück auf! und grub und hämmerte weiter — noch ist es ja nicht finster! Und wenn er endlich aus dem Berge hervortrat und es Nacht war über dem Hochgebirge, und nur die Sterne oder der Mond ihm noch Zeugenschaft stellten, daß in Gottes Welt das Licht noch nicht versiegt sei — da ging er der jungen Mutter mit dem Kinde zu, von diesen Wesen ging aller Glanz und Strahl aus, der das Sein des Knappen so glückselig erleuchtete.

Aber dieses klare Gemüth war nun getrübt worden, seit eine gewaltsame Hand sich an seinen Leib gelegt hatte. Peter war armer Leute Kind gewesen und hatte manchen harten Tag erlebt, und abgehärtet war sein Körper vor Wetter und Arbeit, und abgehärtet sein Herz gegen Weichmuth und Empfindsamkeit. Aber die Gewaltthat roher Menschen hatte er bisher noch nicht erfahren, wenigstens nicht an sich. Harmlos

wie er war, hatte er damals im Wirthshause auf das hoch=
müthige Gebahren des Welschen rasch erregt das Wort hinein=
gerufen, noch halb im Scherz sogar. Und das hatte ihm den
Würger an den Hals gehetzt! Eine Witwe und eine Waise
weinten heute in seiner Hütte, wenn ... Verfluchter Welscher,
Du! Warte, warte, noch ist es nicht finster! —

Wenn die beiden Männer — der Peter und Ozzotti,
der Italiener — am Sonntag in den Ortsgassen, oder am
Werktag auf dem Wege „zur Schicht" aneinander vorüber=
kamen, da tauschten sie kurz und scharf ihre finsteren Blicke,
aber Jeder hielt den Athem ein — was die Zunge kann, ist
hier nicht am Platz.

Der Schichtenschreiber merkte es am besten, was zwischen
den Beiden vorging und er theilte dem Bergverwalter seine
Meinung mit: Es dürfte klug sein, den Welschen zu ent=
lassen.

Der Verwalter wieder war der Ansicht, daß man die
halbe Knappenschaft entlassen müßte, wenn man auf den
Trotz und Hader dieser Gesellen Rücksicht haben wollte.

So blieb Ozzotti in Eisenerz. Wohl mied er das
Wirthshaus „zum rothen Hahn", das freilich auch der Peter
Oberdorfer seit jenem Streite nicht mehr betreten hatte. Und
doch kam der Tag. —

Wegen Auflassung einer Partie in den oberen Berg=
werken wurden mehrere Knappen übersetzt. So kam auch
Peter in einen neuen Stollen, und er arbeitete jetzt im
Hubertus=Stollen, der durch mehrere Schachte gekreuzt wurde.
Er war mit seinem Terrain noch ziemlich unbekannt und
hatte darauf zu achten, daß er sich in den zahllosen Gängen
und Höhlungen zurecht finde. Wenn er einmal die Haue
einen Augenblick ruhen ließ und nichts die schwüle Luft und

die kleine Flamme in der Grubenlampe bewegte, da konnte er aus den Nebenstollen das Pochen und Scharren der Kameraden vernehmen.

In einer solchen Ruhepause war es, als den Schacht nieder, der seinen Stollen kreuzte, das bekannte Holzgestell, der Schragen, gebaumelt kam, auf welchem ein einziger Mann stand. Der hielt das Grubenlicht an seiner Brust und seiner gleichgiltigen Miene war es nicht anzumerken, daß er in die grauenhafte, stickluftersüllte Tiefe fahre, in welcher zu arbeiten sich manch Anderer weigerte. Er war eben Bergmann durch und durch und wollte nicht geringer sein, als seine Vorfahren, die vor keiner Gefahr zurückschreckten, das norische Eisen zu heben.

Peter, der, von dem Andern nicht bemerkt, in seiner Nische unbeweglich stand, hatte den Mann sofort erkannt. Doch kein „Glück auf!" rief er ihm zu, sondern er drückte sich an das Gezacke der Erzwand. Auf dem niederfahrenden Schragen stand sein Todfeind, der Italiener.

Aber noch bevor sich Peter recht bewußt werden konnte, daß hier eine Gelegenheit gekommen, den Welschen zum Kampf zu fordern und sich zu rächen, versank der Schragen auch schon in der Tiefe, nur daß er ihm nachmurmelte: „Noch ist es nicht finster, mein lieber Ozzotti!"

Das Seil, an dem der Senkschragen hing, schien sich kaum zu bewegen, nur daß es mitunter durch die schwere Last, die es trug, stramm gespannt, ein wenig surrte, so oft der Schragen bei seinem Niederwärtsschweben an einen Wandbalken prallen mochte.

Dieses Seil, das ist ja sein Lebensfaden! fiel es dem Peter plötzlich ein. Wenn ich es jetzt durchhaue, so fährt er in den Grund hinab und zerschellt. Ich schlage mich eilends in den andern Stollen hinüber und nichts kommt auf. Ein altes Seil kann morsch werden und von selber brechen. Es kann auch an ein scharfes Holz oder Gezacke streifen und so entzwei geschnitten werden. Der Bergmann steht ja immer mit einem Fuß im Grabe — das müssen wohl auch die alten Römer schon gewußt haben, mein lieber Ozzotti! —

Diese Gedanken waren dem Knappen durch den Kopf geschossen, wie Eulen und Fledermäuse über das Dorf schwirren, wenn es dunkel wird.

Aber oft eine einzige Wendung des Körpers genügt, daß Gedanke und Gemüth eine andere Richtung nehmen. Ein paar Schritte machte er hastig in den Hintergrund, dann blieb er stehen und sagte: „Peter! Was ist das gewesen? Was ist Dir jetzt eingefallen? So schlecht wärest Du? Zum Aufhenken wärest Du! Bei der Arbeit im Schacht Einen umbringen! Von rücklings umbringen! — Peter, das ist Dein Ernst nicht gewesen. Im Wirthshaus schlagst ihn todt, wenn er weiß, warum's ihm geschieht! So teufelhaft denken! — Im Schacht da unten! Und meuchlerisch! Wäre das eine Rache? Kann's nicht Jeden treffen im Bergwerk? Im Wirthshaus schlagst ihn todt. 's ist noch nicht finster." —

Er ging wieder an seine Arbeit und hieb und hämmerte scharf d'rauf los. Und als er später inne hielt, um sich den Schweiß von der Stirne zu trocknen, murmelte er in sich hinein: „Du wärest mir lieber gewesen, Peter, wenn Dir der höllische Gedanken nicht wär gekommen. Auf wen soll der Mensch denn ein Vertrauen haben, als auf sich selber! — Wie wirst heute Deinem Weib in's Gesicht schauen können? — Hinterwärts umbringen! Im Bergwerk! Verdammter Wicht!"

Er arbeitete wieder und schlug und hieb, als kämpfe er mit seinem Werkzeug noch hart gegen die Versuchung oder gegen die Vorwürfe des Gewissens. —

Von diesem Tage an war seine Empfindung eine andere, wenn ihm der Italiener einfiel. Es war ihm fast wie in Furcht und Angst, der Welsche könne ihn vor Gericht belangen, oder gar den südländischen Brauch der Blutrache einführen. Denn jetzt wäre ja an dem Welschen die Reihe. — Das Würgen an der Gurgel fühlte der Peter Oberdorfer nicht mehr seit jener Stunde im Schacht. Die schlimme That mit einem noch schlimmeren Gedanken gesühnt!

So wollte Peter nun nichts mehr, als auf den Welschen vergessen, oder ihn zuhöchst — weil es dem Kerl doch nicht ganz geschenkt bleiben sollte — bei guter Gelegenheit ein wenig durchbläuen.

So war es, als eines Tages in den Tiefen des Erz= berges, unweit des Hubertus=Stollens, schlagende Wetter zuckten, die Knappen in Wirrniß die Flucht ergriffen — und die beiden Männer sich plötzlich gegenüber standen.

„Er muß doch mein Unglück sein!" stöhnte Peter und stürzte zu Boden, denn die Stickluft hatte ihn bereits betäubt.

Der Italiener raffte den Ohnmächtigen vom Boden auf, warf ihn über die Achsel und eilte mit solcher Last im nächtigen Labyrinth der Stollen hin und her — die Gruben= lampe war ihm schon verloschen, die Orientirung hatte er auch verloren, schwerer Grubendunst beengte ihm die Brust. Er rüttelte den Peter: „Kannst Du gehen, Kamerad? Kannst Du? niente? Oh, jetzt ist es finster geworden!"

Schon wollten auch ihm die Sinne vergehen, als aus einem Seitenstollen rother Lichtschimmer winkte. Dort ist Rettung. Wo Licht noch brennt, ist Leben!

In der nächsten Minute waren die Beiden bei Genossen, die sie an's Tageslicht beförderten. Sie waren gerettet. — Als der Peter Oberdorfer zu sich gekommen war, neben sich den Italiener sah, da fragte er doch, was mit ihm vorgegangen sei? Er wäre ja unten in seinem Stollen gewesen, es seien schlagende Wetter gewesen. Wer ihn herausgetragen hätte?

Der Katzelmacher! Mit diesem Worte wollte der Welsche schon antworten, aber er schlug es nieder. — Sagst was Besseres, dachte er, Du hast dem armen Schelm das Leben gegeben, er ist Dein Kind geworden.

Jetzt richtete sich der Peter auf und starrte dem Ozzotti mit einer Miene höchster Verblüffung in's braune Gesicht. „Wenn Du es bist, Du, der mich heraufgetragen hat?" fragte er, „wenn Du es bist?!"

„Was weiter?"

„Dann — dann! — der Teufel hol' mich, Du bist doch ein braver Kerl!"

„Du hättest umgekehrt auch mich getragen, gewiß, gewiß!" rief der Italiener.

„So?" versetzte Peter, es war ein merkwürdiger Ton, mit dem er das Wörtlein sprach.

„In den Gruben sind wir Alle Kameraden," sagte Ozzotti.

Peter hielt ihm beide Hände hin: „Wir wollen es auch außer den Gruben sein. Willst Du? Du bist ein braver Mensch und noch ist's nicht finster!"

* * *

Das ist also die kleine Knappengeschichte, in der es wegen leidiger Länder- und Völkerpolitik schier zu einem blutigen Kampf gekommen wäre. Allerdings nur zwischen Zweien. Die hohen mächtigen Herren, die da oben Weltgeschichte machen, mögen treiben was sie wollen und müssen —

solange arme Arbeiter verschiedener Völkerschaften in der schweren Berufspflicht und den feindlichen Elementen der Natur gegenüber sich als Kameraden fühlen, solange in den Stunden der Noth und Gefahr, unbekümmert um Nationalitäten- oder anderen Zwist, die echte Menschlichkeit siegt, solange in der Verwirrung der Völkersprachen und in der Betäubung der Leidenschaften der Schrei des Herzens noch gehört wird, solange aus den blauen Augen des Germanen, aus den schwarzen des Romanen und aus den grauen des Slaven die Freude leuchtet, wenn eine große, gute That geschehen ist — solange sage ich das Sprichwort des Peter Oberdorfer: „Noch ist's nicht finster!"

Saatkörner.

Willst Du, Freundchen, doch einmal das hochgelobte Land
erlangen,
Wo es unserem alten Vater Adam einst so wohl ergangen,
Darfst Du nicht gen Westen zieh'n, wo aller Tage Sonnen fallen,
Mußt Du, wo sie aufersteh'n, hin in's Land des Ostens wallen.
Darfst Du nicht das Dampfroß, nicht das stolze Pferd des Ritters reiten,
Selbst des Dichters Flügelhengste könnten leicht Dich irre leiten.
Nur das Eselein, das arme, das beharrlich voll Geduld
Trägt auf seinem breiten Rücken eig'nes Kreuz und fremde Schuld,
Nur das Eselein, das arme, kann in's Paradies Dich tragen;
Weißt Du, Freund, wie ich das meine, brauch' ich weiter nichts zu sagen.

Der Eine nennt das Göttliche im Menschen „menschlich", der Andere das Thierische in ihm.

Wenn es wahr ist, daß der Zeitgeist allemal gerade das hervorbringt, was zur Zeit der Menschheit nöthig und förderlich ist, so werden wir nicht mehr lange zu warten haben auf einen Wiedererwecker idealeren Sinnes und ernsten, sittlichen Strebens. Der wirksamste Erwecker dieser Güter, der mächtigste Erretter aus animalischer Versunkenheit war von jeher, wie die Geschichte lehrt, schwere allgemeine Drangsal.

Was es auch Großes und Unsterbliches zu erstreben giebt: Den Mitmenschen Freude zu machen ist doch das Beste, was man auf dieser Welt thun kann.

Sei gut und klug,
Das ist Mir und Dir genug.

Unbegreiflich war mir stets das Eine, daß oft selbst Gelehrte, welche doch die Weltgeschichte, als die Geschichte der menschlichen Irrthümer und der aus ihnen hervorgegangenen Leiden, kennen müssen, voll Vorurtheil, Fanatismus und Zelotismus sein können. So viel wissen und nichts gelernt haben, das ist fast noch trauriger, als viel gelernt haben und nichts wissen.

Ein Freund, der dem Verfasser der „Bergpredigten" bei seiner Arbeit über die Achsel zusah, rief plötzlich aus: „O, was Du Alles ändern möchtest! Da müßte sich ja die Welt auf den Kopf stellen!"

Im Gegentheil, Geschätzter, auf die Füße müßte sie sich stellen, auf dem Kopf steht sie ja heute.

Der Schuster hat's gut, der braucht seine Weltanschauung nicht unter die Leute, sein Herz nicht unter die Säue zu werfen. Der Dichter und Schriftsteller hat's nicht so gut. Der Schuster taucht seine Ahle in's Schmeer und sticht in's Leder. Der Dichter taucht seine Feder in sein Herzblut und soll es der Welt vorhalten, was er denkt und empfindet.

Immer wieder sich selber auszugeben, das ist sein Handwerk. Es ist ein grauenhaftes Handwerk.

Die Religion, sagt Ihr, soll Privatsache des Einzelnen sein, reine Herzenssache. Schon recht das, wenn nur nicht zu besorgen wäre, daß sich dann Jeder die Religion so einrichtete, wie es sein Herz verlangt. Mit dem bürgerlichen Gesetzbuch z. B. möchte ich nicht riskiren, es zur Privatsache des Einzelnen zu machen.

Gewissensfreiheit innerhalb des Gesetzes ist für gebildete und wohlgeartete Menschen gewiß am besten. Aber für gemeine, egoistische Naturen ist diese Freizügigkeit von Uebel. Der öffentliche Religionscultus führt den Menschen aus seiner eigennützigen Selbstversunkenheit in die Gemeinschaft, zeigt ihm, daß er nur ein Theil des Ganzen und in Leid wie in Freude gemeinsames Anrecht hat an den Mitmenschen, und gemeinsame Pflicht.

In diesem Sinne ist jede Versammlung und jede Geselligkeit moralisch fördernd. So wie der edle Mensch in der Einsamkeit größer wird, so wird der Egoist in einziger Gemeinschaft mit sich selbst ein Scheusal.

„Ich habe zwei Säue," sagte jener Frömmler, „davon hat mir die eine gestern sieben gesunde Ferkeln geworfen. Darum gehe ich jetzt in die Kirche, um Gott zu loben und zu preisen. Vielleicht thut er mir doch auch an der zweiten was Gutes."

Wer nur wüßte, was größer ist, die Erbärmlichkeit solcher Wichte, oder die Barmherzigkeit Gottes!

Am tiefsten kränkt es Dich, wenn Dir Jemand ohne Grund Böses zufügt. Aber gieb ihm Grund dazu und Dein Nachtheil ist noch größer.

Nicht blos Dem mußt Du dankbar sein, der Dir Gutes thut, sondern auch Dem, der Dich mit Bösem verschont.

Wer die Lust am Gemeinen nicht begreift, der steht hoch über dem Gemeinen; wer sie begreift, ohne ihr zu verfallen, der steht noch höher.

Der höchste Grad der Verkommenheit ist der Indifferentismus; der höchste Grad der Bildung die Objectivität. Und doch gleichen sich beide scheinbar und werden so oft verwechselt.

Es gehört eigentlich verdammt viel Idealismus dazu, um sich mitten im Materialismus wohl zu befinden. Wenn Einem eine Auster besser schmeckt, als eine Symphonie von Beethoven, nun, so ist das Geschmackssache, aber wer sorgenbringenden, seelenraubenden Reichthum dem stillen, arbeitsamen und gewissensreinen Kleinstande vorzieht, der ist schließlich ein größerer Idealist als Einer, der sich mit Wenigem zu bescheiden weiß und mit gesunden Sinnen und empfänglichen Gemüthes die unendlichen Schönheiten des Lebens aus erster Hand genießt. — Die Macht zu glänzen, zu herrschen, zu schwelgen ist in vieler Beziehung nur ein imaginärer Werth.

Wer im äußern Umgang mit Discretion und Tact zu handeln weiß, dem pflegt man die schwersten Versündigungen an seinen Mitmenschen — wenn man nicht selbst davon betroffen ist — gerne zu verzeihen.

Die Lüge kam zur Wahrheit: „Liebe Wahrheit, borge mir eine Maske!"
„Ich habe keine Maske," sprach die Wahrheit.
Die Lüge ging zur Täuschung und bat sie um ihre Maske.
„Ich brauche sie selber," sagte die Täuschung.
Nun ging die Lüge rathlos zu ihrem Vater, dem Teufel, und flehte: „Vater, verschaffe mir eine Maske, sonst kann ich nicht bestehen."
„Gut, mein Kind, Du sollst sie haben," sagte der Teufel und erfand die Phrase.

Wem Gott Humor gegeben oder ein Künstlerherz, der kann lächelnd verzichten auf den schnöden Markt der Welt. Wem Gott den Humor versagt hat, dem ist das Leben nichts, als ein wilder Kampf der Sinne.

Ich hab' mit den Aelplern gejauchzt und gesungen
Und auch nach höherem Liede gerungen;
Doch ach, wie lahm sind Menschenzungen.
Wo Herzensgewalt zu künden wär',
Da sagt des Aeplers Jauchzen oft mehr,
Als aller Weisen Lied und Lehr'.

Einen welterfahrenen Mann hörte ich einmal sagen: „Viele Leute studiren sich dumm und in manchem Kopf frißt der Geist den Verstand auf."

Für den Menschen sind jene Momente die gedeihlichsten, aber auch die gefährlichsten, in welchen er sich gut, für den Künstler jene, in welchen er sich groß dünkt.

Ein Talent hat jeder Mensch, nur gehört zumeist das Licht der Bildung dazu, um es aufzufinden.

Ein Künstler, der ganz und gar seine Zeit erfaßt, ist groß; ein Künstler, den seine Zeit ganz und gar erfaßt, ist es nicht.

Populär werden kann jeder bewegsame Mensch, populär bleiben nur der bedeutende.

Denkmale sind Annoncen an das Publicum der Zukunft. Je mehr ein Fabrikant oder Kaufmann an dem Werthe seiner Waare zweifelt, desto eiliger und auffallender inserirt er sie. Glauben wir nicht, daß die Werke unserer berühmten Zeitgenossen in künftigen Tagen für sich selbst sprechen werden?

Das Denkmalsetzen ist Sache der Nachkommen. Die werthvollsten Denkmale sind jene, welche erst nach dem hundertsten Sterbetag des Gefeierten errichtet werden.

Vor einigen Jahren habe ich in einer Wiener Gesellschaft die unkluge Behauptung aufgestellt: Makart sei das Irrlicht einer versumpften Kunst. Er brenne wohl, aber er wärme nicht wie Defregger, Vautier, Grützner; er blende wohl, aber er erleuchte nicht wie Kaulbach, G. Max und Munkacsy.

Da kam ich an!

Aber daß man mir so bald beistimmen würde, hatte ich damals nicht gedacht.

———

Es liegt wohl in der Natur der Sache, daß ein lebensfrisches, munteres Geschlecht mehr Sinn für ernste und tragische Kunst haben wird, als ein pessimistisches und verkommenes. Letzteres sucht seinen Galgenhumor mit Fratzen zu befriedigen, seine Schlaffheit mit Possenhaftem zu beleben.

———

Hundertmal ist das Versteckensspiel unserer Schriftsteller und Journalisten schon gerügt worden. Die Herren scheinen sich bei diesem Spiel sehr wohl zu befinden, weil sie es nicht lassen mögen.

Hätten wir lauter gewissenhafte Publicisten und wären sie in der That nur die Vermittler der Thatsachen und der öffentlichen Meinung, so würde die Namenszeichnung unter ihren Aufsätzen überflüssig sein. Die Sache soll doch vortreten, nicht die Person. Weil es aber mit dieser gewissenhaften Wiedergabe der Thatsachen, der Ueberzeugung und der öffentlichen Meinung eine eigene Sache ist, eine sehr eigene Sache! so steht die Rechnung anders.

Viele Autoren, die meisten unserer Journalisten, schreiben im Verstecke ihrer Anonymität so frivol d'rauf los, weil sie wissen, daß sie persönlich nicht dafür verantwortlich gemacht werden können. Müßten die Herren für Alles, was sie sagen, mit ihrem Namen und ihrer Haut einstehen, es wäre besser. Es ist ja wahr, der Freimuth hat schon Manchem den Hals gebrochen; aber jeder Stand hat seine Gefahren, warum soll der Schriftstellerstand keine haben? Die Gefahren würden ihn heben und das Publicum würde nicht so oft von verwindirten Schreiberseelen sprechen. Im Handwerkerstand ist der Schneider das Stichblatt des Spottes — zumeist mit Unrecht. Mit größerem Rechte nenne ich den anonymen Journalisten den Schneider des Schriftthums.

Der Eitelkeit, sich gedruckt zu sehen, wollen sie nicht pflegen, die Herren. Richtig, die Eitelkeit ist ein Fehler. Aber Fehler sind oft die Eseltreiber der Tugenden. Eben aus Eitelkeit wird sich der Schriftsteller nicht auf Widersprüchen und Unredlichkeiten ertappen lassen wollen, sondern so Tüchtiges leisten, als er vermag. Dieser Ehrgeiz schweigt in der Anonymität, die Furcht vor der Verantwortlichkeit schweigt auch und so können die schmutzigen Eigenschaften, Leidenschaften und geheimen Tücken recht zu Worte kommen.

Die Redaction verantwortet! sagen sie. Ist es für ein Recept genug, wenn der Apotheker seinen Stempel b'rauf drückt? Muß nicht auch der Name des Arztes b'rauf stehen, der das Recept verschrieben hat?

———

Als der Dichter B. von dem Fürsten S. den Orden erhielt, erschrak er und prüfte alle seine Werke, wo denn der Fehler stecke.

———

Der beliebte Ausdruck, „fesselnd" geschrieben, „fesselnde" Lectüre ist ein Beweis, daß der Deutsche nur mit Widerwillen liest und ihm gewissermaßen dazu Gewalt angethan werden muß.

———

Die derbsten Wahrheiten muß man den Leuten in Prosa sagen; in Versen halten sie Alles für Spaß und Spiel.

Wenn ein Genie und ein Talent von ferne gleich groß aussehen, so steht sicherlich ersteres auf nacktem Erdboden und letzteres auf dem Schemel conventioneller Bildung.

„Poeten übertreiben und plauschen,"
So rügen nüchterne Richter.
Doch — zaunmarterdürre Wahrheit zu sagen,
Dazu brauch' ich keine Dichter.

Wenn es wahr ist, daß man in der Hölle verurtheilt werde, just das zu sein, wovon man auf Erden den größten Abscheu gehabt, dann bewahre mich Gott tausendmal vor der Hölle, denn ich müßte dort ein Geck oder ein dünkelhafter Demagoge sein.

Weisheit macht die Welt erträglich,
Klugheit macht sie uns gefällig,
Dummheit macht sie kläglich,
Einfalt macht sie selig.

Wer die Wahrheit laut schmäht, der erweist ihr einen größeren Dienst, als wer sie stillschweigend übergeht.

Es muß in der Welt ein unendlicher Fonds des Guten und Tüchtigen vorhanden sein, daß sie trotz alles Bösen und Niederträchtigen nicht aus dem Gleichgewicht kommt.

———

Die weltbewegenden Thaten mögen wohl von Erkenntniß oder Humanität geplant sein, aber ausgeführt können sie in der Regel nur werden durch Wahn und Egoismus.

———

Da spricht man so oft von reactionärer Richtung, von Rückschritt und dergleichen. Rückschritt ist nach meiner Meinung nicht möglich. Jede Aenderung, die sich in der Absicht vollzieht, den Culturverhältnissen und den menschlichen Bedürfnissen immer mehr gerecht zu werden, ist Fortschritt, und selbst wenn dabei alte Wege wieder betreten werden. Geht man doch diese Wege mit neuer Erfahrung.

———

Eine große Abneigung habe ich vor Pachtwirthschaften; dieselben sind — was man ihnen meist schon von außen ansieht — mit wenigen Ausnahmen Pflanzstätten des niedrigsten Eigennutzes. Der Pächter sucht nur seinen momentanen materiellen Nutzen, während der Eigenthümer, doch enger mit dem Objecte verbunden, neben dem Gewinn auch idealere Zwecke, als Gemeinnützigkeit, Ehre, Renommée der Firma für die Nachkommen u. s. w. vor Augen hat.

———

Nehmt Euch in Acht, Ihr Touristen, vor Wirthen, die in Feuilletons und Reisebüchern belobt sind; was ihnen das

Lob beim Verfasser gekostet an Essen und Trinken, das zwacken sie Euch wieder ab.

———

Während der Weise aus der Thorheit Anderer neue Weisheit schöpft, wird der Thor in der Nähe des Weisen noch thörichter.

———

Nichts ist leichter für den Klugen, als den Thoren zu besiegen,
Doch ein Weiser mußt du sein, um nicht der Einfalt zu erliegen.

———

Für jede That des Menschengeschlechtes beschert ihm der Himmel ein besonderes Glück. So ist ihm für die Dienstbarmachung der Naturkräfte, als Elektricität, Dampfkraft u. s. w., der Sinn für die Naturschönheiten gegeben worden. Eine Gabe, der wir in der Geschichte der alten Völker nicht begegnen; eine Gabe, die den Materialismus unserer Zeit aufwiegt.

———

Die größte Auszeichnung läßt die Natur Dem angedeihen, den sie mit dem Blitze tödtet. Sie erhebt ihn in den Adelsstand des Lichtes. — Nach dem Naturgesetz der Elektricität fliegt der Blitz nur Solchen zu, in denen er die Bedingungen vorfindet, sich zu ersetzen und auszugleichen, also die mit ihm sympathisiren.

———

Drei Gnaden hat der Himmel dem Menschen gegeben: Das Ideal, die Liebe, den Tod.

———

Wer das Leben behaglich genießen will, der muß vor Allem mit dem Tode in's Reine gekommen sein und Ergebung gelernt haben; denn der gefährlichste Feind des Glückes ist die Furcht vor dessen Ende.

In unglücklichen Lebensperioden war mir der Tag zu lang, die Nacht zu kurz; in glücklichen der Tag zu kurz, die Nacht zu lang; in den allerglücklichsten wieder der Tag zu lang, die Nacht zu kurz.

Es ist nicht zweckmäßig, von geliebten Menschen, die man verloren hat, ein Porträt, eine Büste oder dergleichen immer vor Augen zu haben; derlei verdrängt allmählich das lebendige Bild in der Erinnerung und es bleibt nichts zurück als die todte, starre Form, die Einen kalt läßt. Nicht umsonst haben die Propheten des Monotheismus den Bildercultus verboten.

Ich möchte es nicht nachsagen, daß das Weib weniger Verstand habe, als der Mann; es hat im Gehirn dasselbe Capital, als er, nur besteht es in lauter kleinen Münzen, während der Mann seinen Schatz oft nicht gewechselt hat und nicht immer herausgeben kann. Es giebt Gegenden, in denen man mit einem Tausender im Sacke verhungern müßte, weil ihn Niemand zu wechseln vermag. Es giebt Menschen, die mit einem Schatze von Intelligenz und Weisheit für Einfaltspinsel gehalten werden können, weil ihre geistigen Reichthümer compact sind und von Schwächlingen nicht aufgefaßt werden.

Frauen kann das nicht geschehen, weil sie für den täglichen Verkehr stets das nöthige Kleingeld zur Hand haben.

———

Werthpapiere der Geldinstitute sind stets von Uebel, entwerthen sie sich nicht selbst, so entwerthen sie ihren Besitzer. Nichts leistet der allgemeinen Charakterverderbniß größeren Vorschub, als die Anstalten, durch fremde Arbeit reich zu werden.

———

Auf der Börse „verdient", sagen sie, und wollen damit das freche Glücksspiel beschönigen, als ob es ehrliche Arbeit wäre.

———

Ich war einmal auf der Börse in Wien und werde den Eindruck nicht mehr vergessen. Ich sah nicht Menschen, sondern Rudel von aufeinander losgelassenen geldgierigen Bestien.

———

Die gute alte Zeit loben heißt seine eigene Jugend loben. Aber hat nicht auch die Menschheit eine Jugend gehabt?

———

Nur eine Stunde des Tages laßt mich mit Kindern tändelnd ein
                Kind sein,
Und ich bin Mann und leiste Euch, was Ihr begehrt.

Zum Abschied.

Tausend Thaler Belohnung Demjenigen, der einen Prediger lebendig überliefert, welcher frei ist von den Fehlern, die er an Anderen verurtheilt!

An mir sind die tausend Thaler einstweilen nicht zu verdienen.

Das ist's ja, was mich am allermeisten ärgert, daß Keiner, trotz des besten Willens, einer verlotterten Zeitrichtung ganz zu widerstehen vermag. Sie führt Dich am Strick, wie der Fleischer das Kalb, und dem sich Sträubenden schnürt sie die Kehle zu.

Daher bilde ich mir nicht ein, daß wir auf solche „Bergpredigten" sofort Buße thun werden; wir warten, bis das Schicksal uns die Asche auf's Haupt streut. Ich habe nur darum gesprochen, weil die Gedanken in mir lebendig und stürmisch waren. Und, wenn Einer auf der Welt bestrebt ist, diesen Predigten in der That nachzuleben, so wird dieser Eine schließlich doch der Prediger selber sein.

Der reinen Absicht wegen, das Rechte zu sagen, Selbsterkenntniß in uns zu erwecken und so die verlorene Richtschnur nach Besserem im Kleinen wie im Großen wieder zu finden — dieser Absicht wegen wird vorliegendem Buche mancher Irrthum und Widerspruch — sollte er in der That sich zeigen —

verziehen werden müssen. Allerlei Geschichten und Beispiele habe ich reden lassen, und Thatsachen, die eine unwiderlegliche Sprache führen. Alte und neue Wahrheiten und Anschauungen haben sich hier verdichtet zu einem Buche, aus welchem vielleicht so etwas, wie das Gewissen der Gegenwart spricht.

Ich bin Idealist und solche Leute pflegt die heißhungerige Welt nicht ernst zu nehmen.

Ihrer selbst willen betrübt sie das auch nicht zu sehr, sie haben ihren Lohn dahin. Denn das kann ich sagen, wer die Erfolge einer solchen Weltanschauung erprobt hat, wer den Idealen — wie sie auch in diesem Buche besprochen worden sind — in treuer Beständigkeit anhängt, ihnen nachtrachtet, sie theils auch einholt, der ist nicht enttäuscht. Glücklich wird wohl auch er nicht sein können im Angesichte des Elendes seiner Mitmenschen, im Bewußtsein der eigenen Leidenschaften, Mängel und Irrthümer; aber beseligt ist er in seinem Gewissen und dem Ausblick auf eine lichtere Zukunft.

Somit sei das Buch — welches als Epilog zu meinen „Ausgewählten Schriften" gelten mag — geschlossen. Ich drücke meinem Leser die Hand. Möge er die Fehler dieser Schriften verzeihen, die Mängel entschuldigen, den guten Willen schätzen.

Unser Ziel sei der Frieden des Herzens. Amen.

Inhalt.

	Seite
Kanzelspruch	3
Von unserer Abneigung gegen das, was wir wollen	5
Von der Hohlheit unserer geschwätzigen Vaterlandsliebe	15
Nachstück	26
Von dem, warum die Deutschen saufen	30
Von der Bettelhaftigkeit unserer Studenten	39
Von der Charakterlosigkeit unserer Jugenderziehung in den Städten	42
Von der Schädlichkeit unserer Kindertheater	50
Von der Bildung und Verbildung des Künstlers	54
Von dem Hochmuth der Katheberweisheit	62
Von der neuen Weltweisheit und den Spitzbuben	73
Von Größenwahn, Protzen- und Verschwenderthum	82
Von der Kümmerlichkeit unseres Kleinbauernstandes	94
Von der Ungerechtigkeit gegen bäuerliche Dienstboten	103
Von der Geldgier als Waldverwüsterin	117
Von der Kunst, mit Ehren wohlhabend zu werden	125
Von der Sucht, zu reisen und der Kunst, zu Hause zu bleiben	134
Von unserer Uebertreibungssucht und dem Worthelbenthum	145
Von dem Zustande unserer literarischen Organe	154
Von dem Judenhasse unserer verjudeten Jugend	163
Nachstück	164
Von der Verpachtung unserer Vernunft und Menschenwürde	173
Von der Trostlosigkeit der Großstädte und ihrer Leichenstätten	182
Von unserem entarteten Tobtencultus	191
Von dem Zuströmen der Landbevölkerung in die Städte	198
Von dem Verhältnisse unserer Bauern zu den Sommerfrischlern	211

20*

	Seite
Von den Schund- und Schandbüchern im Landvolke	221
Von der Geschmacklosigkeit in unseren Dorfkirchen	243
Von der Vernachlässigung unseres alten Volksliedes	254
Von der Mißachtung unserer Schulbücher	262
Von unserer Soldatenwirthschaft	265
Von dem Hange zur Selbstvernichtung und dem Drange lang zu leben	269
Von einem Siege des Gewissens	278
Saatkörner	292
Zum Abschied	305

A. Hartleben's Verlag in Wien, Pest und Leipzig.

Gedanken.
Von
Josef Freih. v. Eötvös.

Dritte Auflage. Geh. 1 fl. 80 kr. = 3 M. Eleg. geb. 2 fl. 25 kr. = 3 M. 75 Pf.

F. W. Hackländer's
Ausgewählte Werke.

In 20 Bänden compl. Classiker-Format. 310 Bogen.

Geh. 15 fl. = 30 M. In 8 Leinenbänden elegant gebunden 20 fl. = 40 M.

Auch in 60 Lieferungen à 25 kr. = 50 Pf.

Inhalt:

Eugen Stillfried. 3 Bände. — Handel und Wandel. 1 Band. — Soldatenleben. 1 Band. — Europäisches Sklavenleben. 5 Bände. — Wachstubenabenteuer. 2 Bände. — Namenlose Geschichten. 3 Bände. — Der letzte Bombardier. 3 Bände. — Der Roman meines Lebens. 2 Bände.

Geh. in 20 Bänden. Complet 15 fl. = 30 M. In 8 Leinenbänden elegant gebunden 20 fl. = 40 M.

Der Karthäuser.
Roman von
Josef Freiherr v. Eötvös.
Siebente Auflage.
2 Bände. Geh. 3 fl. 60 kr. = 6 M. Eleg. geb. 2 Ganzleinwandbände 4 fl. 50 kr. = 7 M. 50 Pf.

Der Dorfnotär.
Roman von
Josef Freiherr v. Eötvös.
Dritte Auflage.
3 Bände. Geh. 5 fl. 40 kr. = 9 M. Eleg. geb. 3 Ganzleinwandbb. 6 fl. 75 kr. = 11 M. 25 Pf.

Dekamerone v. Burgtheater.
Beiträge und Porträts
von 25 Schauspielern des Wiener Hofburgtheaters.
4. Auflage. 8.
Geh. 2 fl. = 3 M. 60 Pf.
Eleg. geb. 2 fl. 50 kr. = 4 M. 50 Pf.

L. A. Frankl
Zur Biographie Grillparzer's.
Zur Biographie Hebbel's.
Zur Biographie Raimund's.
8. Geh. à 50 kr. = 90 Pf.
Zur Biographie Lenau's.
80 kr. = 1 M. 50 Pf.

A. Hartleben's Verlag in Wien, Pest und Leipzig.

A. Hartleben's Verlag in Wien, Pest und Leipzig.

Waldferien.
Ländliche Geschichten für die Jugend
gewählt aus den Schriften

von

P. K. Rosegger.

Mit 20 Abbildungen.

17 Bogen. Octav. In Farbendruck-Umschlag cartonnirt. Preis 2 fl. 20 kr. = 4 M.

Aus dem Walde.
Ausgewählte Geschichten für die reifere Jugend

von

P. K. Rosegger.

Mit 25 Illustrationen. Zweite Auflage.

18 Bogen. Groß-Octav. Eleganteste Ausstattung. Cartonnirt mit Leinwandrücken und Farbendruck-Umschlagbild 2 fl. = 3 M. 50 Pf.
Dasselbe, eleganter Leinwandband mit Goldschnitt 2 fl. 50 kr. = 4 M. 50 Pf.

Der Gottsucher.
Ein Roman

von

P. K. Rosegger.

Zwei Bände. Octav. 36 Bogen. Geheftet. Preis 3 fl. 60 kr. = 6 Mark.

A. Hartleben's Verlag in Wien, Pest und Leipzig.

A. Hartleben's Verlag in Wien, Pest und Leipzig.

Novellen und Gedichte.
Von
K. G. Ritter v. Leitner.

Eleg. geh. 1 fl. 50 kr. = 3 M. 70 Pf. In eleg. Ganzlnbd. 2 fl. 25 kr. = 4 M. 50 Pf.

Franz Stelzhamer's
Ausgewählte Dichtungen.

Herausgegeben von P. K. Rosegger.
4 Bände.
100 Bogen. Octav. In zwei Original-Bänden geb. Preis 3 fl. 30 kr. = 6 M.

Ludwig August Frankl's
Gesammelte poetische Werke.
Drei Bände.

60 Bogen. 8. Geh. Preis 5 fl. = 9 M. Eleg. geb. 6 fl. 50 kr. = 11 M. 70 Pf.
In drei Halbfranz-Liebhaberbänden gebbn. 8 fl. 50 kr. = 15 M. 30 Pf.

Konrad Ettel	Dr. W. Ritter von Samm
Wiener Keis' und Frauenpreis.	**Gesammelte kleinere Schriften.**
Gedichte.	2 Bde. Gr. 8. Mit Porträt.
Mit vielen Illustrationen.	
Gr. 8. geh. 2 fl. = 3 M. 60 Pf.	Geh. 5 fl. 50 kr. = 10 M.
Eleg. gebunden 3 fl. = 5 M. 40 Pf.	Elegant geb. 6 fl. 60 kr. = 12 M.
H. Parlow	**Schweiger-Lerchenfeld**
Spanische Nächte.	**Abbazia.**
Skizzen.	Eine Idylle von der Idria.
Kl. 8. Zweifarbiger Druck.	Mit 19 Illustrationen.
Eleg. geh. 1 fl. 65 kr. = 3 M.	8. Cartonnirt 1 fl. 80 kr. = 3 M. 25 Pf.
Geb. 2 fl. 20 kr. = 4 M.	

A. Hartleben's Verlag in Wien, Pest und Leipzig.

www.ingramcontent.com/pod-product-compliance
Lightning Source LLC
Chambersburg PA
CBHW031905220426
43663CB00006B/773